中国の都市化と制度改革

岡本信広：編

IDE-JETRO アジア経済研究所

研究双書　No. 635

岡本信広　編

『中国の都市化と制度改革』

Chugoku no toshika to seido kaikaku

(Urbanization and Institutional Reforms in China)

Edited by

Nobuhiro OKAMOTO

Contents

〔Kenkyu Sosho (IDE Research Series) No. 635〕

Published by the Institute of Developing Economies, JETRO, 2018

3-2-2, Wakaba, Mihama-ku, Chiba-shi, Chiba 261-8545, Japan

ま　え　が　き

2011年にエドワード・グレイザーが『Triumph of the City』（邦訳　山形浩生訳『都市は人類最高の発明である』エヌティティ出版　2012年）を出版した。本書は，著名な都市経済学者がこれまでの研究によって明らかになった都市に関するファクトを一般向けに解説したものである。

都市は否定的に語られることも少なくない。工場密集による公害や労働環境の悪化，増える自動車による大気汚染，貧困者が集まるスラム，などなどだ。にもかかわらず有史以来人は都市をめざして集まり，都市をつくってきた。

都市のメリットは何だろうか？グレイザーは日本語版への序文で都市は「繁栄とよい統治」を生み出すことを指摘している。人口が集まることによって新しいアイデアが生み出されイノベーションが起こり，１人当たりの生産性が向上する。経済的なメリットに加えて，災害時の経済社会機能の回復は農村地域よりも速く，スラム街があったとしても農村地域の貧困者よりも救われる可能性は高くなる。交通渋滞が起こったとしても都市交通の発展により全体の炭素排出は減少する。パラドックスではあるが，国の経済発展と農村から都市への移行は生活リスクを高めてはいるが，統治機能の向上によって変化に対する最高の防御をつくり出す。まさに都市は人類最高の発明であろう。

世界的に人は都市に集まってきている。UN-HABITAT（World Cities Report 2016）によれば，1990年には世界人口の43％が都市に住んでいたが，2015年には54％に上昇している。この急速な世界的都市化を支えていたのがアジア地域であり，なかんずく人口の多い中国である。

その中国をみてみると，中国は計画経済時代に「反」都市化を実施したにもかかわらず，近年国家主導で都市化を政策として推進している国でもある。

計画経済時代は戸籍制度や配給制度によって人口移動を事実上制限していた。改革開放以降は人口移動を制限する制度を残しながら，工業化の流れの中で，実質上人が都市に集まってきた。「新常態」（ニューノーマル）という労働投入のみによる経済成長の限界が近づいているなか，中国は都市化の集積メリットを利用しつつ，かつての反都市化の制度を改革しなければならないという現実に直面している。本書はまさにその都市化と制度改革を明らかにしようとする試みである。

本研究の発端はかなり以前にさかのぼる。2013年11月に中国人民大学都市規劃与管理系主任の葉裕民が来日し，アジア経済研究所にて，中国の都市化の現状について報告を行った。彼女との議論はとても刺激的で，農村を都市に転換する過程で発生するさまざまな問題点を理解することができた。中国の都市化の重要性を再認識した岡本信広，大塚健司，山口真美の３人は何度か都市化研究に関する意見交換を行い，2015年４月に「『新型都市化』政策からみる中国の経済体制改革」研究会を立ち上げることとなった。

初年度の2015年度は，中国の地域開発研究で有望な若手研究者の穆尭芊（ERINA：環日本海経済研究所）を研究会委員に招いて研究をすすめ，その成果は，調査研究報告書『中国の「新型都市化」：政策と現状』（http://www.ide.go.jp/Japanese/Publish/Download/Report/2015/2015_C06.html）としてまとめられた。２年度目は初年度に加え，農村に強い山田七絵，華南地域の都市化に詳しい賈海涛（暨南大学）の二人の参加を得て，都市化にまつわるかなり広いテーマをカバーすることができた。

本研究をすすめるにあたっては，多くの人の助けがあった。まず，国家信息中心経済予測部の張亜雄，張鵬は都市化に関する政策の整理をしてくれるとともに，初年度の貴州における詳細な調査を可能にしてくれた。人民大学の葉は，岡本，山口に中国都市規劃学会・中国城郷規劃実施学術研討会（2014，2015年）で発表の機会を与えてくれた。同時に，都市規劃の実務者等とも知り合うことができ，学会参加期間中，有益な話を聞くことができた。日本国内では，千葉県企業庁の水澤裕子（千葉県企業庁地域整理部土地・施設管理課管理調査室主査），荘司一彦（企業庁地域整備部ニュータウン整備課副課長）より幕張新都心，千葉ニュータウンの開発について，詳細に話を伺うことができた。

研究会では，東方孝之が毎回参加し，インドネシアの都市化の観点から有益な意見を出してくれた。外部講師として梶谷懐（神戸大学）は，企業の土地入札に関する報告を行ってくれた。研究所における先行研究となった研究双書『中国の都市化――拡張，不安定と管理メカニズム――』（天児・任哲編）を編集した任との議論も有益であった。本書とともに参考にしてもらえると中国の都市化に関する理解が進むであろう。

本研究では岡本が主査・編者となっているが，実質は大塚，山口を含んだ３人の共同運営であり，研究のとりまとめを行っている。岡本が外部委員であり，2016年度は在外研究（ロンドン）に出たために，テレビ会議等の実施など両名には多くの事務負担をかけた。

最後に，このような研究を進められたのもアジア経済研究所の優れた研究バックアップシステムのおかげである。研究業務調整室，出版企画編集課をはじめとする研究企画部，研究支援部の多くの方に感謝したい。

2017年11月

編　者

目　　次

中国の都市化と制度改革

総　　論

中国の都市化

――政府の退出と介入のバランス――

岡本　信広

はじめに

2012年に習近平政権がスタートし，2013年の全人代で総理に就任した李克強は「新型都市化」を強調した。2014年，政府は「国家新型都市化計画（2014－2020）」（以下，新型都市化計画）を発表し，中国は都市化[(1)]を積極的に推進しつつある。

都市化とは，国土空間における一部地域への人口集中である。改革開放以降，中国では農民工が沿海地域の諸都市に移動し，都市人口は急速に増加してきた。たとえば，上海では常住人口ベース[(2)]で1609万人（2000年）から2415万人（2015年）に増加した。現在，戸籍所在地と住んでいる場所がちがう人口は２億9400万人，流動人口は２億4700万人いる（数値はいずれも中国統計年鑑）。このように中国では戸籍地を離れて，現実的に人が都市に流入している。

新型都市化計画の主要な目標は，計画策定時の常住人口都市化率52.6％を2020年までに60％程度まで引き上げること，そして戸籍人口都市化率35.3％を45％程度までに引き上げることである。もちろん数値目標だけでなく，急速に膨れ上がってきている都市人口に対し，都市インフラや公共サービスを整備し，地域的なバランスのとれた都市群を生み出し，都市管理システムを向上させること，などを謳っている。

中国の都市化は，政府が空間的な一部地域，とくに中小都市への人口集中を人為的に進めていることに特徴がある。人為的に進める理由は，中国の制度がこれまで空間的な一部地域への集中を妨げていたためだ。したがって都市化を進めるということはこれまでの都市化を妨げていた制度を改革するということを意味する。具体的には戸籍制度の改革等である。

都市化は経済発展の裏返しでもある。都市で雇用が生まれ，農村の農業が安定してくると余剰労働力はより高い賃金を支払える都市の第2次産業へ移動していく。都市で第2次産業，第3次産業が発展すれば，より多くの職が生まれるとともに，より多くの人々をひきつけてさらなる都市化が進む。

都市化の推進にあたっては，政府の都市化抑制政策からの自由化が必要であると同時に，都市管理という新たな政府関与を必要としている。市場経済化で進展した都市化の結果，多くの流動人口を生み，計画経済時代の遺物である戸籍制度等は順調な都市化の妨げとなっている。また一方で人口流入が進む都市では渋滞や環境汚染など都市計画，都市管理の必要性も生まれている。都市化の推進には「政府の退出と介入」という絶妙なバランスが必要となる。

本書は，都市化で発生している社会構造変化を空間的都市化と制度的都市化に分け，とくに制度的側面に焦点をあてて，「政府の退出と介入のバランス」から都市化の推進と制度改革の展望を示すことを目的とする。

本章では，まず先行研究から，研究対象として都市化は都市への人口集中およびそれによって引き起こされる社会経済構造変化であることを示し，本研究の特徴を制度改革の中で都市化を扱っている点を強調する。第3節では中国の都市化で障害になっている制度を確認し，第4節で現在の新型都市化計画を振り返りつつ，空間的都市化と制度的都市化にわけて整理する。第5節では各章の概要を紹介し，最後に本書のまとめを提示する。

第1節　都市化の研究とは——本研究の位置づけ——

1．都市化研究の対象

都市に関する研究対象は非常に幅広い。たとえば，都市研究における標準的な論文を集めた「シティ・リーダー」（The City Reader）（LeGates and Stout eds, 2015）では，都市に関する先行研究を都市の進化（Part1），都市の文化と社会（Part2），都市空間（Part3），都市の政治，統治，経済（Part4），都市計画の歴史とビジョン（Part5），都市計画の理論と実際（Part6），都市デザインと場づくり（Part7），国際社会における都市（Part8）に分けて整理している。都市には多くの人が集まり，生活をするために，そこから生み出される政治，文化，社会，経済など多様な側面が都市研究の対象となってきた。

都市化とは一般に一部地域（都市）における人口集中の過程を指す。産業革命以降，工業化は人々の生活を豊かにし人口を増加させてきただけでなく，空間的には人や企業の一部地域への集中という現象を生み出した。空間経済学や都市経済学はこの人や企業の集中過程を分析してきたし（たとえば藤田・クルーグマン・ベナブルズ 2000；世界銀行 2008；藤田・ティス 2017など），都市が発生，成長するメカニズムの解明に大きく貢献してきた。

一方で，人の一部地域への集中はさまざまな問題を生む。ハード面では，住居，交通機関，上下水道，廃棄物処理をはじめとする都市インフラの不足である。都市に新しく流入した人口は，劣悪な環境で生活を強いられることもあり，これがスラムとなって都市化の負の側面として注目されてきた。都市インフラ不足の問題は，生活環境の悪化というソフト面での問題をも生み出す。自動車の交通渋滞や工場の乱立などによって大気は汚染され，必要な生活用水の確保にも影響する。都市での金銭的成功者と貧困者の対立も深まり，人心は荒れ，治安の悪化を招くことも多い。国際的な開放都市では都市空間で並存している人種間の対立にもつながりかねない。

都市化には重要な政策課題がつきまとう。人口の集中という過程が含まれているため，都市化は多くの外部不経済が発生することは上でもみたとおりだ。この外部不経済の問題の取り扱いを間違えると，都市は持続的成長ができず，住民の生活水準や生活の質も向上しない。したがって政府による何かしらの対策が常に必要となる。

人口集中に伴うさまざまな問題を解決するための政策が都市計画（Urban Planning）だ。都市計画は，一般に建築設計，すなわち公園，役所などの公共施設や道路，鉄道などの交通機関建設等の建築工学的分野ととらえられがちである。しかし，都市計画の概念にはこのような建築工学的な街づくりのみならず，都市住民の厚生向上，土地利用の管理，都市環境の設計など，よりよい都市づくりのための施策全体を含む[3]。

国連人間居住計画（UN-Habitat）は都市化に伴う外部不経済に関して，上記と同じ問題意識を共有している。国連人間居住計画は，1996年の第２回ハビタット会議（ハビタット２）以来の第３回会議（ハビタット３）を，2016年10月エクアドル・キトで20年ぶりに開催した。大きなテーマは，急速な都市化を経済発展に結びつけるための取り組みとしての「新しい都市アジェンダ」（A New Urban Agenda）の採択であった。

国連人間居住計画は，この20年間で世界の都市地域は以前よりもさらに巨大な課題と挑戦に直面している，と認識している（UN-Habitat 2016）。これまでは，都市の成長，家族構成の変化，スラム人口の増加，そして都市サービスの提供という恒久的な都市問題が中心であった。現在ではそれに加えて，気候変動，人の疎外と所得格差，治安の不安定，国際的な移民の増加などが問題だと指摘している。都市は社会と経済の進歩につながるにもかかわらず，これらの挑戦と課題にうまく対応できないと，持続的な経済成長，および将来的な人々の生活の質の改善につながらない。これこそが「新しい都市アジェンダ」の採択を必要とした背景であった。

中国もこの世界的な都市化の課題と無関係ではない。中国は都市化による大気汚染等の外部不経済の解決に加えて，中国特有の構造的な問題を解決しないと持続的成長は難しい。2010年を境に中国の経済は低成長状態に向かっており，「新常態」（ニューノーマル）（低成長と構造転換が必要となる経済の状態）と認識されるようになってきた。岡本（2014a）は，外需依存，投資偏重型，生産要素の投入拡大に頼る粗放型経済といった中国固有の構造的課題を解決するために都市化政策に重点がおかれるようになったと指摘する。つまり，構造転換による持続的な経済成長こそが中国の都市化推進の動機といえよう。

また中国的な問題としては，増え続ける都市人口と都市容量（受入可能な人口）の拡大，そして流動人口の都市への定住が大きな政策課題となっている。

本書では，都市化を研究対象にするにあたって，都市化（Urbanization）を「農村から都市への人口移動とそれに伴う社会経済構造変化の過程」と位置づけ，「社会経済構造変化に対して政府がどのように対応してきたのか」，という点に焦点をあてて各章を展開する。

2．本研究の位置づけ

近年，中国の都市化が注目されるようになって大量の論文が発表されてきている。中国の都市化に関する包括的なサーベイ論文はLu and Wan（2014）とTan, Xu and Zhang（2016）に譲るとして，本書が研究双書という性格をもつことから，書籍として刊行された研究成果の先行研究を整理する形で本書の研究を位置づけよう。

まず日本における先駆的な業績として，小島（1978）があげられる。本書は第1次五カ年計画を中心に改革・開放以前の中国の都市化の状況が分析されている[(4)]。そしてKojima（1987）は，都市人口，定義の変化を整理しつつ，都市問題（住宅，汚染，交通）にアプローチし，1980年代前半までの都市化について分析している。

しかしその後，中国の経済改革は農村・農業改革，国有企業改革，そして市場経済化などに焦点が移っていったために，都市化に関する研究は少なかった。

第10次五カ年計画（2001－2005）において都市化が計画の一章としてとりあげられるようになると，中国の都市化の研究が進む。本書と問題意識が近いのはLi (2004) だ。李は前世紀における中国の都市化の過程を，抑制 (Under urbanization)，国家管理（State control）の概念を用いて，とくに国家が管理する形での人口移動や定義変更における都市化をその事例として取り上げ，分析している。

Kojima（1987）に引き続いて，比較的近年の中国の都市化とそれにかかわる問題（都市・農村の不均衡，人口移動，貧困，エネルギー，水）を包括的に論じたものとして，世銀グループのYusuf and Saich（2008）がある。彼らはこれまでの中国の都市化プロセスを比較的肯定的に評価している。とくに戸籍制度の存在によって，都市農村間の秩序的な人口移動が可能だったために，都市インフラ，財政，金融，エネルギーや水資源等への圧力が比較的少なくすんだとみている。戸籍制度と政府による投資配分が人と資本の流れを決定する重要な政策手段であり，各級政府や利害関係者の交渉によって，有益な政策展開が可能ではないかと彼らは考えている。

日本では，神戸大学の加藤弘之グループによる研究成果が都市化に関連している（加藤 2012)。長江デルタを対象に，「都市化」「産業集積」「土地」の三つの観点から成果が積み上げられており，中でも都市農村の一体化，農民の移動と農地の宅地への転換，宅地の流動化等は都市化を理解する上で欠かせない成果だ。それに加えて，都市化の過程における個人と国家間の紛争とその解決過程を描いたものとして，天児・任哲（2015）がある。天児・任哲（2015）は都市化そのものよりも市場経済化にともなって拡大した個人の自由と社会を管理したい政府とのあいだでのどのような調整が行われているかを考察している。

中国国内でも都市化の研究は急速に増えた。政策面で大きな影響を与えたものに限って紹介しておこう。空間的な都市の配置や都市計画をどうするか，住宅供給をどのように行うかについては，第12次五カ年計画を中心にまとめたものとして，住房和城郷建設部課題組（2011）がある。新型都市化計画への影響面では中国発展研究基金会（China Development Research Foundation 2013）や国務院発展研究中心（国務院発展研究中心課題組 2014）がある。新型都市化政策の方向性や評価についても世界銀行・国務院発展研究中心の成果（World Bank and Development Research Center of China's State Council 2014）もある。これら政府系研究機関によって分析された都市化の問題とその対策としての政策提案はすべて整理しつくされたといってよい[5]。

中国は計画経済体制から市場経済体制への転換をはかる経済体制改革を進めている。本書は，都市化で発生する社会経済構造変化に対応するために，制度改革の流れの中で，政府がどのように退出し（計画経済から市場経済へ），どのように介入しようとしているのか（都市化の推進）という観点から都市化を分析するところに特徴がある。もちろん体制移行国であれば何かしらの「政府の退出」は必要である。中国における政府の退出の特徴は人と土地の面で計画的に管理してきた制度的遺物からどのように退出するかという点にある。一方で，混乱を防ぐ順調な都市化には政府の関与が欠かせない。体制移行という流れの中での「政府の退出」と都市化における「政府の介入」をどのようにバランスさせるか，ここに都市を舞台にした政府と市場のせめぎ合いが存在し，そのバランスの新たな模索が始まっているのである[6]。

次節で，中国の都市化で問題になっている制度を確認していこう。

第2節　中国の都市化の特徴と構造的問題

1．中国の都市化の特徴

中国の都市化の特徴は，都市化が人為的に抑制されてきたこと，その結果都市システムがゆがんでいる（少ない大都市と大量の小都市）ことの二つであ

図0-1　都市化と三次産業比率の変化

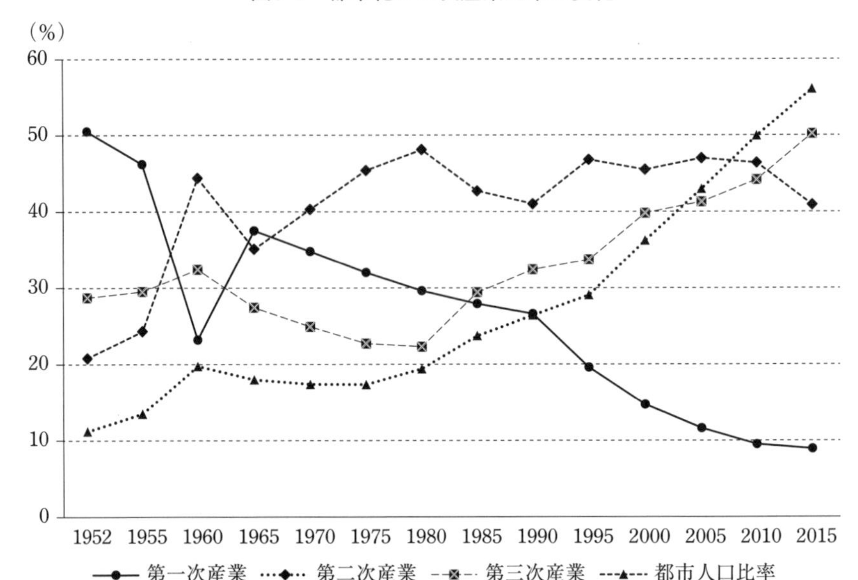

（出所）　中国統計年鑑2016年より，筆者作成。
（注）　都市人口比率の1952年は1950年のデータ。

る（Henderson 2009；Lu and Wan 2014；岡本 2014c；国家信息中心 2016）。歴史を翻ってみると経済発展とともに都市に人口が集中する。ある地域で工業化が始まると，工場労働者が必要となり大量の労働需要が発生する。農業に存在した余剰労働力が工場労働者予備軍として都市に流入していく。工業，サービス業が都市で発展していくと，都市のアメニティが増し，さらなる人口流入を招く。これが世界的な都市化の流れであった。しかし，中国は計画経済のもとで人為的に都市への人口流入を制限してきたという特殊な事情をもつ。

都市化の抑制状況をまず歴史的にみてみよう。

図0-1は，中国の都市化と三次産業別GDPシェアの変化を示している。建国初期は，第1次五カ年計画（1953～1958年）が策定され，東北や内陸部を中心に急速な重工業化が実施され，国有企業への雇用も進み，都市化が進

んだ。これは第2次産業比率の上昇と都市化率の上昇という形で表れている。1960年代初期の大躍進後の調整期，1966年から1977年までの文化革命期は，「反都市化」への流れとなる。第1次五カ年計画や大躍進（1958～1960年）による急速な都市化は，都市の環境を悪化させ，食糧供給や住居の不足などの問題が発生した。急速な都市化の反動および社会主義改造のため，毛沢東は知識青年の農村への下放などを決めた。「下放」とは，都市の青年が農村で農民と同じ生活をすることによって社会主義建設を学ぶ，というものであった。これにより多くの都市住民が農村へと移動することとなる。重工業化路線はそのままであったので第2次産業の比率は高いままという「都市化なき工業化」という世界でもまれな現象を生み出した。

1978年の改革開放から，再度都市化率が上昇しはじめる（図0-1）。農民の生産請負制は意思決定の自由をもたらし，顕在化した余剰労働力は郷鎮企業に吸収されていった。また深圳や東莞などをはじめとする沿海部の開放地域には多くの外資系企業が進出してきた。それとともに農民が工場労働者として沿海諸都市に流れ込んでいったのである（1980年代は盲流，1990年代は民工潮と呼ばれた）。1990年代の後半あたりから都市化のスピードは急速に上昇する（図0-1）。都市化によってサービス産業化も進み，大都市への人口流入も進んだ。

つぎに，国際比較からみてみよう（図0-2）。1992年，中国は社会主義市場経済体制への転換，すなわち本格的な市場経済化を進めることを決定した。1995年時点で中国の都市化率は30％程度であり，中所得国の水準（38％），さらにいえば世界平均の44％にも届かない情況であった。その後，都市化率は急上昇し，2005年で中国の都市化率は43％となり，中所得国や世界平均の水準（それぞれ45％，49％）に迫り，2015年時点で中所得国の都市化の水準（51％）そして世界平均（54％）を超えて，55％の都市化率を達成している。市場経済化の進展が都市化率を上昇させていったとみてよいだろう。

都市化の抑制は都市システムの歪みとなって現れている。都市システム，都市の順位と都市の規模には一般に順位・規模ルール（ランクサイズルール）

図0-2　世界の都市化率

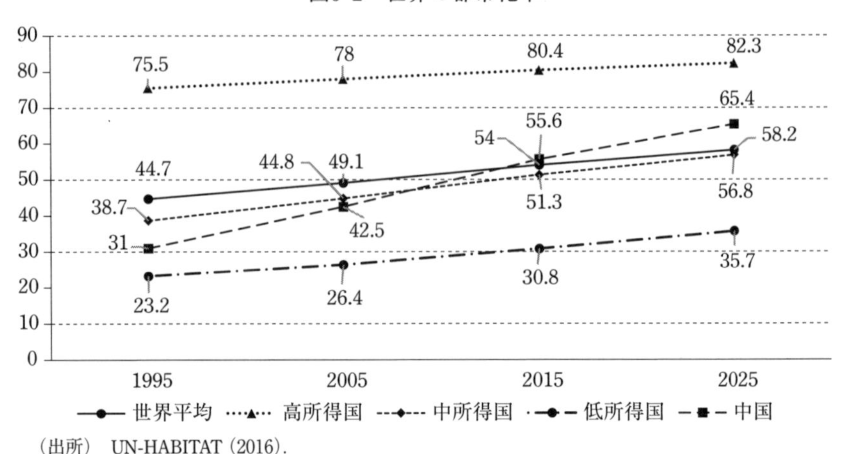

（出所）　UN-HABITAT (2016).

が成り立つといわれている（マッカン 2008）。簡単にいうと，もっとも大きな都市は数えるほどしか存在せず，小都市は大量に存在する。そして大都市から小都市を順位づけすると，１番目の都市から２番目の都市，２番目から３番目の都市と下がっていくにしたがって，人口は半分になっていく（これをジップ法則という）。ジップ法則が中国の都市システムにあてはまるかどうかは議論が分かれるところであるが（詳細は岡本（2014c）を参照のこと），この法則から照らしてみると，中国の都市システムの特徴が浮かび上がってくる。

図0-3は中国都市人口の順位・規模の関係をみたものである。縦軸に都市規模の順位（対数），横軸に都市の人口（対数）をとっている。中国の都市システムが順位・規模ルールにきちんと当てはまると，図0-3の直線になる[7]。中国の都市分布は右斜め上に向かって凸の形状をしている。これは，大都市の規模が小さく少ないこと，小都市の規模も小さくそして大量にある，ということを示している[8]。

何が都市化を抑制させたのか？世界の都市の数と規模がどのように決定されるかを研究したヘンダーソンとワン（Henderson and Wang 2007）の研究に

図0-3　順位・規模ルールとの乖離

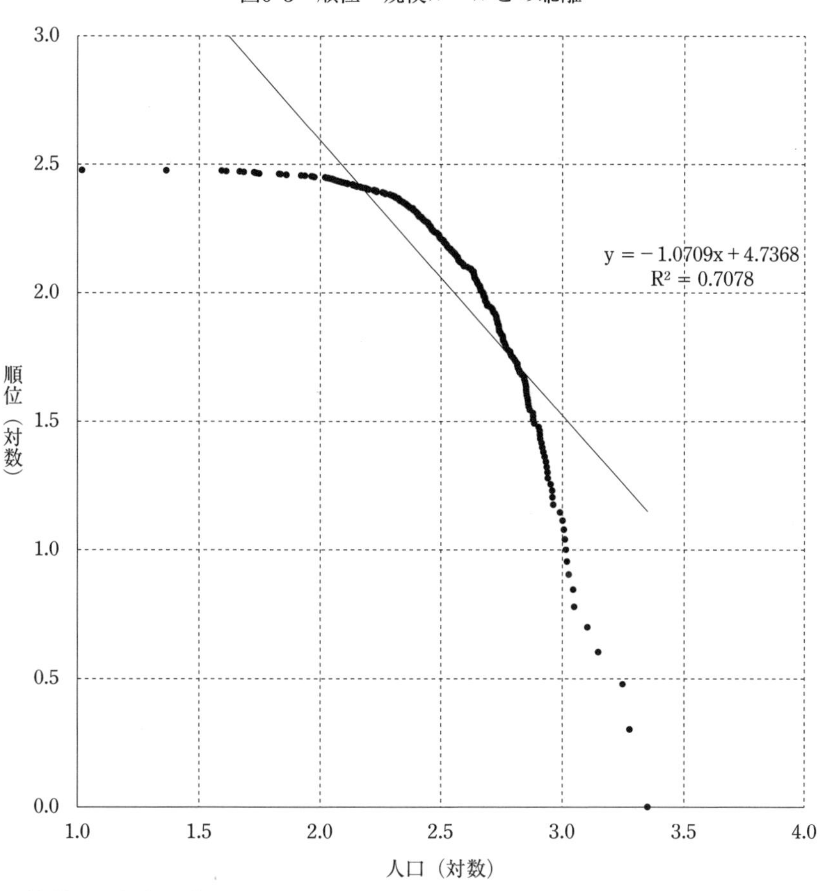

（出所）岡本（2014c）.
（注）2010年人口センサスデータによる。

よれば，都市の数と規模は政治的制度の要因によって決定されるという[9]。またルーとワンは，中国の都市化が抑制されたのは，戸籍，土地制度によって労働の可動性が奪われたためだと指摘する（Lu and Wan 2014）。

したがって，中国の都市システムが歪んでいるというのは，制度や政策で都市化が抑制されていたことが原因だと推察される。制度の問題をさらに次節でみてみよう。

2．都市と農村の二元構造

中国の都市化を理解するには，その前提として都市と農村が分断されているという二元構造を理解する必要がある。岡本（2015a），ルーとワン（Lu and Wan 2014）も強調しているように，中国の都市化が工業化や経済発展に比べて遅れたのは，都市農村を分断する戸籍，土地制度があったことによる。

中国で都市という場合，われわれがイメージしやすいのは，北京，上海などの４直轄市，省都と青島，大連，深圳などの15副省級市[10]である。行政レベルではその下の地区級市までを都市とみなしてよい[11]（図0-4）。

都市の行政区画からみると，大まかにいってしまえば，いわゆる県レベル以下が農村だ[12]。県が行政単位の基本であり，多くの住民が農業戸籍であり農業に従事する。2015年現在，県級レベルの行政区域は2850ある。このうち，純粋な県は1397，自治県は117である。その他は，県級市，市轄区である。これらは非農業戸籍人口が増える，第２次産業が増えるなど，一定の基準を満たして都市となった地域である。

都市と農村という二つに区分する制度には，戸籍制度と土地制度がある。戸籍制度は人口動態把握のために制定された1958年の戸籍登記条例から始まっている。計画経済期には農村から都市への人口移動管理に利用された。1978年以降，人口移動が自由化されるようになってきたが，それでも戸籍は都市人口管理の道具として存在し続けている[13]。図0-4にもみられるように，基本的に県レベルには多くの農業戸籍人口が存在する。農業戸籍を有する者は地元の農地で農業に携わり，戸籍移動ができない。土地制度も同じように都市と農村が分けられている。すなわち，農地は集団所有地，都市部の土地は国有地になっている。農業用地は集団所有地なので自由に都市建設用の土地に使えるわけではない。

以上の二元構造を前提に，中国の都市化でどのような問題が発生してきて

図0-4　都市階層と二元構造

都市階層	直轄市		
	副省級市・省都		
	地級市		
	区・県級市	県	
	街道	鎮	郷
戸籍	非農業戸籍	農業戸籍	
土地	国有地	集団所有地	

（出所）筆者作成。

いるかをみてみよう。図0-5は，都市化にともなって，二元構造がどのようになってきているのか，そして現在行われている新型都市化計画がめざす方向性をイメージしたものである。縦は時系列の変化，横は都市農村の空間を示している。

1978年以前の計画経済体制下では，都市住民は国有企業単位（集団所有制企業を含む）を中心に，農民は人民公社単位に組み込まれ，別々に管理されていた。都市住民は「単位」（職場組織）制度の中でゆりかごから墓場まで単位によって保障されていた。1978年の改革開放以降，単位によって保障されていた医療等の保険制度は社会化されて社会保障制度に変化していく。一方，農村では，農民は人民公社に所属し農作業に従事することとなった。しかし，農村はその貧しさから生活，教育，医療などの公共サービスは十分に提供されなかった。1978年の改革開放により土地の請負経営権が農民に与えられた。農村の土地は集団所有地ではあるが，自分が請け負った土地に関する収益は農民個人のものとして認められ，請け負った生産量以上の収穫物は農民自らが処分できるようになった。同時に農村では余剰労働力が顕在化し，農民は都市に移動し，農民工として都市の生産活動に従事するようになった。しかし，農業戸籍であるがために都市部で提供されている公共サービスは受けられないまま，都市で生活，労働することとなった。その結果，農民工が都市部で失業しても失業保険は受けられず，仕事で怪我をしても保障されず，当然年金は存在しない。また，都市部の農民工の子弟は教育を受けられない。

図0-5　都市農村二元構造の変化

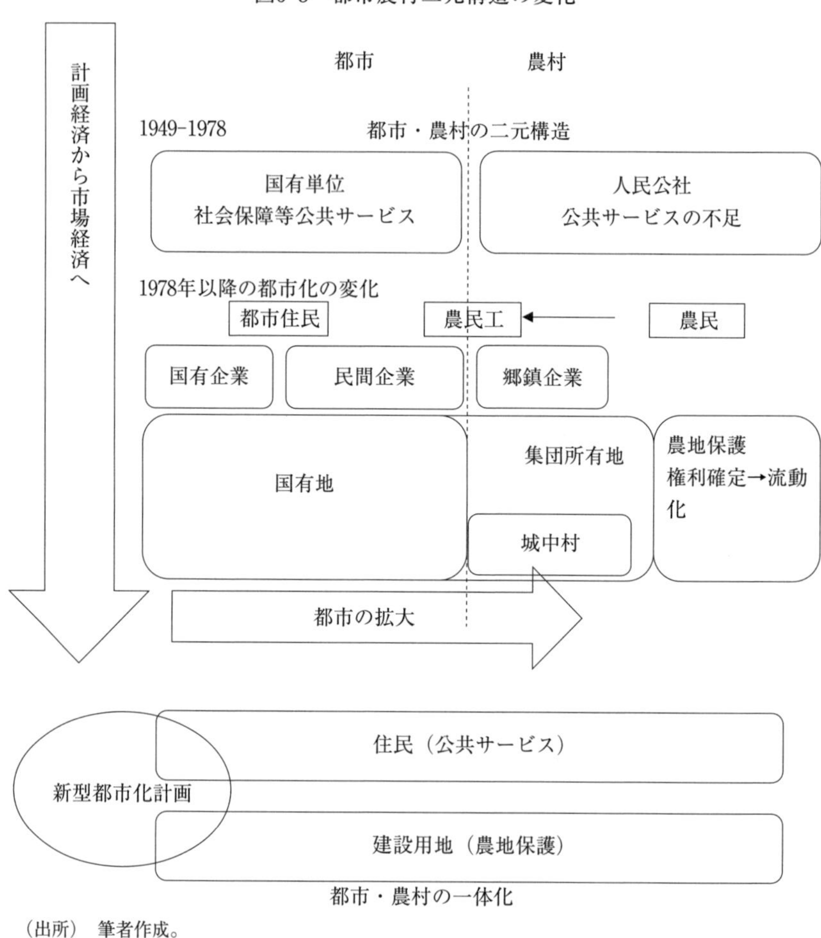

（出所）　筆者作成。

各種公共サービスを受けられないまま，農民工は農業戸籍のまま都市に存在しつづけている。また，都市の拡大にともない，農村の土地は集団所有地のままビルが建設されていった。この場合，みた目は都市化したものの，土地の所有権はあいまいなままなので，「城中村」（都市の中の村）として存在することとなる[14]。都市化が急速に進み，農村の土地が収用されるなか，農業生産維持のため，2009年より農業用地の保護（18億ムー（１ムー＝667平方メートル）耕地の確保）が行われるようになった。

第3節　新型都市化計画と制度改革

1．国家新型都市化計画

2013年2月の全国人民代表大会で習近平指導部による政権運営が始まった。総理に就任した李克強が強調したのが新型都市化であった。2014年3月16日に発表された「国家新型都市化計画（2014－2020）」を柱に，それに関連する政策文件が党政府より出されている。

新型都市化計画の特徴は，都市インフラや住宅整備などの一般的な都市計画に加えて，農村と都市の二元構造を打破するために，農民工の戸籍を都市戸籍に編入すること，農業の安定供給を図りながら，農村と都市の制度を一体化させること，農業からの移転人口の都市定住数に応じて，土地と資本を供給する，ところにある（岡本 2015c）。

言い換えれば，中国の新型都市化とは人口移動とともに，本来の意味で人と土地が都市化していくことが大きな目的である。そのために戸籍という労働移動のくびきをなくし，集団所有というあいまいな財産権を改革していく必要がある。そして人口移動と土地の転換が都市・農村という二元構造を超えて一体化していくことが理想像となる（図0-5参照）。

ここでは，「新型都市化計画」を生産要素である労働，土地，資本という視点から読み解いておこう（岡本 2015c）。

労働

新型都市化推進の柱は，農民工の都市部における定住政策である（新型都市化計画第6章，以下章は計画文書中の章を示す）。李克強総理は2015年3月に開催された第12期全国人民代表大会第3回会議の政府活動報告の中で，「三つの1億人」問題解決を強調した。すなわち，農業から都市に移動する人口1億人の定住，1億人が住む都市部のスラム街や「城中村」の再開発，中西部地域の1億人の都市化，である。農民工の家族を含むと2億人の農業戸籍者が都市部に住んでおり，この農民工の「人」の都市化，すなわち定住政策が新型都市化政策の重点だ。

ただし，都市規模によって定住条件を明確に変える方針である。建制鎮と小都市の定住は自由に開放するが，人口50～100万の都市では，定住制限を徐々に緩和，人口100～300万の大都市では，定住制限を合理的に緩和，人口300～500万の大都市では，定住制限を合理的に確定，人口500万以上の特大都市では厳格に制限する，としている。

中小都市を農業戸籍人口に開放しているにもかかわらず，人口センサスを見ると2000年代に入ってから鎮や小都市への農業戸籍人口の移動は減少しており，大都市への移動が増加している。大都市への定住は厳格化し，都市規模が小さくなればなるほど定住を自由化するというこの方針は，事実上機能しない可能性がある。

この定住政策では，居住証制度を利用し，居住年数に応じて基本公共サービスを農業戸籍人口に提供していくとしている（第23章）。しかし，たとえば，上海市では農業戸籍人口が居住証を取得しても，公共サービス（子女教育，医療，年金などの社会保障）の享受の待遇は，都市社会への貢献（居住年数，学歴や職歴，住居の保有など）に応じて異なっている（厳 2014）。上海市は特大都市であるため，農民工にとって定住のハードルはまだまだ高い。

土地

中国の都市化では，人の都市化よりも土地の都市化が進んでいるとされている（国家信息中心 2016）。それは土地が地方政府にとって「金の成る木」であり，積極的に収用と再開発を行ない，都市化を進めてきたからである。しかし土地の供給もすでにボトルネックになりつつある。都市化が進み外延的に農地が宅地や工業用地に転換されていくと農地が減少する。中国は農業生産を維持するため，農地保護の最低ラインとして耕地総面積を18億ムーと設定している。

また，中国の土地は特有の土地制度のもと，都市の国有地と農村の集団所有地に二元化されている。都市化のための土地需要と供給のバランスをどうするか，土地管理について以下の方針が提起されている（第24章）。

新しく増加する都市建設用地の規模を厳格にコントロールする。具体的には，現在の土地ストックを活用し，農業からの移転人口の都市定住数に応じて土地建設用地を供給することを探索する，としている。

農村では土地請負経営権を確立した土地管理制度改革を実施するのが目玉だ。土地の登記を完成させ農民の土地請負経営権を保護する。農民に請負地の占有，使用，収益，譲渡および請負経営権の担保権を認める。そして，農村集団経営性建設用地の譲渡，賃貸，株式化については国有地と同じような権利と価格を保証する。農村財産権流通取引所を整備し，農村財産権の公開，公正，規範的取引を進める，としている。

農地の保護制度強化では，地方各級政府幹部に農地保護責任目標を導入し，幹部審査（考核）に使うとしている。

資本

中国の都市化に必要な資本は政府によって投下されてきた。しかし，地方政府財政の脆弱性と急速な都市インフラ資金需要の高まりから，その財源は土地開発に求められた。地方政府は土地を農村から安く接収しそれを高く販売する，融資プラットフォームを設立し，インフラ開発を担保に銀行から資金を借り入れる，などの方法をとってきた（梶谷 2014）。

「新型都市化計画」では，土地開発に依存しないかたち形で，資金調達先を多元化することを模索している（第25章）。

まず，今まで実施してきた地方政府の財政移転制度を変更する方針だ。地方政府が都市の基本公共サービスを農業移転人口に提供することを前提に，農民市民化の数値に応じて財政移転額を決定する方法に移行する。中央政府と省政府は従来の戸籍人口ではなく，常住人口を基に財政移転額を決めるとしている。

つぎに，地方財政の基礎を固めるために，不動産税を立法し，不動産から税金を徴収する方針だ。また，資源税の徴収対象を徐々に拡大し，環境保護費の租税化，資源税改革の推進を図る。

最も特徴的な改革は，地方政府の債権発行を認めるというものだ。債権の乱発にならないよう法律整備，発行管理制度，債権の等級評価を確立していくとしている。

労働，土地，資本にかかわる三つの改革の共通点は，農民の都市に定住する人口数に応じて，土地と資本を供給するということである。すなわち居住証による管理制度が都市化政策のすべてを握っている（第23章）。これが今回の「新型都市化」の目玉が「人の都市化」といわれる所以でもある。

この改革のめざす先は都市農村発展の一体化である（第20章）。戸籍にかかわらず同一の職種であれば同一の賃金になるよう，労働市場を統一化する。また都市，農村に分離されている戸籍制度を越えて，政府による基本的な公共サービス提供の平等化を図る。土地においても都市，農村にかかわらず国有地（都市），集団所有地（農村）ともに，都市化の建設用地であれば，同一価格になるように土地市場を整備する方向だ。現在，土地に対する権利が使用権（都市），請負権（農村）と分かれているが，都市化により土地に対する権利の平等化が進む可能性もある。

中国は社会主義計画経済のもとで，都市と農村を明確に分けて管理してきた。今回の大々的な都市化政策は，社会主義市場経済化への改革の中で，計画経済時代の負の遺産である都市農村二元構造を解消する施策であるといえる。

2．空間的都市化と制度的都市化

中国の都市化には，「空間的都市化」（Spatial Urbanization）と「制度的都市

表0-1　中国の都市化の二つの側面

側面	空間的都市化	制度的都市化
内容	住宅，都市交通，上下水道，エネルギー，情報，景観や快適な都市環境などの整備。例えば，企業団地，ニュータウン，都市群，文化村の形成など。	都市移住人口の定着，都市農村の差別の解消。例えば，戸籍，土地，公共サービス（医療，年金，失業など社会保障）など住民の待遇や格差の解消など。
中国固有の問題	都市化が工業化に遅れていること。 都市建設が都市化のスピードに追いついていないこと。 文化的あるいは生態保護環境を考えた都市作りが遅れていること。	人口の都市化が土地の都市化より遅れていること。 戸籍の身分転換が人口の職業転換より遅れていること。 都市の管理が都市の発展より遅れていること。

（出所）　中国固有の問題については，王・魏・張（2014, 5-6）を参考にし，筆者作成。

化」（Institutional Urbanization）の二つの側面がある（Okamoto 2017）。市場経済化が進めば個人の移動の自由や職業選択の自由が拡大し，自然発生的な「空間的都市化」が進む一方で，中国では計画経済時代からの制度が存在するためにその都市化を妨げている。したがって都市化を推進するとするならば何かしらの制度改革，すなわち「制度的都市化」が必要となる[15]。

表0-1は「空間的都市化」と「制度的都市化」の概念が示す内容を整理している。

「空間的都市化」とは，人口が都市に集中すること，そして増加する人口を都市が受け入れるためにどのように効率的に空間を活用するかという側面のことを指す。都市化が都市という空間に人が流れ込む現象を意味する以上，人口密度が上昇することによって，空間利用の効率化が必要となる。したがって政策としては，住居の高層化，鉄道や道路の地下化あるいは高架化などの都市空間に対する従来の意味での都市計画が期待される。

「空間的都市化」における中国固有の課題としては，都市化が工業化に遅れていることが指摘され，この問題を解決するために，都市化率の低い内陸部の都市への人口誘導や農村の小城鎮化（小都市化）が行なわれている。都市建設が都市化のスピードに追いついていない課題については，都市のインフラ建設による都市人口受入容量の拡大に取り組んでいる。最後に，文化的あるいは生態保護環境を考えた都市づくりが遅れている課題については，農村文化の保護や環境保全事業などへの取り組みが指摘できよう（表0-1）。

「制度的都市化」とは，都市に流入した新しい都市住民（あるいは移民）をどのように定着させるのか，膨らむ都市と過疎化する農村間の格差をどのようにするか，といった側面をさす。移動してきた人々が都市に住んだとしても，制度的に疎外されている，あるいは農村の人々が都市住民と公共サービスなどの面で差がつけられているならば，都市（その対照的概念である農村）の健全的な発展にはならない。むしろ社会的な不安要因となる。したがって都市管理政策としては，移住人口の安定した都市定着，安全な町づくり等を促す都市ガバナンス，都市農村の統一的な制度運用が必要となろう。

「制度的都市化」の中国固有の課題については，まず人口の都市化が土地の都市化より遅れていることが指摘される。農地や農民宅地が接収され都市化されていくにもかかわらず，農地を失くした農民自身は都市住民として受け入れられていない。それにともなって，戸籍の身分転換が人口の職業転換より遅れていることもあげられる。農民工が都市で第2次産業，第3次産業へと進出しているにもかかわらず，戸籍は農民（第1次産業）のままだ。最後に，都市の管理が都市の発展より遅れていることが指摘できる。急速な都市化にともなって都市管理やガバナンスがうまく機能しておらず，危機対応にも遅れがみられる。

中国が都市化を推進するにあたっては，どの側面でも共通するのは「政府の介入」が必要という点だ。地域格差の是正のもとに地域政策が実施されるのと同じように，都市化政策も都市問題を解決するために「政府の介入」を必要とする。この背景には，市場に任せていると地域格差は拡大し，都市問題はさらに複雑化するという考えがある（いわゆる経済学でいう「市場の失敗」）。

「政府の介入」が必要な分野は，空間的側面における公共財の提供だ。たとえば，低家賃で高品質の住宅供給，地下鉄，道路などの都市交通網，安定した電気供給網，上下水道，廃棄物処理場などの都市インフラ，医療，失業，年金などの公共サービスの提供などである。

一方，制度的側面でも「政府の介入」が必要である。しかし，中国の制度的都市化で必要なのは政府が介入して，計画経済時代の制度をなくしていくという点，つまり計画経済時代に形成された過度の管理体制からの「政府の退出」である[16]。中国の都市化は，過去の政策の積み重ねによってできた制度によって都市と農村の二元構造ができあがった。となると制度的都市化で必要なのは二元構造の解消である。制度を廃止し市場経済化をさらにすすめて労働と土地の市場統合をはかることこそが「新型都市化」である。

国務院発展研究中心課題組（2014, 3-4）は都市化の推進における問題を，政府と市場の役割分担がうまくいっておらず両者が適切に協力し合っていないことを指摘する。そして以下の6項目を問題点としてあげている。

(1)政府が都市化を強力に推し進める点。経済成長が幹部評価の重要な項目になっている中では，地方政府は質よりも都市規模の拡大にその目標が向かう。

(2)都市の空間拡張に重点が向かい，都市への人口集中が軽視される。土地の都市化が人口の都市化より速い。

(3)農村人口の市民化が進まない。地域の管轄権をもっていても財源がないため，地方政府が公共サービスを農民工に与えるインセンティブは低い。

(4)都市建設に重点がおかれ，都市管理がおざなりになる。インフラ投資に大量の資源が投入されるが，交通管理，生態環境の管理，歴史文化遺産の保護などに向かわない。

(5)都市の主要中心地域の発展に力点がおかれ，都市農村の一体化や都市群内部での協調がない。資源は省都や地区級市に向かい，農村には向かわない。

(6)政府と市場が共同で都市化を推進すべきであるが，政府の失敗がみられる。地方政府は土地資源を使って，産業発展に関与し，土地用途を転換し，土地取引や人口の永久的遷移などを行っている。

本書の枠組みである，「空間的都市化」と「制度的都市化」で考えると，国務院発展研究中心は，「空間的都市化」における「政府の介入」ばかりが進み，「制度的都市化」における「政府の退出」が遅れていることを指摘しているといえよう。都市化がもたらした社会構造変化に対して，政府は「空間的都市化」への対応を行ってきたが，「制度的都市化」をスムースにすすめるための制度改革が遅れている。この制度改革の中で，政府がどのように介入し，あるいは市場の働きを信頼して退出していくのか，政府と市場の絶妙なバランスが必要になっている。

第4節　本書の構成

本書は，都市化で発生している社会構造変化を「空間的都市化」と「制度的都市化」のちがいを意識しつつ，とくに計画経済時代から続いている制度的側面での改革が遅れていることに焦点をあてて，「政府の退出と介入のバランス」から都市化の推進と制度改革の展望を示すことにある。とくに「政府の退出と介入のバランス」の議論が抽象的にならないように豊富な事例研究を通じて考察している。

前半の3つの章は都市化の空間的側面を意識して議論を展開する。

まず，第1章でこれまで展開されてきた地域開発戦略を振り返る。広大な領土をもつ中国，とくに中央政府にとって，空間的経済政策は欠かせないものであった。建国以来，地域の経済格差は中国の重要な政策課題であり続け，どの地域に経済発展の重心をおくのか，どこに工場を配置するのか，経済活動の空間的配置は軍事的にも経済的格差解消のためにも必要な配慮であった。本章では，「政府の介入」によって地域開発戦略が展開してきたこと，政府の主体が中央から地方へと変遷してきたことを示す。同時に，都市は地域開発戦略において経済開発を実施に移す「場所」「空間」であるとともに，「プラットフォーム」でもあることが位置づけられ，「空間的都市化」の重要性に触れている。

第2章では，広東省の珠江デルタ地域の都市化に注目する。歴史的に，珠江デルタ地域は改革開放の「模範」であった。「政府の退出」によって私企業や外資企業の潜在的な成長力を開放し，計画経済の制度を変える原動力となり，珠江デルタ地域は市場メカニズムによって大きく発展した。本章では本地域の「政府の退出」による都市化を「珠江デルタ都市化モデル」とし，事実上「空間的都市化」がほぼ終了していることを示す。とはいえ，輸出主導型経済発展がもたらす弊害をどのように克服するか，そして新型都市化がめざす「人の都市化」にはどのような「制度的都市化」の推進が必要なのか，とくに「制度的都市化」について「政府の介入」による農地の権利改革の必要性が強調される。

広東省と対照的に第3章では貴州省の都市化を考察する。沿海部と違って，内陸部は地形的にも位置的にも初期条件が不利なため，「空間的都市化」「制度的都市化」のどちらも実施するにはさらなる困難が待ち受ける。結局，不利な初期条件を克服するために内陸部の都市化は政府の大量投入による「ビッグプッシュ型都市化」にならざるを得ず，「政府の介入」による新区建設，農村における観光農村化が行われていることが示される。

ただし広東省，貴州省の事例考察にあたっては，都市化建設は現在進行中であり，また現地調査においても限られた情報に基づいているため，現時点での仮説提示型の論考である。

後半の3つの章では視点を制度的な側面に移し，都市化の課題を考察する。「空間的都市化」が進んだ沿海部では持続可能な都市の発展という面でも新たな「政府の退出と介入」に揺れ動いている。工場と住居地が密接する都市部では，2011年から指摘されるようになった北京をはじめとする大気汚染，2015年の天津の爆発事故が都市統治の問題として注目されるようになった。第4章では，都市の安全を確保するための政府の取り組みを，天津を事例に考察する。都市化の過程で手狭になった工場用地をどこに配置するのかという空間的側面，人口が集中しつつある都市住民の安全をどのように守るのかという制度的側面の両方において，「政府の介入」が必要になっている。都市計画では安全確保のためにはゾーニングの手法が主流であり，経済活動に関しては政府の規制が一般的な対策だ。ゾーニングであれば過度な経済活動への介入にはならないが，過剰な規制は経済活動を制限し，しいては持続的な都市の発展を阻害してしまう。単純な「政府の退出と介入」ではなく，都市空間を関係主体（ステークホルダー）が協働で管理・運営しながら，市場経済活動を誘導していくという新たな都市ガバナンスの手法が必要になってきている。

新型都市化の究極的な目標は都市農村の一体化である。中国の都市化は，都市を取り囲む広大な農村からの安価な労働力供給や農地転用によって支えられてきた。こうした資源供給は計画経済時代に形成された差別的な都市と農村の二元構造のもとで進行したため，都市化による利益が農村に十分還元されず，結果的に都市・農村住民のあいだにはきわめて大きな経済格差が生じている。そこで第5章では農村における都市農村一体化に向けた取り組みを検討し，その結果，土地制度にせよ，戸籍制度にせよ，公共サービスの提供にせよ，「政府の介入」によって「制度的都市化」が進展していることを示した。しかし調査地の事例から考えると，これらの「制度的都市化」がどれくらい機能するのかという点では，判断を留保せざるを得ず，むしろ実際には対象農村が近隣都市と空間的にどれくらいつながっているかによって左右される部分も大きい。

第6章では，新型都市化でもっとも強調された「人の都市化」，戸籍制度改革とその結果に焦点をあてる。政府は新型都市化計画を発表するとすぐに「戸籍制度改革をさらに進めるための意見」を出し，農民工への都市部定着を促す方針を示した。とはいっても大都市における厳格な管理は変わらず，各都市の実情に合わせることになっているため，大きな変革は期待できない。「人の都市化」すなわち戸籍制度の改革の遅れは，都市で一時的に滞在する農民工の帰郷志向を生み，沿海部における「民工荒」（農民工不足）をもたらした。この「制度的都市化」の歪みは，資本（企業）の内陸部への移転を促した。そのうえ，産業を誘致して都市化を推進したい内陸部の地方政府はより積極的に企業を誘致し，税制などの優遇のみならず必要な労働者の手配まで行うこととなる。本章の事例は，政府が介入する極めて中国的特徴をもった都市化を示しているといえよう。

おわりに

都市化を研究対象にするにあたって，都市化（Urbanization）を「農村から都市への人口移動とそれに伴う社会経済構造変化の過程」と位置づけ，中国の都市化は「空間的都市化」と「制度的都市化」の二つの側面があること，そしてとくに「制度的都市化」を意識しつつ，「政府の退出と介入」というバランスから都市化と制度改革をみてきた。

制度とは，一般に個人と個人の相互作用によって生み出されてきた規範とか習慣であり，また一方で，政府がルールとして定めるものもある。社会主義を標榜する中国においては政府主導の制度づくりがなされてきた。これが都市農村二元構造をつくり上げた戸籍制度であり，土地制度であった。市場原理を導入し始めた改革開放からもうすぐ40年になる。市場経済化の進展とともに個人が主体的に職業，居住場所を選ぶようになった結果，事実上の都市化が進んだ。しかし残された制度は都市に間借りする農民工や城中村を生んだ。

制度改革は，政府が介入してこれまでとちがうルールを導入する部分と，新しいルールに対応する個人の行動が積み重なってできる部分が折り重なって進んでいく。市場経済が進めば進むほど，個人の主体的行動が制度に与える影響は大きくなり，時には政府の予期せぬ結果を生む。

中国の都市化には経済制度の改革が必要である。現状を知らない中央が進めるよりも，多様化する地域の状況に合わせて地方政府が都市部という空間で地域開発を行う（第1章）。とくに沿海部では「政府の退出」によって人が移動し「空間的都市化」を成し遂げてきた。しかし現実には制度矛盾を含んだままだ（第2章）。いわんや発展と都市化の遅れた内陸では，制度改革よりも「政府の介入」によって「空間的都市化」が強く前面に押し出されている（第3章）。

新型都市化は「制度的都市化」の面で絶妙な「政府の介入と退出」のバランスを模索する試みでもある。持続可能かつ安心な都市づくりをめぐって新たなガバナンスが志向され（第4章），都市農村の一体化では「政府の介入」によって農村の制度改革が進みつつも，政府の介入が及ばない部分も多く（第5章），「制度的都市化」を推進することは難しい。事実，「制度的都市化」の遅れとともに，地方「政府の介入」は中国独特の政府，労働者，企業の三角関係をも生み出している（第6章）。

どの国でも制度改革は難しい。市場には主体的に意思決定を行う個人が存在しており，政府の介入によっては人々の行動は予期せぬものになるからだ。それに加えて，中国独自の事情も存在する。1点目は政府業績の評価制度が存在し，これが政府の強いしかも業績につながりやすい投資プロジェクトに向かいやすい傾向をもってしまうこと，2点目は職権が下級政府に渡されていっても，それに伴う財源が存在しないので，上級政府が実質上管理してしまうこと，3点目は，社区などの地域コミュニティに独立した市民社会が存在しない，という点である（CDRF 2013）。

この結果は，「空間的都市化」に必要な投資プロジェクトの乱発，「制度的都市化」の進展の遅れという形につながっている。都市化は市場経済化の結果でもある。そして都市の混雑や都市インフラの不足に対しては「政府の介入」を必要とする。中国の政治システムもこの「空間的都市化」の対策を後押しした。一方，農村と都市の格差を解消すること，そのためには計画経済時代から続いている人の移動や土地の取引を制限する制度を廃止する必要がある。しかしできあがった制度を廃止することは社会的な混乱を引き起こす。とくに市場経済化で制度の歪みを利用して豊かになっている個人（土地を貸している農民，公共サービスを享受している都市住民）の利益を再分配することになるので，単純に政府が退出することは非常に難しい。

中国の都市化は市場経済化の流れで必然的に起こったうねりだ。このうねりをさらなる経済成長機会として活用したい中央政府にとって，新型都市化政策は今後の中国の持続的成長を占う試金石だ。市場経済化によって個人が自由に職と住居を選び，都市に居住するようになってきたが，計画経済体制時代の名残はその自由を制限するとともに，都市と農村に二分する結果となっていた。現実に進みつつある都市化を推進したい，しかし制度の自由化は社会の不安定を引き起こすかもしれない。

中国では政府の存在が大きいために「政府の退出と介入のバランス」を間違えると，不安定な結果を生み出す。とくに都市の取り扱いを間違えると，UN-Habitat も指摘するように，都市という本来経済成長のエンジンが，社会の混乱という最悪の結果ともなり得るのである。

〔注〕

(1) 中国では都市化に「城鎮化」という名称を当てている。「城鎮」は「城市」（都市）と「建制鎮」（県以下の人口集積地）の総称であり，農村の都市化も含む広い概念である。

(2) 常住人口とは普段そこに住んでいる人口をさし，戸籍人口（『中華人民共和国戸口登記条例』で管理されている「書類上」の人口）と区別される。

(3) したがって，マギル大学都市計画学部では都市計画を，「人々の厚生，土地利用の管理，交通・通信ネットワークや自然環境の保護・維持を含んだ都市環境の設計に関する技術的・政治的過程 のことを指す」（マギル大学都市計画学部のウェブサイト，https://mcgill.ca/urbanplanning/planning）としている。ちなみに都市計画の実施と政治過程については天児・任哲（2014）で多くの興味深い事例が分析されている。

(4) 岡本（2014b）は，住宅不足，食糧不足のために都市化を抑制せざるを得なかった計画経済期の体験を「都市化のトラウマ」と呼んだ。

(5) その他，新型都市化の概況を紹介する青書（新型城鎮化藍皮書）が，新型城鎮化発展報告（2014年度と2015年度）と中国新型城鎮化健康発展報告（2014年度と2016年度）の２種類出版されている。後者の方が進展状況としてはわかりやすい。

⑹ 都市を舞台にした「政府の退出と介入のバランス」は，これまで中国が社会主義市場経済への体制移行をめざして実施してきた「漸進主義的改革」の流れ（政府の退出）とも一致する。このバランスの模索は「漸進主義的改革」の新たなモデルになる可能性もあるかもしれない。

⑺ なお傾きが-1になればジップ法則が成り立つが，ここでは-1.07となっている。

⑻ Chauvin et al.（2016）も順位・規模ルールから，Henderson（2009）も記述統計から同じ結論を導いている。

⑼ 具体的には，技術進歩がみられると大都市に，民主化の程度が上がると小都市の発展に貢献するという。

⑽ 副省級市は昔の14の計画単列市＋省都の西安が含まれる。

⑾ もちろん直轄市でも県はもっているが，農業人口が減少して県が区に変わっているケースが多い。

⑿ 県から県級市への申請も増えており，同じ県レベルでも三農問題（農民，農村，農業）対象か都市建設対象かに分かれる。

⒀ 厳（2016）は，民主主義が欠如する状況下で，政府が社会的強者である非農業戸籍「市民」の利権を代弁していることが戸籍制度存続の理由とみている。

⒁ 集団所有地のままマンションが建設されたりすると，その財産権の所在のあいまいさ（元の所有者は農民集団であるため）から，物件価値が低くなる。このような物件を「小産権」物件という。たとえば北京では小産権物件は全物件の3割は下らないだろうという見方もある（2014年12月葉裕民中国人民大学教授の話）。また城中村の改革については岡本（2015b）を参照のこと。

⒂ 市場経済自体も「制度」であるが，本章が意図する「制度」は計画経済時代から続いている戸籍・土地制度などを指す。

⒃ 中国の経済発展は政府が主導となって政府が関与する制度をなくしていく過程，すなわち「政府の退出」であった（岡本 2013）。

〔参考文献〕

<中国語文献>

岡本信広 2015a.「城郷一体化的艱難前行」『浙江工商大学学報』（2015年9月）第4期（総第134期） 112-117.（DOI:10.14134/j.cnki.cn33-1337/c.2015.05.014. 2017年11月10日アクセス）

国家信息中心 2016.「中国新型城鎮化発展状況」（アジア経済研究所2016年度委託

研究報告書).
国務院発展研究中心課題組 2014.『中国新型城鎮化——道路，模式和政策——』中国発展出版社.
王偉光・魏後凱・張軍 2014.『新型城鎮化与城郷発展一体化』中国工人出版社.
住房和城郷建設部課題組 2011.『“十二五”中国城鎮化発展戦略研究報告』中国建築工業出版社.

＜日本語文献＞
天児慧・任哲編 2015.『中国の都市化——拡張，不安定と管理メカニズム——』(研究双書 No.619) 日本貿易振興機構アジア経済研究所.
岡本信広 2013.『中国——奇跡的発展の「原則」——』(アジアを見る眼シリーズ No.115) 日本貿易振興機構アジア経済研究所.
——— 2014a.「中国はなぜ都市化を推進するのか？——地域開発から都市化へ——」『ERINA REPORT』No.115　4-11.
——— 2014b.「中国大都市化の抑制——背景と手段——」『東亜』(562) 4月　4-5.
——— 2014c.「中国の都市システム——都市規模を抑制するのは合理的か？——」『ERINA REPORT』No.121　3-11.
——— 2015b.「都市の中の村を再開発する——北京の「城中村」改造——」『東亜』(571) 1月　4-5.
——— 2015c.「中国の新型都市化とビジネスチャンス」『ジェトロ中国経済』(595) 8月　48-67.
加藤弘之編 2012.『中国長江デルタの都市化と産業集積』勁草書房.
梶谷懐 2014.「土地政策——農村の開発と地方政府——」中兼和津次編『中国経済はどう変わったか——改革開放以後の経済制度と政策を評価する——』国際書院.
厳善平 2014.「中国における戸籍制度改革と農民工の市民化——上海市の事例分析を中心に——」『東亜』(563) 5月　76-86.
——— 2016.「戸籍制度改革と農民工の市民化」加藤弘之・梶谷懐編『二重の罠を超えて進む中国型資本主義——「曖昧な制度」の実証分析——』ミネルヴァ書房
小島麗逸編 1978.『中国の都市化と農村建設』龍渓書舎.
世界銀行 2008.『世界開発報告 2009 変わりつつある世界経済地理』一灯社.
フィリップ・マッカン著　黒田達朗・徳永澄憲・中村良平訳 2008.『都市・地域の経済学』日本評論社. (Urban and Regional Economics, by Philip MacCann. Oxford; Oxford University Press, 2001)
藤田昌久，ポール・クルーグマン，アンソニー・J. ベナブルズ 2000.『空間経済学

――都市・地域・国際貿易の新しい分析――』東洋経済新報社．（The Spatial Economy: Cities, Regions, and International Trade, by Masahisa Fujita, Paul Krugman, and Anthony J. Venables. Cambridge, Mass.; MIT Press, 1999）

藤田昌久，ジャック・F・ティス 2017.『集積の経済学――都市，産業立地，グローバル化――』東洋経済新報社．（Economics of agglomeration : cities, industrial location, and globalization, 2nd. ed., by Masahisa Fujita, and Jacques-François Thisse. New York: Cambridge University Press , 2013）

＜英語文献＞

Chauvin, Juan Pablo, Glaeser, Edward, Ma, Yueran, and Tobio, Kristina. 2016. "What is Different about Urbanization in Rich and Poor Countries? Cities in Brazil, China, India and the United States." *Journal of Urban Economics* (98) March: 17–49

CDRF (China Development Research Foundation) 2013. *China's New Urbanization Strategy*. New York: Routledge.

Henderson, J. Vernon. 2009. "Urbanization in China: Policy Issues and Options." China Economic Research and Advisory Programme, Unpublished Paper. (www.econ.brown.edu/.../Final%20Report%20format1109summary.doc 2017年1月11日アクセス)

Henderson, J. Vernon, and Wang, Hyoung Gun. 2007. "Urbanization and City Growth: The Role of Institutions." *Regional Science and Urban Economics* 37(3) May: 283–313.

Kojima, Reiitsu. 1987. *Urbanization and Urban Problems in China*. (IDE Occasional Papers Series No.22) Tokyo: Institute of Developing Economies

LeGates, Richard T. and Stout, Frederic. eds. 2015. *The City Reader.* 6th edition. Oxon; Routledge

Li, Zhang. 2004. *China's Limited Urbanization: Under Socialism and Beyond*. New York; Nova Science.

Lu, Ming. and Wan, Guanghua. 2014. "Urbanization and Urban Systems in the People's Republic of China: Research Findings and Policy Recommendations." *Journal of Economic Surveys* 28(4) July: 671–685.

Okamoto, Nobuhiro. 2017. "What Matters in Urbanisation of China?" *Northeast Asian Economic Review*, 5(2) October: 1–13.

Tan, Yongtao, Xu, Hui and Zhang, Xiaoling. 2016. "Sustainable Urbanization in China: A Comprehensive Literature Review." *Cities* vol. 55, June: 82–93

UN-Habitat. 2016. *World Cities Report 2016: Urbanization and Development : Emerging Futures.* UN-Habitat. (http://unhabitat.org/books/world-cities-report/ 2017年11月10日アクセス)

UN-Habitat and ESCAP. 2016. *The State of Asian and Pacific Cities 2015. Urban Transformations: Shifting from Quantity to Quality*, UN-Habitat. (http://unhabitat.org/books/the-state-of-asian-and-pacific-cities-2015/ 2017年11月10日アクセス)

Yusuf, Shahid and Saich, Anthony, ed. 2008. *China Urbanizes: Consequences, Strategies, and Policies.* Washington, D.C.; World Bank.

World Bank and Development Research Center of China's State Council. 2014. *Urban China: Toward Efficient, Inclusive and Sustainable Urbanization.* World Bank. (https://openknowledge.worldbank.org/handle/10986/18865 2017年11月10日アクセス)

第1章

地域開発と都市化

——地方主体の地域発展戦略を中心に——

穆　尭芊

はじめに

2014年に公表された「国家新型都市化計画（2014－2020年）」は，「現在の中国では都市化・工業化・情報化・現代農業化の協調的発展は，現代化建設の核心的な内容である」と強調した上で，「工業化は主導的地位にあり，発展の原動力である。農業現代化は重要な基礎で，発展の根幹である。情報化は後発性優位を生かし，発展に新たな活力をもたらす。都市化はプラットフォームであり，工業化・情報化に発展の空間を提供し，農業現代化の発展を加速する」と指摘している。すなわち，新型都市化は中国の経済発展のプラットフォームであり，「場所」を提供している。

空間に関する発展戦略，すなわち地域発展戦略は広大な面積をもつ中国にとって重要な戦略であり続けた。中央政府にとって地域空間における発展のバランスは重要な戦略事項であったのである。

これまで地域発展戦略は中央の専権事項であったが，大きく変化したのが2008年から2015年の間の地域発展戦略である。この期間に地域発展戦略は地方主導へと転換する一方，2014年に中央から新型都市化が提案されている。そこで，本章では，2008年から2015年までの期間を，中国が地域開発政策[1]を展開する過程において，「地方主体の地域発展戦略」としての特徴を明確にしたひとつの時期として区分し，地域開発政策と都市化の関係について考察する[2]。

2008年1月，国務院は「広西北部湾経済区発展規画」[3]を承認し，中央政府が地方レベルの地域発展戦略を大量に承認する時代の幕が開けた。以降2015年3月の国家発展改革委員会・外交部・商務部の共同署名文書「シルクロード経済帯と21世紀海上シルクロードを共同で建設することを推進するビジョンと行動」(「一帯一路」) が打ち出されるまでの7年余りの間に，国務院は計100件以上の地域発展戦略を承認した。これらの地域発展戦略はほぼ全省を網羅しており，地域の経済的な特徴を考慮しながらおもに地方政府によって実施されている。省レベルのほか，市・県レベルの発展戦略，新区，総合配套改革[4]試験区，海洋に関連する経済振興，金融改革，イノベーション，自由貿易，貧困扶助等に関する発展戦略も承認した。中央政府が短期間にこれだけ大量の地域戦略を承認することはこれまでになかったことであり，その背景，実態と地域経済に与え得る影響などを検討し，中国の地域開発政策の展開過程における位置づけを考察する必要がある。

中華人民共和国は建国直後から現在まで，地域開発をめぐる中央政府の政策が大きく変化してきた。その時代区分については，研究者によって視点や強調点が異なっているため，必ずしも共通の認識が得られているわけではないが，第1・2次五カ年計画，三線建設，沿海地域開発，西部大開発（東北振興，中部崛起）などの大まかな政策展開のプロセスがみられたことには意見が共通している。しかし，前述の地方主体の地域発展戦略について，日本ではこれに注目する分析が限られており，西部大開発などの地域格差を是正する発展戦略の研究にとどまっていることが多い。本章は，地域開発政策の展開の経緯に関する先行研究をふまえて，近年の地域発展戦略が地方主体になってきていること，そして地域発展戦略の経済的・政策的背景を分析し，その実態や課題などを検討することにより，この時期の特徴をとらえたい。また，地方主体の地域発展戦略の内容と都市化政策と比較し，双方の関連も明確にする。

本章の構成は以下のとおりである。第１節では，既存の研究をふまえた上で，中国の地域開発政策の時代区分を新たに整理し，2008年から2015年までの期間を地方主体の地域発展戦略の時代として提起する。第２節では，地方主体の地域発展戦略の定義，展開の背景，策定の状況などを考察する。第３節では，地方主体の地域発展戦略の実態を分析し，発展戦略の作成と実施における地方政府の役割を明らかにし，その課題と問題点を指摘する。また，最近の「一帯一路」政策について，中央－地方関係からみた新しい展開の意味に言及する。第４節では，地域開発政策の展開と都市化の関係について西部大開発まで，地方主体の地域発展戦略，「一帯一路」の３つの時期に分けて検討する。最後にとりまとめる。

第１節　中国の地域開発政策の時代区分

１．先行研究の整理

本節では，中国の地域開発政策の変遷を考察する代表的な研究を整理し，その特徴と課題を指摘し，本章のねらいを明確にする。

中兼（2012）は，中国の開発戦略を時間的順序にしたがって，スターリン型開発戦略，毛沢東型開発戦略，鄧小平型開発戦略の３つに分けた（表1-1）。それぞれの時期に強調され，典型的に象徴する政策だけを取り上げている。1952－56年のスターリン型開発戦略はソ連の中央集権的計画体制を模倣して導入された。1956－78年の毛沢東型開発戦略は一般的に「計画経済」期と称することが多いが，毛沢東時代に真の意味での「計画」があったかどうかは疑問であるとする。1978年からの鄧小平型開発戦略では，鄧小平は大胆な路線転換をはかり，政治優先から経済優先，平等から成長へ，自力更生から対外開放へ，そして行政的統制経済から市場経済へと，思い切って舵を切ったものである。また，この３大戦略をベースにより詳細な時期区分も行い，た

表1-1　中国における開発戦略の変遷

	スターリン型	毛沢東型	鄧小平型
時期	1952－56	1956－78	1978－
開発目的	富国強兵 社会主義工業化	国家防衛 共産主義化	経済発展
政策手段			
マクロ政策	重工業化	自力更生 三線建設	対外開放
制度政策			
意思決定制度	中央集権	地方分権	企業分権
企業制度	「一長制」	党委員会指導	株式会社制度
所有制度	国有化	公有化	多重所有制
農業制度	農業集団化	人民公社化	個人農化
市場制度	価格統制	市場閉鎖	市場化
計画制度	集権的計画	非制度的計画化	計画制度の廃止
分配制度	格差容認	平等分配	不平等容認（先富論）
開発哲学	統制と支配	政治優先 大衆動員	経済優先
国際関係	ソ連一辺倒	中ソ対立 国際孤立	WTO 加盟とグローバル化

（出所）　中兼（2012, 10）。

とえば，2002年以降を「ポスト鄧小平型の開発戦略」と称し，胡錦濤・温家宝指導部による「和偕社会」や「科学的発展観」が遂行された時代であると指摘した。

中兼（2012）は，政治指導者を軸に開発戦略の時期区分を行い，経済政策は国内政治や制度環境と強い関係があることを示唆した。この点は，中国のさまざまな政策の展開を観察する上で重要な指摘である。また，途上国の開発戦略の意味の下で中国社会の変革そのものが確認できる点や，中国はそれぞれの時代にそれぞれの戦略と政策哲学をもって経済を運営してきたことを強調した点に特徴がある。中国全体の特徴をとらえるには理解しやすいが，筆者は地域開発戦略の側面に特化して時代区分を行い，地域経済の特徴と地域政策の変化について異なった区分をする必要があると考える。

表1-2　加藤（2014）による中国の地域開発政策の変遷

	時期区分	地域開発戦略	特徴
1953－57年	社会主義時代	第一次五カ年計画	ソ連援助156項目は内陸部中心 やや内陸重視
1958－65年		大躍進と調整期	均衡発展（沿海重視）への回帰 実際には内陸傾斜が継続
1966－76年		文革期	三線建設の実施 過度な内陸傾斜
1978－90年	改革開放時代	沿海地域優先発展戦略	沿海重視，効率優先 はしご理論の第一段階
1991－95年		T字開発の提起	沿海から内陸への発展の波及 成長ベルト構想
1996－99年		７大経済圏構想	地域均衡発展 複数成長拠点
2000－05年		西部大開発（2000年－ 東北振興（2003年－ 中部崛起（2004年－	内陸重視 沿海地域による内陸支援 ４地域ブロックでのバランスのとれた発展
2006年－		主体機能区	合理的な国土開発

（出所）　加藤（2014, 56）。

加藤（2014）は中国の地域開発政策の変遷を，社会主義時代と改革開放時代に分けて検討した（表1-2）。社会主義時代では「第１次五カ年計画」，「大躍進と調整期」「文革期」に分け，改革開放時代では「沿海地域優先発展戦略」「T字開発の提起」「７大経済圏構想」「西部大開発・東北振興・中部崛起」「主体機能区」に分けて詳しく考察した。時代の背景に沿った開発構想やシンボル的な発展戦略を整理しており，中国の地域開発政策の歴史的な展開を理解する上で有益である。政策の特徴として沿海か内陸か，効率か均衡かの関係についても言及している。しかし，中央政府の強い力で実際に実行に移された開発戦略（西部大開発等）と，構想段階にとどまって途中から頓挫した開発構想（７大経済圏構想等）を同じレベルで整理しており，後者についてはひとつの時代として区分してよいかを検討する余地を残している。

表1-3　張（2013）による中国の地域戦略の変遷

順番	時期	地域発展戦略	特　　徴
①	1949－1964年	内陸建設戦略	内陸部に計画的な工業プロジェクトの配置，沿海部と内陸部のバランスの重視
②	1965－1972年	三線建設戦略	国際環境の悪化により，生産の西部地域への集中的移転・配置
③	1973－1978年	戦略調整	国際情勢の緩和，経済効率への配慮，国民生活の改善，社会の安定と発展の促進
④	1979－1991年	沿海部発展戦略	改革開放政策，沿海部の優先的開放，国際市場に向けての国際取引・国際競争の促進
⑤	1992－2006年	地域経済協調発展戦略	地域間の協調的発展，格差の縮小，西部大開発・東北振興・中部崛起・東部率先
⑥	2007年－現在	生態文明的な地域経済協調発展戦略	主体機能区戦略，人間・自然の調和，国土開発密度の管理，人口の空間的配置の調整

（出所）張（2013）より筆者作成。

また，政策の特徴として沿海か内陸か，効率か均衡かについて言及した時期としなかった時期があり，この視点をとり上げるなら漏れなく検討する必要があると考えられる。

張（2013）は，中国の地域戦略の変遷に関する中国国内の研究を丁寧に整理した上，それを「内陸建設戦略」「三線建設戦略」「戦略調整」「沿海部発展戦略」「地域経済協調発展戦略」「生態文明的な地域経済協調発展戦略」の６段階に分けた（表1-3）。この区分は時代的な特徴を強く反映しており，地域開発をめぐる空間的目標の変化（内陸，三線，沿海，協調）という明確な基準にしたがって分類した。しかし，最後の「生態文明的な地域経済協調発展戦略」の段階は，人間・自然の調和というこれまでの視点と異なる要素を取り入れたため，分類基準の一貫性に疑問がある。さらに，この疑問は張・蔡（2015）にも続く。同論文は，1990年代初めから現在までの期間を「地域協調発展戦略」として位置づけて，これを「地域協調発展1.0～4.0」の４バージョンに分けた（表1-4）。この区分は，近年の中国の地域開発をめぐる時代

表1-4　張・蔡（2015）による中国の地域協調発展戦略の変遷

順番	時　期	バージョン	特　徴
①	1990年代初め－2004年	地域協調発展1.0	地域の協調的発展，格差の縮小，西部大開発，東北振興
②	2004－2007年	地域協調発展2.0	西部開発・東北振興・中部崛起・東部率先の全体戦略の提出，全国すべての地域を網羅
③	2007－2013年	地域協調発展3.0	地域発展全体戦略と主体機能区戦略の融合，エコロジーと経済的効果の同時重視
④	2013年－現在	地域協調発展4.0	「一帯一路」戦略の提起，地域協調発展の国際的な視野，中国周辺地域の取り入れ

（出所）張・蔡（2015）より筆者作成。

環境の変化および開発の課題がより複雑で重層的になりつつあることを感じさせるほか，最近の「一帯一路」戦略まで含まれているため，最も新しい論点が提示されたものとして評価すべきであろう。しかし，この４バージョンを分ける視点は，地域格差の是正，すべての地域を対象とする全体戦略，エコロジーと経済的効果の同時重視，地域協調発展の国際的視野とすべて相違しており，多層的な分類基準が採用されていることがわかる。区分の対象期間が短すぎるという感もある。

上記にあげた研究は，時期区分の基準の整合性や一貫性に課題が残っているものの，時代の環境，開発重点地域，効率か平等か，人間と自然の調和，国際的な視野などの重要な視点を提示したことは事実であり，大きな貢献である。しかし，地域開発政策を考察するもうひとつの重要な側面，すなわち，中央政府と地方政府の役割およびその変化を検討する視点は，以上の区分法ではまったく考慮されていないといえる。その背景には，三線建設や西部大開発のような国を挙げての開発政策は，ほとんど中央政府の主導で行われてきた経緯があると考えられる。

中央と地方の役割の検討は，地域発展戦略の実態を分析する上で不可欠である。中国は巨大な地理的空間を有し，各地域が異なる地理的条件，経済規模，産業構造などをもっており，中央政府の開発政策に対して当該地域の特徴に合わせた地方政府の発展戦略によって補完することは不可欠である。また，中国経済は30年以上の改革開放政策を経て，市場経済は地域によって異なる早さと深さで浸透している。各地の経済は異なる様式で発展しており，地域経済の特徴が顕著に表れるようになった。地方政府はその特徴を生かして積極的に地域発展戦略を立案し，中央政府の認可を得て実施するという展開を見せている。これは既存の西部大開発のような，中央政府が立案して実行する地域発展戦略の流れと大きく異なっている。後述するように，2000年代後半から2010年代前半までは，地方主体の地域発展戦略の時代がつくられたといって過言ではない。この時代の背景や実態を考察し，中央と地方の役割という視点を取り入れて地域政策の変遷を考察し，地方主体の時代として位置づけることが本章のねらいである。

2．中央・地方の視点を取り入れた区分法

以上の先行研究をふまえて，筆者は表1-5のように中国の地域開発政策の変遷を整理した。中華人民共和国が建国された直後の1950年代から現在までの期間を７つの段階に分けて，政策の理念，具体的な内容，代表的な政策，効率と平等のどちらを重視するか，中央と地方のかかわり方などの項目を設けて分類した。

まず，区分についてすこし説明を加える。この区分法で取り上げた開発政策はすべて実際に実行されたものであり，途中で頓挫した開発構想などは含まれていない。各時期の開始年度は「代表的な政策」が打ち出された年度に照準を合わせているが，終了年度は必ずしもその政策が終わった年を意味するものではない[(5)]。また，代表的な政策については，スペースの関係ですべてを紹介することは避けた。効率と平等の区分は筆者の見解にとどめており，十分に論証した結果ではない。以上の点をふまえて，各時期の政策内容と特

表1-5　中国の地域開発政策の展開

順番	時期	政策の理念	政策の内容	代表的な政策	効率と平等	中央と地方
①	1953－1964年	産業配置の空間的均衡	全国基本建設プロジェクトの中西部への重点的配置	第一次五カ年計画，第二次五カ年計画等	平等優先	中央主導
②	1964－1978年	国防重視	沿海地域の産業を強制的に内陸部へ移転させる	三線建設	平等優先	中央主導
③	1978－1992年	開放政策の試み・実行	外国資本・技術の誘致，国際市場への参入	改革開放，経済特区，沿海開放都市等	効率優先	中央主導
④	1992－2000年	成長牽引地域の育成	沿海地域に対する積極的な政策支援，財政移転	上海浦東新区，天津濱海新区等	効率優先	中央主導
⑤	2000－2008年	地域格差の是正	内陸地域に対する積極的な政策支援，財政移転	西部大開発，東北振興，中部崛起	平等優先 効率考慮	中央主導
⑥	2008－2015年	多様な地域発展モデルの形成	地方レベルの発展戦略に対する中央政府の認可	広西北部湾経済区発展規画等（100件余）	効率優先 平等考慮	中央認可 地方主体
⑦	2015年－現在	先進地域と後進地域の一体化	インフラの疎通，発展戦略の協調，行政障壁の打破	一帯一路，長江経済帯，京津冀協同発展	効率優先 平等考慮	中央主導

（出所）　筆者作成。

徴を詳細に検討する。

1953－1964年は，第1次・第2次五カ年計画などに代表されるように，産業配置の空間的均衡を図るために全国基本建設プロジェクトの中西部への重点的配置が行われた。平等優先の戦略であったと考えられるが，地域経済格差の是正というより，産業の空間的均衡を図った時期であった。この時期は計画経済の時代であり，中央政府の指令・計画は決定的な役割を果たした。

1964－1978年は，三線建設と呼ばれる国防重視の戦略が行われ，沿海地域の産業を強制的に内陸部へ移転させた。当時の中国をめぐる国際環境が悪化し，経済効率より国家の安全が重要視される時期であった。この政策は後に中西部の産業基盤の形成に寄与した側面もあり，平等優先の戦略であると考えられる。三線建設は国家の主導で実施された。

1978－1992年は，改革開放政策が打ち出され，中央政府は次々に経済特区や沿海開放都市を指定し，外国資本の誘致，先進技術の導入，国際市場への参入などが図られた。大躍進や文化大革命で疲弊した国民経済を立て直すために，安価な労働力を生かして国際分業に参加し，積極的に対外開放政策を試みる効率重視の時代であった。指定した開放地域は経済・立地条件が比較的に良好な沿海部に集約しており，計画ではなく市場の役割を重視した。また，計画経済体制から脱却するために，中央政府による制度改革の役割が極めて重要だった。

1992－2000年は，上海浦東新区，天津濱海新区などが設立され，市場経済を全面的に導入し，沿海地域に対する積極的な政策支援が行われた。経済特区などの開放政策は大きな効果を挙げたため，それを沿海地域全体に広げて中国経済の牽引地域を一気に作り上げるという効率優先の時期であった。沿海地域に対する中央政府の政策支援と重点的な投資が重要な役割を果たした。

2000－2008年は，急速な発展を遂げた沿海地域と内陸地域との格差が広がり，中央政府は西部大開発，東北振興，中部崛起の政策を打ち出した。インフラ整備を中心に内陸地域に対する積極的な政策支援と財政移転が行われたため，平等重視の開発戦略であったといえる。一方，内陸部における交通インフラ整備は，沿海地域への資源輸送の拡大に貢献したほか，沿海地域に立地する企業にとって内陸部市場に参入する可能性を広げた側面もあり，経済効率も考慮した政策だと考えられる。国家戦略であるため，政策の立案と実行はおもに中央政府の主導の下で行われた。

2008－2015年は本章の最も注目する内容で，詳細は後に検討するが，各地方政府が地域の経済的特徴を生かして独自の発展戦略を立案し，中央政府の承認を得て実施するという地方主体の時期であった。中央政府は多様な地域発展モデルの形成を促すために地域の発想を重視し，地方の発展戦略を積極的に認可した。発展戦略を実施するための予算の捻出や具体的なプロジェクトの立案はおもに地方政府が担当するほか，地域の発想を実現するために，既存の制度やルールを変更する必要が出た場合に中央省庁と交渉する可能性も与えられ，地方の役割が極めて大きい時代であった。地域の実態に即した発展戦略が作成・実行される点において，効率優先であったと考えられる。数多くの内陸部の発展戦略も国務院に承認されたことを考慮すれば，平等も考慮した時期であった。

2015年－現在は，「一帯一路」「長江経済帯」「京津冀協同発展」などの戦略が作成され，先進地域と後進地域のインフラの疎通，発展戦略の協調，行政障壁の打破などの地域一体化政策が実行されている。「一帯一路」については，中国の対外展開戦略としてその国際的な側面に着目した研究が多いが，国内的には地域間のインフラ整備などを通じて市場要素の自由な移動を促し，沿海地域や大都市の発展をより強く推進し，内陸地域への波及効果を高める国内開発戦略でもあることを指摘できる。「長江経済帯」[6]「京津冀協同発展」[7]も同様の性格をもっている。そのような意味で，効率優先・平等考慮の戦略であるといえる。これらの戦略は中央政府の強いリーダシップの下で推進されている。

以上の分析から，中国の地域開発をめぐる政策の理念には，当時の中国がおかれた環境や中国経済の主要な課題に対応し，産業配置の空間的均衡→国防重視→開放政策の試み→成長牽引地域の育成→地域格差の是正→多様な地域発展モデルの形成→先進地域と後進地域の一体化という明確なラインが存在している。中国の地域開発政策は，これらの理念に従って代表的な戦略を打ち出し，前の時代の経験も生かしながら新しい政策を実行してきたと考えられる。効率か平等かについてはより深く検討する必要があるが，中央と地方の役割という視点を加えると，近年は地方主体の地域発展戦略の時代であることが特徴づけられよう。以下，2008年から2015年までの地方主体の地域発展戦略に焦点を当てて，その背景や実態を検討する。

第2節　地方主体の地域発展戦略の展開

1．地方主体の地域発展戦略の概念

筆者は，地方主体の地域発展戦略を以下のように定義する。地方政府が地域の経済的特徴に基づいて発展戦略を作成し，国務院の承認を通じて全国における当該地域の特徴や重要性に対する共通認識を形成し，中央省庁の支援を得ながらもおもに地方政府の責任で当該戦略を実施する，というものである。

この定義には三つの要件が含まれている。ひとつ目は地方政府が地域の特徴に基づいて発展戦略を立案することである。戦略づくりをめぐる地方政府の積極的姿勢が求められ，戦略の方向性や具体的政策について地方政府の意向を反映しなければならない。ふたつ目は国務院の承認が得られることである。国務院はすべての発展戦略を承認するものではなく，全国的にみても重要かつ代表的な戦略だけを承認する。国務院が承認すると，戦略の内容が各中央省庁・各地域に通知されるため，当該地域の特徴や重要性に関する全国の共通認識が形成され，発展戦略は全国的な意味をもつことになる。三つ目は発展戦略の実施はおもに地方政府が担当することである。実施予算の調達や具体的なプロジェクトの創出，企業誘致等についてはおもに地方政府が担当する。地方政府は中央の具体的な支援を得るために，各省庁と個別に協議する必要があり，その結果は地方によって大きく異なる可能性がある。

以上の三つの要件によって，地方主体の地域発展戦略をほかの戦略から区別することができると考える。第1次・第2次五カ年計画や三線建設は中央政府の主導で全国画一的な政策が行われた。経済特区，沿海開放都市の設立と発展に地方政府が大きく関与しているものの，全国レベルの体制改革なしに成し遂げられないものであり，中央政府の主導的な役割が重要であった。上海浦東新区や天津濱海新区の設立と発展にも地方政府の役割が重要であっ

たが，中央政府は強い意志をもって当該地域の発展を重点的に支援し，それを全国の経済成長を牽引する拠点にするねらいがあった。地方主体の地域発展戦略のように，地方政府が中央の支援を得るために各省庁と個別に協議する状況ではなかった。西部大開発，東北振興，中部崛起では，地域格差の是正をねらう中央政府の主導的な役割があり，政策の立案や実施は中央政府の責任で行われた。たとえば，政策立案機構である国家発展改革委員会に西部大開発，東北振興，中部崛起を担当する部署が設置されている。

中央政府のねらいは，各地域の発展戦略を精査し，選択的に承認することにより，各地域の経済の特性に基づく多様な発展モデルを形成させることにある。そして，地域の発想を支援することで，地域発の改革案や改善策を促し，全国に通用する改革の経験を積むことである。後述するように，この役割の転換は中国地域経済の発展の実態に基づくものである。

2．地方主体の地域発展戦略の背景

地方主体の地域発展戦略が誕生した最も重要な要因は，各地域の経済が異なる様態で発展し，それぞれの地域の特徴が顕著に表れるようになったことだと考えられる。中央政府のかつての統一的な開発政策では限界が出て，地方政府にそれぞれの地域の特徴を生かした政策立案が求められるようになった。中国は1978年より改革開放政策を実施し，1992年より市場経済への移行を開始し，2001年にWTOへ加盟した。この30年余りの間に，中国の地域経済は大きく変貌し，計画経済時代と違って各地域の発展の様態が大きく相違するようになった。

図1-1は省レベルの地域における主要経済指標の標準偏差（分散の平方根）の推移である。標準偏差は各省の値と全国平均値との乖離，すなわち規模からみた省間のバラつきの度合いを表す指標である(8)。この図で確認できるように，2000年代半ば前後から，地域の経済成長を表すGRP，全社会固定資産投資，社会消費品小売総額，国際取引を表す貿易額，財政と住民消費を表

す地方財政一般収入，住民消費水準，民間や外資系企業の発展状況を表す私営企業数，外資系企業投資金額などの標準偏差は急速に拡大し，省間の差異が顕著に表れるようになった。貿易額の標準偏差は2008年の米国発の金融危機であるリーマン・ショックの影響で一時的に縮小したが，すぐに回復して，元の流れに戻った。このほかに，1人当たりGRP，輸出額，地方財政一般支出，1人当たり社会消費品小売総額などの指標も計算してみたが，ほぼ同じような形の図が描けた。

また，近年筆者が行った現地調査では，地域によって異なる経済的特徴が形成されていることを確認した。たとえば，工業基盤が比較的に整備されている吉林省では，地方政府は開発用地を確保し，工場の建物まで作って外資誘致に取り組んでいるが，観光産業が発展している海南省では，自然・景観保護の観点から環境に影響を与える工場誘致に積極的ではない。また，石油・石炭などの資源型産業の比重が大きい黒龍江省にとって，産業構造の改善や国有企業の振興，雇用の確保が主要な政策課題であるが，農村人口の多い河南省にとって食糧生産の確保や都市化政策が重要である。このような実態をすべて統計データで示すことは困難であるが，地域によって異なる経済・産業状況が存在し，その実態に沿って地域政策を作成する必要があったといえるだろう。

このような実態を反映して，中央政府の政策は2000年代半ばから転換し始めた。2006年3月に公表された「国民経済と社会発展第11次五カ年規画」では，「地域間の協調的発展」を独立の篇[9]としてとりまとめ，「各地域の比較優位を生かす」ことを強調した。都市と農村の協調的発展を同規画の六大目標のひとつとして取り上げ，「それぞれの特色をもった地域発展態勢を徐々に形成する」ことを述べた。同規画では，主体機能区戦略の実施を求め，全国土を最適開発・重点開発・開発制限・開発禁止の4種類に分けて合理的な国土開発をめざした。2010年に公表された同規画の本文では，開発制限・開発禁止地域については食糧生産確保と環境保護の観点から述べ，最適開発・重点開発の対象地域については具体的な都市圏まで言及し，それぞれの経済

図1-1　省間の主要経済指標の標準偏差の推移(1995～2014年)

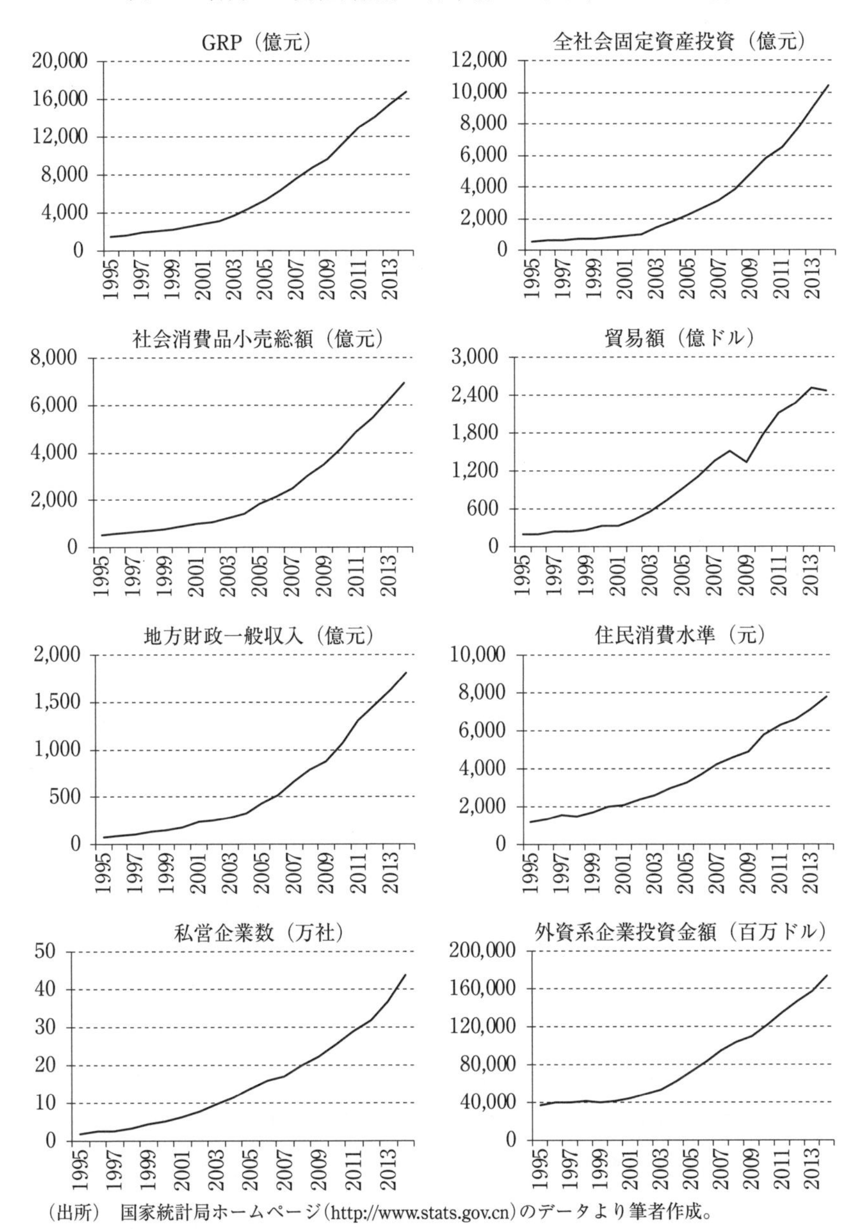

（出所）　国家統計局ホームページ(http://www.stats.gov.cn)のデータより筆者作成。

的特性を述べている。地域によって異なる産業発展方向や多様な成長モデルの形成をめざす中央政府の意図が強く感じられる。

地方政府は中央政府の政策転換に積極的に応じた。地方政府の担当者は，地域経済界の要求を元にして地域の特徴を生かした戦略をつくり，中央政府の承認獲得を競った。国務院の承認は地域の発展にとって大きなメリットがある。たとえば，すぐに国の大型投資や財政移転が行われるわけではないが，他の地域と比べて中央からの財政支援が得やすくなる。また，中央省庁の政策支援も得やすくなり，インフラ整備などが加速する可能性がある。さらに，全国からの関心が集まり，民間資本の誘致を行いやすくなるメリットもある。国務院の承認は地域全体の求心力を高めるほか，地方政府担当者の業績としても重要であると考えられる。また，近年における地方財政の拡大は，地方政府が積極的に地域発展戦略を作成・実施するもうひとつの背景になっている。

地方政府の役割拡大は中国経済のグローバル化の進展にも関係している。第1に，中国政府は2008年の世界金融危機に対処するために4兆元政策を打ち出したが，その大半は中央政府ではなく，地方政府による投資刺激策に注ぎこまれた。地方政府は金融危機対応という目標を掲げて積極的に行動し，大規模な投資を次々に行った。この時期に地方主体の発展戦略も中央政府によって数多く承認されている。第2に，中国の対外開放の進展にしたがって，内陸国境地域の開発や越境経済協力が活発化しており，国境に隣接する地方政府は中央政府から財政や政策支援を獲得するために積極的な国際交流活動を展開している。国際協力を推進するために地方発の政策実験も盛んに行われている。中央政府も内陸部の対外開放や地域の経済発展および少数民族地域の安定などを図るために，こうした取り組みを支援し，「睦隣・安隣・富隣」（隣国との親睦，隣国の安定，隣国を富ませる）の外交政策を打ち出している。第3に，石炭や石油などの資源を有する地域では，国際エネルギー価格の高騰が地方財政を豊かにし，地方政府の経済開発政策に寄与している。逆に国際エネルギー価格の下落や世界経済の減速による地方経済への影響も考えられるが，その場合はなおさら地方政府の積極的な経済対策が求められている。

2008年1月，国務院は「広西北部湾経済区発展規画」を承認し，地方主体の地域発展戦略の時代の幕を開けた。国務院はそれ以降大量の地域発展戦略を承認し，たびたびマスコミに大きく取り上げられ，内外の関心を集めた。この展開の内容について，以下詳細に検討する。

3．地方主体の地域発展戦略の策定状況

表1-6は2008年1月から2015年3月までに打ち出された地方主体の地域発展戦略の一部である。表では「省または省間レベル」と「市・県レベル」に分けているが，すべて国務院に承認されたものである。対象地域は複数の省，ひとつの省，ひとつの省の複数都市，ひとつの省の個別都市などそれぞれ異なっており，全体ではほぼすべての省を網羅している。中央政府がこれだけ多くの地方レベルの発展戦略を承認したのはかつてないことであり，広く注目を集めた。

これらの戦略の特徴をみてみよう。第1に，戦略の題目からもある程度理解できるように，それぞれの戦略に地域の経済的な特徴や政策の方向性を反映している。たとえば，「海南国際観光島建設・発展の推進についての若干の意見」（表1-6番号11）は，海南省における観光産業の重要性を考慮し，当該産業の改革やイノベーションを促して海南島を世界トップレベルの島リゾート・観光目的地にする目標を掲げている。また，「河南省中原経済区建設を加速させることを支持することに関する指導意見」（同20）では，河南省は人口が多く，また食糧生産量も多く，一定程度の工業基盤があるという実態を考慮し，工業化・都市化・農業現代化の三大目標をバランスよく実現する「三化協調」の方針を打ち出している。このような地域経済の特徴は，市・県レベルの発展戦略においてより強く反映されている。第2に，地域の経済的特徴を全面的に打ち出しつつも，戦略自体は総合的なものであり，け

表1-6　国務院承認の地域発展戦略の一部（2008～2015年）

分類	番号	名称	承認・公表年月
省または省間レベル	1	広西北部湾経済区発展規画	2008年1月
	2	長株潭都市群地域規画	2008年12月
	3	珠江デルタ地区改革発展規画要綱	2008年12月
	4	江蘇沿海地区発展規画	2009年6月
	5	関中－天水経済区発展規画	2009年6月
	6	遼寧沿海経済帯発展規画	2009年7月
	7	中国図們江地域協力開発規画要綱	2009年8月
	8	黄河デルタ高効率生態経済区発展規画	2009年11月
	9	鄱陽湖生態経済区規画	2009年12月
	10	甘粛省循環経済全体発展規画	2009年12月
	11	海南国際観光島建設・発展の推進についての若干の意見	2009年12月
	12	皖江都市帯産業受入移転示範区規画	2010年1月
	13	青海ツァイダム循環経済試験区全体規画	2010年3月
	14	長江デルタ地域規画	2010年5月
	15	大小興安嶺森林区生態保護と経済モデル転換規画	2010年11月
	16	東北地区における農業発展方式の転換加速と現代農業建設推進に関する指導意見	2010年11月
	17	海峡西岸経済区発展規画	2011年3月
	18	成渝経済区地域規画	2011年4月
	19	雲南省を西南開放の重要な橋頭堡として建設を加速させることを支持することに関する意見	2011年5月
	20	河南省中原経済区建設を加速させることを支持することに関する指導意見	2011年9月
	21	河北沿海地区発展規画	2011年10月
	22	中国東北地区が北東アジア地域に向けて開放する規画要綱	2012年7月
	23	寧夏内陸開放型経済試験区規画	2012年9月
	24	丹江口庫区および上流地区経済社会発展規画	2012年9月
	25	呼包銀楡経済区発展規画	2012年10月
	26	天山―北坡経済帯発展規画	2012年11月
	27	蘇南現代化建設示範区規画	2013年4月
	28	黒龍江と内モンゴル東北部地域国境地域開発開放規画	2013年8月
	29	晋陝豫黄河金三角区域合作規画	2014年3月
	30	福建省生態省戦略の綿密な実施と生態文明先行示範区の速やかな建設を支援することに関する若干の意見	2014年3月
	31	洞庭湖生態経済区規画	2014年4月
	32	珠江―西江経済帯発展規画	2014年7月

分類	番号	名称	承認・公表年月
	33	黄金水道に依拠して長江経済帯の発展を推進することに関する指導意見	2014年９月
	34	長江中流域都市群発展規画	2015年３月
市・県レベル	35	曹妃甸循環経済示範区産業発展全体規画	2008年１月
	36	黒瞎子島保護・開放開発問題に関する返答	2009年５月
	37	横琴全体発展規画	2009年８月
	38	前海深港現代サービス業協力区全体発展規画	2010年８月
	39	国家東中西区域協力示範区建設全体方案	2011年５月
	40	カシュガル・コルガス経済開発区建設の支持に関する若干の意見	2011年９月
	41	平潭総合実験区全体発展規画	2011年11月
	42	中国図們江区域（琿春）国際協力示範区建設を支持することに関する若干の意見	2012年４月
	43	博鰲楽城国際医療観光先行区	2013年２月
	44	鄭州航空港経済総合実験区発展規画	2013年３月
	45	内モンゴルエレンホト重点開発開放試験区設立への同意に関する返答	2014年６月
	46	中国―シンガポール天津生態城建設国家緑色発展示範区に同意することに関する実施方案	2014年10月
	47	中国(杭州）越境デジタルビジネス総合試験区	2015年３月

（出所）　中国政府の公表資料，各種新聞報道より筆者作成。

っしてその特徴だけに注目したものではない。多くの戦略には「産業構造の改善」「インフラ整備」「地域間協力の推進」「体制改革の深化」「技術革新の促進」「人材の育成」「環境の保護」などの項目を設けており，地域経済の総合的な発展を促す内容になっている。地域の特徴がより具体的に表れる市・県レベルの発展戦略も同様である。第３に，国務院が承認した戦略の本文をみると，ほとんどの戦略は地方政府に対して実施プランの作成，実施組織の強化，実施の責任部署の明確化，具体的なプロジェクトの実行などを要求しており，戦略の実施における地方政府の主体的な役割が確認できる。中央省庁はそれぞれの政策分野から地方政府に支援する立場になっている。第４に，戦略の対象期間は作成時から2020年にまで及ぶものが多く，５年以上，10年前後の中長期戦略であるといえる。ちなみに2020年は第13次五カ年規画の終了年度である。

表1-6のほかに，国務院は分野別に，より専門的な発展戦略も数多く承認している。たとえば「蘭州新区」「貴安新区」などの都市化政策や産業誘致のための新区戦略[10]，「山東半島藍色経済区発展規画」「福建海峡海洋経済試験区発展規画」「遼寧省海洋機能区画」「海南省海洋機能区画」などの海洋関連経済の発展を促す戦略，「長株潭都市群資源節約型・環境友好型社会建設総合配套改革試験全体方案」「重慶市都市・農村統一計画総合配套改革試験全体方案」などの総合的な改革を行う戦略，「浙江省温州市金融総合改革試験区全体方案」「中関村国家自主イノベーション示範区発展規画綱要」「中国（上海）自由貿易試験区全体方案」のような金融・イノベーション・自由貿易などの具体的な分野の改革・発展を行う戦略，「武陵山特別貧困集中区の地域発展と貧困扶助規画」「陝甘寧旧革命根拠地振興規画」「贛南等旧ソヴィエト区域に対する中央省庁および関係機関の対口支援[11]実施方案」などの後進地域・旧革命根拠地の振興を図る戦略などである。これらの開発戦略の実施もおもに地方政府が担当している。2008年から2015年まで，国務院が承認した地域発展戦略は合計100件以上に上っている。

第３節　地方主体の地域発展戦略の実態

１．地方政府の主体的な役割

地方政府は地域発展戦略の立案・作成およびさまざまな投資を含む戦略の実施において，主体的な役割を果たしている。第１に，地域発展戦略の作成の実態について，穆・新井（2014）が指摘したように地方政府が中心的な役割を果たしている。地方政府は政府系シンクタンクや大学の専門家に戦略作成の策定業務を委託し，地域の経済的特性を究明するための専門家チームの現地調査や資料収集に全面的に協力している。戦略の方向性に関する地方政府の意向は専門家チームとの検討段階で取り入れることが可能であり，作成された原案に対して修正を求めることもできる。中央政府の承認を獲得するために，全国からみた当該地域の特殊性を訴え，同戦略における先導的な役割を強調する必要があるが，地域の総合的な発展を促す具体的な施策については，地方政府の提案が重要である。

第2に，地域発展戦略の実施は地方政府に任されている。地方政府は詳細な実施プランの作成，財源の確保，担当部署の責任の明確化，具体的なプロジェクトの立案と実行などを担当している[12]。また，実施の過程において問題が生じたときに中央政府に報告し，解決策を検討する形がとられている。地方政府は独自の政策，財源と責任において戦略を実施するが，中央政府の具体的な支援を得るために，それぞれの省庁と積極的に協議する必要がある。たとえば，吉林省は地理的に海への出口はないが，「中国図們江地域協力開発規画要綱」を実施するために，省内の石炭を北朝鮮の港を通じて中国南部の上海に運ぶ試みを行った。これは国内の荷物を越境輸送して再び国内に戻すという全国初の試みである。これを行うために税関・港湾・検疫検査などの関連省庁（税関総署，交通運輸部，国家質量監督検験検疫総局）の支援が必要で，協議を経て実現した（『吉林日報』2011年1月20日付）。越境輸送の試みは，地方政府が発展戦略の具体的な施策について，既存の制度や前例がなくても中央省庁と協議して特別に認めてもらう「先行先試」[13]の好例でもある。ここでは，地方政府の提案が「先行先試」の前提であり，政策の改善につながる最も重要な要素である。

図1-2は固定資産投資額における中央プロジェクトと地方プロジェクトの関係を示している。ここでいう中央は，中国共産党中央・全国人民代表大会常務委員会および国務院に属する各部門・委員会・局・会社が直接に指導する事業・企業・団体・行政機関である。中央プロジェクトの固定資産投資計画は国務院の各部門が直接に立案し，統一的に実施あるいは下級部門に実施を委託するものである。たとえば，中央政府が直接に管理する部門（国家統計局の地方調査隊等），中央直属企業・団体（中国工商銀行・中国電信・中国石

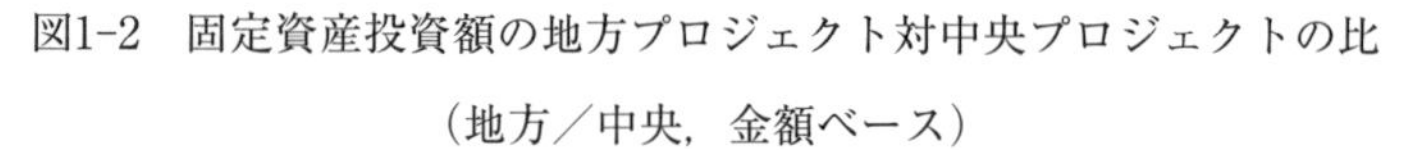

図1-2　固定資産投資額の地方プロジェクト対中央プロジェクトの比
（地方／中央，金額ベース）

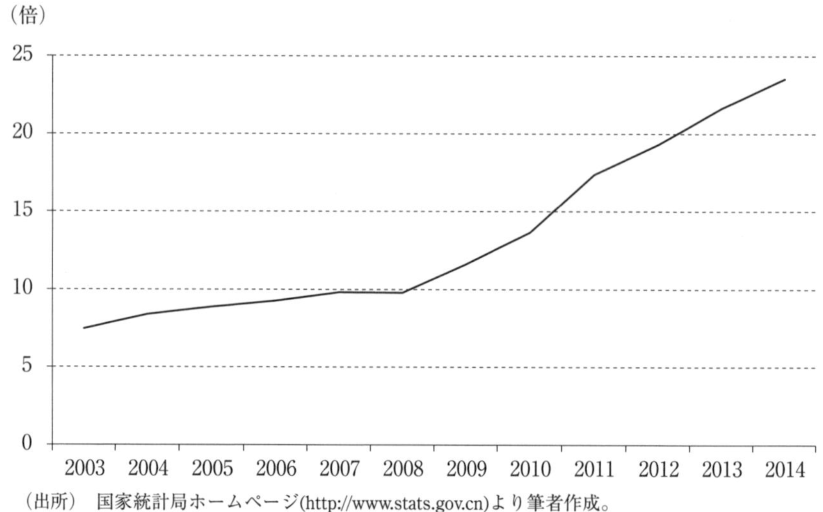

（出所）　国家統計局ホームページ(http://www.stats.gov.cn)より筆者作成。
（注）　農家による固定資産投資を除く。

油等）などによる投資が含まれる。地方は，省（自治区・直轄市），地（地区・市・州・盟），県（区・市・旗）レベルの地方政府および業務主管部門が直接に指導・管理する事業・企業・団体・行政機関である。地方プロジェクトは地方による固定資産投資プロジェクトであるが，外資系企業や主管部門のない企業等のような上記の政府管轄外の事業・企業・団体による投資プロジェクトも含まれるものである。2008年以降，地方プロジェクトの投資額が急増し，対中央プロジェクトの倍率は2008年の10倍から2014年の約24倍に拡大した。地方政府は地域発展戦略を実施するために積極的に投資してきたことが確認できる。さらに，省別の倍率をみた場合，ほぼすべての省は2008年以降の倍率が増加したことが確認できる。たとえば，浙江省における地方プロジェクトの固定資産投資額は，2004年では中央プロジェクトの13倍，2008年は同15倍，2014年は同66倍に増加した。遼寧省は同６倍，７倍，32倍であった。寧夏，新疆，チベット等の倍率は比較的少なかったが，当該地方の経済規模にかぎりがあるため，中央政府が積極的に投資していることが考えられる。

2．地方主体の地域発展戦略の課題と評価

地方主体の地域発展戦略の問題点は数多く存在している。呉・馬（2013）は施行の拘束力の不足，財政面での保障の欠如，異なる地域発展戦略の間の矛盾などを指摘した。戦略の実施は地方政府に任されているため，このような問題が発生しやすい。このほかに，地方政府の責任者の交代が戦略の実施に大きな影響を与えているとみられる。後任の担当者はこれまでの政策と異なる方針を打ち出したり，新しい事業を始めたりすることが多い。たとえば汪（2012）が指摘したように，地域間の連携メカニズムは地方政府のトップによって推進されるものが多く，トップの交代は連携メカニズムの有効性に大きく影響を与える。また，同じ地域に複数の発展戦略が存在している場合，限られた財政力の中でどれを優先的に実施するかについて，地方政府の判断に委ねるという状況が生じる。さらに，戦略の作成段階では，地方政府は中央の承認を得るために地域の経済的特徴を作り出し，関連プロジェクトを立案する可能性もある。樊・洪（2012）は，地方政府の政策目標は当該地域の経済発展にあるが，中央政府は全国的な課題を念頭にして政策を策定するため，双方の間にゲームのような関係が存在し，中央・地方の関係を有効にコントロールするメカニズムが必要だと指摘した。地方主体の地域発展戦略は，地域の特徴を生かし，地域の発想を大事にし，地方の「先行先試」は全国レベルの改革に寄与する可能性がある一方，上記のとおり地方主体だからこそ生じる課題も多い。

それに加え，地方主体の地域発展戦略に対する評価は難しい。なぜなら，ほとんどの戦略は2020年までの長期戦略であり，現在進行中である。地方政府は戦略を実施するためにどれだけの財源を投入したか，どのようなプロジェクトを立案したか，またその進捗や実施の効果について，詳細を公表していない。汪（2012）は政府による内部評価は自己保護や成果の拡大評価につ

ながる可能性があると指摘した。また，地方主体のため地方によって実施状況が異なっているとみられ，一概にとらえられない面もある。多様な地域発展モデルの形成をめざす政策の効果，地域発の試みが全国レベルの改革にどれだけ貢献したかなどについて評価することは困難である。

ただ，統計データや新聞記事などを通じて，一部の発展戦略の実施効果を知ることができる。たとえば，ASEANとの経済連携を推進する「広西北部湾経済区発展規画」の実施を通じて，広西の対ベトナム輸出シェアは2008年の全国比20％から2014年の39％に拡大し，上海や広東を抜いて全国一になった[14]。また，吉林日報の2011年1月20日の記事から，前述の「中国図們江地域協力開発規画要綱」を実施している吉林省では，国内最初の試みとして他国の港を使って自国の荷物を運ぶ越境輸送が成功裏に行われたことを知ることができる。今後具体的な事例検討を通じて地域発展戦略の実施状況と効果をより詳しく分析する必要がある。

3．「一帯一路」の新展開

2015年3月，国家発展改革委員会・外交部・商務部の共同署名文書「シルクロード経済帯と21世紀海上シルクロードを共同で建設することを推進するビジョンと行動」が公表され，「一帯一路」と呼ばれる新しい時代の国家戦略の形がみえてきた。「一帯一路」については中国の国際戦略としてとらえる研究が多い[15]が，中国国内に焦点を当てると，インフラ整備を通じて東部の先進地域と中西部の後進地域をつなぐ地域経済の一体化戦略でもあることに気付く。これまでの「特定地域を指定して特別に支援する」西部大開発や地方主体の地域発展戦略に比べて，「一帯一路」は全国を対象としているほか，「つなぐ」ことに重点がおかれており，既存の発展戦略とまったくちがう性格をもっている。張・蔡（2015）では，「一帯一路」は地域発展戦略の対象地域に国際的な視野を取り入れたことに意味があると主張したが，戦略の質からみてもこれまでのものと異なる。具体的には，「一帯一路」は既存の地域発展戦略と比較して，実行性をもつ初めての全国対象の地域戦略である。特定地域に対する特別支援政策ではなく，経済先進地域の沿海部と後進地域の内陸部をつなげて地域間のアクセスを利便化する政策である。政府による直接支援ではなく，経済要素の自由な移動と効率的な配置をめざし，市場の力が発揮しやすい環境整備に重点をおく発展戦略である[16]。

中央と地方の役割の視点からみると，「一帯一路」は中央主導であるといえよう。第1に，中央政府はリーダシップをもって国際協力の促進と国内のインフラ疎通の強化をするという明確な方針を打ち出し，地方政府にこの方針の実現に向けた取り組みを要求している。多様な地域発展モデルの形成をめざして地方からの提案を促した地方主体の地域発展戦略の時代とは異なる。第2に，「一帯一路」の作成，実施の具体的な指導，財源，プロジェクトの立案は中央政府が主導しているとみられ，地方政府は，中央の指導を受けて関連分野を積極的に実施するという役割分担がなされている。中央政府の主導的な役割は，国家発展改革委員会・外交部・商務部の共同署名文書の発表，アジアインフラ開発銀行や「一帯一路」基金の設立，国務院副総理をトップとする「一帯一路」建設指導グループの設立などの事実から確認できる[17]。

地方主体の地域発展戦略から中央主導の「一帯一路」に戻ったとみられがちだが，地域開発における中央と地方の関係は決して逆戻りではなく，その時期をふまえて変化し，不断に進化していくものといえよう。中央政府は，地域の経済的特徴を尊重し，地方政府の提案力を生かす実効性の高い政策運営に努めるようになっている。地方政府も中央政府が打ち出したビジョンにしたがって，地域間の協力を図りながら同じ方向性で取り組んでいる。

4．まとめ

地方主体の地域発展戦略は，中国の地域開発政策の展開過程において重要な意味をもっている。第1に，地方主体の地域発展戦略は，中国の地域経済の多様化・複雑化の進展にともなう必然的な政策転換であり，各地域の経済的な特性や独自の発展モデルの重要性はこれまでにないほど強調されていた時代である。中国の地域政策は，地域の実態や方向性をしっかり組み込んで行わなければならない点において，地方主体の地域発展戦略は大きな流れを作ったといえる。確かに「一帯一路」以降，地域開発における中央政府の役割は再び拡大したが，各地方の位置づけや経済的な特性を反映して国レベルの戦略作りが行われるようになっており，その典型例は「一帯一路」である。穆（2016）で指摘したように，「一帯一路」政策では各地方の対外経済連携の位置づけや方向性がそれぞれ明確に示されている。この点について，「長江経済帯」「京津冀協同発展」も同様である。

第2に，地域開発における政策運営と改革の推進において，地方主体の地域発展戦略は有益な試みを行った。計画経済の時代を経験した中国経済は，地方の発展も含めて中央政府の計画に依存する側面が強かった。しかし，地方主体の地域発展戦略では，前述の「先行先試」のような地方政府による大胆な政策実験が行われ，多様で活発な地域政策が展開された。地域の発想に基づくさまざまな発展モデルが模索され，その成果は全国の経済発展や改革の推進によい経験を提供した。それと同時に，地方主体による課題や問題点も提供した。また，地方の試みが成功した地域は成長の軌道に乗り，今後さらに発展する可能性があると考えられる。そういう意味で，地方主体の地域発展戦略は今後の中国の地域経済地図の変化を占う意味でも，一定の参考価値がある。

第3に，地域発展における政府と市場の関係の変化において，地方主体の地域発展戦略は重要なステップである。経済地理学によれば，地域の経済発展は，生産要素の自由な移動と効率的な配置を前提とする経済活動の特定地域への集中（経済密度の向上）にともなって実現される（世界銀行 2009）。中国における経済活動の集中の促進は，沿海地域開発や西部大開発でみられたように中央政府の役割が大きかったが，地方主体の地域発展戦略では地方政府の役割が大きく強調された。しかし，中央も地方も政府であるために，特定地域に対する重点開発の手法で経済活動の集中を促してきた。中国の地域経済は中央と地方の両方による重点開発を経験しており，市場の原理に基づく経済活動の自然的な集中が求められている。「一帯一路」「長江経済帯」「京津冀協同発展」の３大戦略は，この流れに沿って打ち出された政策であると考えられる。３大戦略における政府の役割は，特定地域への重点開発ではなく，市場原理が機能しやすい環境整備におかれている。これは後述の自然発生的な都市の発展に深くかかわっている。

第４節　地域開発政策の展開と都市化

１．西部大開発までの地域開発政策と都市化

表1–5で整理した地域開発政策の展開に沿って，第⑤段階の西部大開発までの地域開発政策が都市の発展に与えた影響を検討してみる。第⑥段階の地方主体の地域発展戦略と第⑦段階の「一帯一路」等は，次の節で詳細に検討する。

第①段階の第１次・２次五カ年計画では，大型建設プロジェクトの中西部への重点的配備により，蘭州市・ハルビン市・吉林市・鞍山市などの内陸部の省都や資源都市に重工業を中心とした国有工場がつくられ，工業化にともなう都市の発展がみられた。ヒト・モノ・カネ・技術などの生産要素は計画的に内陸部に集められ，一部の地域は工業都市が発展した。市場原理に基づく自然発生的なものではなく，計画経済がもたらした政策的な都市の発展であった。後に改革開放により国有企業の競争力低下・再編または地域資源の枯渇などにより，経済的苦境に陥る都市も出現した。

第②段階の三線建設では，国防の観点から重要な基幹産業を内陸部に移した[18]。移転先は都市部ではなく，山深いところが多かったり，移転先を人為的に分散したりした結果，内陸部の都市の発展につながらなかった。沿海地域の都市工業機能を一部外に出したことになったが，後に国際環境の改善や

改革開放の推進により，再び都市に戻したものも多かった。

第③段階の改革開放では，沿海地域を中心に開放政策の試みが行われた。外資を誘致して産業の発展をはかり，経済特区・沿海開放都市を中心に急速に都市化が進んだ。計画経済体制から解放されたヒト・モノ・カネ・技術等の生産要素は大連市・青島市・広州市・深セン市などの沿海部に集まり，市場原理の下で都市に集約し，都市化の発展を促した。沿海地域の開発政策は都市の発展を促進する意味でも大きな成功を収めた。この流れは第④段階に引き継がれ，やがて上海市のような国際大都会が出現した。沿海地域の都市は強い吸引力で内陸部の生産要素を引きつけ，競争の促進と国際市場の参入により全国の経済成長を牽引した。一方，内陸部との経済格差が広がった。

第⑤段階では，西部大開発や東北振興などが行われ，地域格差の縮小が図られた。内陸地域における道路・鉄道・ダム・発電所等のインフラ整備が行われ，経済体制の改善や対外開放の促進が推し進められた。内陸部都市における社会資本整備は都市化の発展に寄与し，武漢市・重慶市・瀋陽市のようなもともと経済規模が大きく，立地条件のよいところは国内有数の大都市に発展した。しかし，多くの内陸都市にとって，沿海地域のように製造業やサービス業の成長により生産要素を集め，強い吸引力をもって周辺地域を牽引するような形を実現するのに困難があった。産業の集積は依然として大きな課題である。ここまでの地域開発政策は，すべて中央政府の主導で進められ，開発地域や重点都市の選定は国の方針によって決められた。

以上の第①段階から第⑤段階にかけて，中国経済は計画経済から市場経済に転換したが，地域開発政策における中央政府の主導的な役割が維持されていた。中央政府は開発戦略の場所を選定し，中心的な都市や地域を選定して政策的な支援を行った。その結果，当該地域における経済活動の密度が高まり，結果的に都市化の進展を促進した。沿海地域における改革開放の試みや成長拠点の育成など，市場経済の論理に適した地域開発戦略は，都市の発展の促進により効果的な役割を果たした。

２．地方主体の地域発展戦略と都市化

第⑥段階の地方主体の地域発展戦略の最大の特徴は，中央主導ではなく，中央認可・地方主体で実施されたことである。地方は中央の承認を得て独自の開発政策を次々に打ち出した。地方政府による開発政策の中心は地方の拠点都市におかれ，国家戦略の名の下で不動産開発を中心とした急速な都市化が進められた。経済成長にともなう都市への人口集中と産業発展のニーズに対応すべく，省都や拠点都市の面積や人口を急速に拡大させた。既存の中央主導による開発都市の選定・支援ではなく，地方政府は自ら省内の都市を選定して傾斜的な支援政策を行った。「新区」が次々に設立され，都市化は地域経済成長の重要な原動力であると認識され，各省は競って省内都市の規模の拡大に取り組んだ。

「新区」設立は地方主体の地域発展戦略による都市化の推進において最も典型的な政策であるといえよう。「新区」は未開発の都市近郊地域に新たな行政区画を行い，社会資本整備を通じて産業誘致や人口の流入をめざす都市化政策である。ほかの地域発展戦略と違って，「新区」は新しい行政組織をつくり，一定の財源をもって安定的に運営されていることが最大の特徴である[(19)]。「新区管理委員会」と呼ばれる地方政府直属の組織を立ち上げ，地方の予算を給付して道路整備，不動産開発支援，人口誘致，産業誘致などを行っている。上海浦東新区と天津濱海新区は比較的に早い時期に設立された「新区」であるが，いまは上海・天津ないし周辺地域の発展を牽引する拠点地域となった。「新区」は第⑥段階の地方主体の地域発展戦略の時期でも数多く設立され，2016年６月現在で18の「新区」が承認・設立されている（表1-7)。人口の集約・産業誘致の面ですべて成功しているかは検討の余地があるが，都市化の推進に新たな「空間」「場所」を提供するという重要な役割を果たしており，都市規模の拡大と都市産業の発展に新たな可能性を提供している。

表1-7 「新区」の設立に関する国務院の承認文書

番号	名　　　称	承認・公表
1	上海市浦東新区設立に関する返答	1992年10月
2	天津濱海新区開発・開放の推進問題に関する意見	2006年5月
3	重慶両江新区設立への同意に関する返答	2010年5月
4	浙江舟山群島新区設立の発展規画への同意に関する返答	2011年6月
5	蘭州新区設立への同意に関する返答	2012年8月
6	広州南沙新区発展規画に関する返答	2012年9月
7	陝西西咸新区設立への同意に関する返答	2014年1月
8	貴州貴安新区設立への同意に関する返答	2014年1月
9	青島西海岸新区設立への同意に関する返答	2014年6月
10	大連金普新区設立への同意に関する返答	2014年7月
11	四川天府新区設立への同意に関する返答	2014年10月
12	湖南湘江新区設立への同意に関する返答	2015年4月
13	南京江北新区設立への同意に関する返答	2015年6月
14	福州新区設立への同意に関する返答	2015年8月
15	雲南滇中新区設立への同意に関する返答	2015年9月
16	ハルビン新区設立への同意に関する返答	2015年12月
17	長春新区設立への同意に関する返答	2016年2月
18	江西贛江新区設立への同意に関する返答	2016年6月

（出所） 中国政府の公表資料，各種新聞報道より筆者作成。

このように，各地域の都市化は活発に行われたようにみえるが，課題も多く残されている。地方主体の地域発展戦略の下，ヒト・モノ・カネ・情報などの生産要素は省境を超えた移動より，省内の都市に集約することが奨励された。各省にそれぞれの発展戦略があり，省間の連携不足や過度の産業誘致競争が課題となった。都市の建設ラッシュが激しくなり，用地確保はますます難しくなったほか，不動産価格が高騰し，住む人が少ないゴーストタウンの出現の一因となった[20]。都市化の進展に不可欠なエネルギー・通信・排水等の基礎インフラ整備，企業の誘致と産業の育成，市民の教育・雇用・福祉の拡大，技術革新や競争の促進等の課題の解決も求められた。近年，中央政府は「人の都市化」を打ち出し，都市の形式的な拡大を追求するだけの状況を改善するよう促している。

このように，地方主体の地域発展戦略では，都市化の推進は中央認可・地方実施という関係の下で行われた。地方政府の役割は拡大し，「新区」のような省内の都市政策の実施は地方政府の施策に大きく依存していた。しかし，ゴーストタウンに代表されるように，地方政府による都市政策にはさまざまな課題があり，政府による都市開発には限界がある。政府の介入ではなく，生産要素の自由な移動を通じて市場メカニズムに基づく自然発生的な都市化が求められている。これは次の「一帯一路」による政策展開につながるものである。

3．「一帯一路」と都市化

第⑦段階は「一帯一路」政策が打ち出されてから現在も続いており，「長江経済帯」「京津冀協同発展」とともに国内の地域経済一体化を推し進める時期である。政策の立案と実施は中央主導であるが，都市の発展の促進において，中央主導でも地方主導でもなく，人口や産業集積の立地選択は市場の原理にしたがうという特徴をもっている。第⑦段階は，建国史上はじめて市場メカニズムによる[21]都市化の時期であるといえよう。穆（2016）が指摘したように，政府（中央と地方を含む）の役割は，これまでの開発戦略のように都市を選定して集中的に支援するのではなく，生産要素の自由な移動と効率的な配置を促す「環境整備」に変化している。具体的には，地域間交通インフラの整備，金融・通信・物流の一体化，省間の行政障壁の打破，戸籍制限の緩和，教育水準の地域間均衡などの政策があげられる。政策的に特定都市の経済密度を高めるのではなく，環境整備をして地域間における生産要素の流動性を高め，都市の発展や集積地の選択をある程度市場の手に委ねる政策であろう。このように，「一帯一路」は自然発生的な都市の形成と発展に寄与するため，質の高い都市化を促進する意味ではこれまでの発展戦略よりも効果的な役割を果たす可能性がある。中国の都市空間構造はこれにより大きく変化する可能性がある。

以上の分析について3点ほど補足しておきたい。第1に,「一帯一路」は地域経済の一体化政策として独立しているものではなく,「長江経済帯」・「京津冀協同発展」とセットで考えなければならない。この3大戦略は中国の経済地図を大きく変える可能性がある。第2に,道路・鉄道などの交通インフラ整備は西部大開発のようにこれまでも行ってきたが,生産要素の自由な移動を促す一体化政策を国の発展戦略として打ち出したのははじめてである。第3に,「一帯一路」の政策理念を検討すると以上のような分析ができるが,実際の戦略の実施については今後引き続きみていく必要がある。政策の実行における地方政府のプレゼンスは依然として強く残っている。

4．まとめ

広大な領土をもつ中国では,地域格差の解消などの政策目標の下で「政府の介入」によって地域発展戦略が展開してきた。しかし,開発の主体は次第に中央政府から地方政府へと変化し,都市化の推進においても地方政府の役割が大きくなった。近年になって政府の役割よりも市場メカニズムへの重視という流れも生まれてきている。このように,地域発展戦略およびこれに関連する都市発展の展開は,明確な政策的流れが存在していることがわかる。同時に,都市化の推進は地域開発戦略において経済開発を実施に移す「場所」「空間」であるとともに,戸籍制限の緩和などの制度改革を行う「プラットフォーム」でもあることが位置づけられよう。

おわりに

本章は,中国の地域開発政策の展開過程に関する先行研究をふまえ,地域発展戦略における中央と地方の役割およびその変化という視点を取り入れて,中華人民共和国建国直後の1950年代から現在までの地域開発政策の新しい時期区分を提起し，2008年から2015年までの期間は地方主体の地域発展戦略の時代であったと指摘した。さらに，地方主体の地域発展戦略の概念，展開の背景，作成状況，実施の実態や課題などについて考察し，この時期の特徴を明らかにした。ただし，地域政策の時代区分をその時代背景などから明確に分けることは容易ではない。シンボル的な政策が打ち出される以前から兆候が表れることや，その後も前の時代的特徴が残るなどの理由から，厳密には2008年から2015年までとは断言しにくいところもある。しかし本章でも考察したように2008年以降から新型都市化が始まる2014年および「一帯一路」が打ち出される2015年頃まで，この時期に地方政府の主体的な役割が確認できた。したがって，この時期は「地方主体」という特徴を強くもった時代だったと考えられる。地域発展戦略は都市の発展と深くかかわっており，「新区」でみられたように都市の「空間」や「場所」を新たに提供するとともに，人口や産業の集積の面では相互補完的である。地域発展戦略の実施や都市化の推進においては，中央政府よりも地方政府の役割が拡大しているといえよう。

第2章，第3章では，具体的に沿海部と内陸部をとりあげ，場所のちがいによって都市というプラットフォームでどのように都市化が展開されているかが検討される。

〔注〕

(1)　本章では「地域開発政策」「地域開発戦略」「地域発展戦略」「地域戦略」等の用語について，便宜上これらの表現を区別せず使用している。用語の検討は今後の検討課題でもある。

(2)　なお，地域発展戦略から都市化政策への流れについては，岡本（2014）が参考になるが，本章では，政府の役割に焦点をあてている。

(3)　「規画」は計画，プラン，ロードマップの意。ただ，中国語の中で「計画」と「規画」の意味が違うことに留意されたい。詳細は張（2012）を参照のこと。

(4)　「総合配套改革」は関連分野も組み合わせて総合的な改革を行う意味である。

(5)　次の時期の代表的な政策が打ち出されても，前の政策は引き続き存続していくものもある。

(6)　「長江経済帯」は長江流域に含まれる上海市，江蘇省，浙江省，安徽省，江西省，湖北省，湖南省，重慶市，四川省，雲南省，貴州省の11省・直轄市を対象とする発展戦略で，環境保護を重視しながらインフラ整備，産業構造の高度化，都市化，地域間経済連携などを推し進める政策である。2016年3月に承認された。

(7) 「京津冀協同発展」は北京市・天津市・河北省を中心とする発展戦略で，地域間経済連携の強化等を通じて北京市の過密の緩和，天津市の比較優位の強化と河北省の経済発展を図る政策である。2015年4月に承認された。

(8) 率でみた省間のバラつきの度合いを測るには，変動係数の計算は必要であるが，今後の課題とする。

(9) 「国民経済と社会発展第11次五カ年規画」は全部で14篇から構成されている。

(10) 新区については都市化の関連でのちほど再度とりあげる。

(11) 「対口支援」とは，対象地域に対して特定の地域や機関を割り当てて支援させる仕組みである。

(12) たとえば，「河南省中原経済区建設を加速させることを支持することに関する指導意見」では，「河南省政府は，本指導意見の実施に対する組織的な調整・指導を強化し，責任の所在を明確化し，推進体制を健全化し，実施プランを完備し，本指導意見が打ち出した各種任務をまじめに遂行しなければならない」と明記されている。このような戦略の実施における地方政府の主体的な役割を示す表現はほぼすべての規画にとりいれられている。

(13) 「先行先試」は多くの地域発展戦略にとりいれられており，地方政府が中央省庁と直接交渉できる優遇政策としてみられている。たとえば，内陸部の安徽省は「皖江都市帯産業受入移転示範区規画」（国務院承認）を実施するために，沿海地域からの産業移転の受入を促進する「先行先試」策を立案できることが中央政府に認められている。（『消費日報』2010年1月28日付）

(14) Global Trade Atlas (Global Trade Information Services 社) の貿易統計データより算出。

(15) 詳細は関（2015），朱（2015）などを参照されたい。

(16) 「一帯一路」の中国の地域発展戦略としての意義について，穆（2016）を参照されたい。

(17) 詳細は中華人民共和国国家発展と改革委員会ホームページ（http://www.sdpc.gov.cn/gzdt/201503/t20150328_669091.html，2016年12月8日アクセス），絲路基金ホームページ（http://www.silkroadfund.com.cn，2017年4月17日アクセス），中華人民共和国中央人民政府ホームページ（http://www.gov.cn/guowuyuan/2016-08/17/content_5100177.htm，2016年12月8日アクセス）を参照されたい。

(18) 三線建設の政策背景や実態などについては，丸川（1993）を参照されたい。

(19) たとえば，湖南湘江新区の場合は，省都の長沙市に湘江新区管理委員会が設置され，新たな行政責任者が任命されているほか，関連の管理部署も作られている（湖南湘江新区ホームページ http://www.hnxjxq.gov.cn/zjxq/glxq/xqdsj/201604/t20160407_3024768.html，2017年4月18日アクセス）。

⒇　ゴーストタウンの分類，背景と対策などについて，聂・劉（2013）を参照されたい。

(21)　たとえば，第⑦段階になると，表1-6のような地域発展戦略への国の承認はほとんどなくなった。

〔参考文献〕

＜日本語文献＞
岡本信広 2014.「中国はなぜ都市化を推進するのか？――地域開発から都市化へ――」『ERINA REPORT』（115）　4-11.
加藤弘之 2014.「地域開発政策――新しい経済地理学の観点から――」中兼和津次編『中国経済はどう変わったか――改革開放以後の経済制度と政策を評価する――』早稲田現代中国研究叢書　国際書院　55-83.
関志雄 2015.「動き出した『一帯一路』構想――中国版マーシャル・プランの実現に向けて――」『野村資本市場クォータリー』18(4)　春　171-175.
呉昊・馬琳 2013.「中国が大量の地域発展規画を策定する要因と実施上の問題点」『ERINA REPORT』（109）15-22.
朱炎 2015.「中国の対外投資と一帯一路戦略」『東亜』（579）　9月　20-28.
張可雲 2012.「中国が頻繁に地域発展規画を策定する背景，意図及び展望」『ERINA REPORT』（103）5-9.
――― 2013.「生態文明的な地域経済協調発展戦略――その背景，内容及び政策動向――」『ERINA REPORT』（109）　5-14.
張可雲・蔡之兵 2015.「グローバル化4.0，地域協調発展4.0とインダストリー4.0――『一帯一路』戦略の背景，その本質と鍵となる動力――」『ERINA REPORT』（127）　29-36.
中兼和津次 2012.『開発経済学と現代中国』名古屋　名古屋大学出版会 .
丸川知雄　1993.「中国の『三線建設』」（Ⅰ），（Ⅱ）『アジア経済』34(2)，(3)　2月，3月　61-80，76-88.
穆尭芊・天野祐子 2014.「中国の地域発展戦略の策定状況――その特徴と課題――」『ERINA REPORT』（115）　33-45.
穆尭芊・新井洋史 2014.「中国における地域発展戦略の策定プロセス：日本との比較を念頭に」『北東アジア地域研究』 No.20　87-101.

穆尭芋 2016.「中国の地域発展戦略から見る『一帯一路』」『北東アジア地域研究』No.22　18-31.

＜中国語文献＞

『吉林日報』2011.「我国内貿物資跨境首航成功」1月20日.

樊傑・洪輝 2012.「現今中国区域発展値得関注的問題及其経済地理闡釈」『経済地理』32(1)：1-6.

聂翔宇・劉新静 2013.「城市化進程中鬼城的類型分析及其治理研究」『南通大学学報・社会科学版』(29)：111-117.

世界銀行 2009.『2009年世界発展報告 重塑世界経済地理』(World Development Report 2009 Reshaping Economic Geography) 清華大学出版社.

汪陽紅　2012.「優化国土空間開発格局的体制机制研究」『経済研究参考』(2465)：21-34.

第2章

沿海部の都市化

――珠江デルタの都市化モデル――

賈　海涛

はじめに

総論でもみたように，2015年の中国の都市化率は世界平均54％を超える56.1％に達し，都市の常住人口は7億7000万人となり（『人民日報』2016年1月31日付），ひとつの転換期に入ろうとしている。本章が取り上げる広東省の珠江デルタは歴史的に中国の改革開放の最前線であり，なかでも東莞市は中国における都市化のパイオニア的存在である。同市では都市化に関連するさまざまな政策の試験的な取り組みが行われてきた。今後中国全土で新型都市化を進めていくうえで，珠江デルタの経験から多くの教訓を汲み取ることができる。

本章のおもな目的は，中国の新型都市化のあるべき方向性を，珠江デルタの先進的な都市化の経験を題材として検討することである。国家新型都市化試点[(1)]でも試行錯誤がなされているように，新型都市化は従来と異なる新たな運営理念と管理モデルを必要としている。本章では珠江デルタの都市化モデルの特徴や直面する課題を検討することで，今後の中国の都市化のあるべき姿を提示したい。本章で検討する作業仮説は「珠江デルタで都市化が可能となったのは，政府の関与が少ないなかで大胆な制度改革が継続的に行われてきた結果であり，今後のさらなる都市化の進展のためには土地取引の自由化（土地財産権の改革）が必要だ」というものである。

本章は，以下の構成をとる。第1節で中国の三大都市群の特徴と珠江デルタの位置づけ，珠江デルタの概況を概観したうえで，珠江デルタの都市化の歴史を振り返る。第2節では珠江デルタの都市化モデルを定式化し，東莞市を例に現在直面している課題を提示する。第3節では今後の珠江デルタの都市化モデルをさらに展開していくために，土地制度の改革が必要である，という筆者の仮説を検証する。本章は珠江デルタの都市化の経験とモデルを総括するだけではなく，このモデルのもとでさらに都市化が進展していくための新たなブレークスルーの方向性にも言及する。この意味で，今後の中国の都市化にふさわしい道筋，すなわち従来の政府主導の都市化からの「政府の退出」の方向性を確認するものとなる。

第1節　珠江デルタ都市群の勃興

1．中国の三大都市群

中国で最も都市化が進む地域は，珠江デルタ[2]，上海を中心とする長江デルタ[3]，北京を擁する京津冀[4]，の3つの地域（「三大都市群」と呼ぶ）である。この三大都市群は，現在の中国において最も都市が集中し，経済力のある地域である。2016年の三大都市群のGDPと全国のGDPに占める比率はそれぞれ，珠江デルタ6兆8000億元（9.1％），長江デルタ14兆7000億元（19.8％），京津冀7兆5000億元（10.1％）となっており，3つのエリアを合わせると全国のGDPの39％を生み出していることになる（表2-1）。

それぞれの都市群の特徴を簡単に確認する。まず，長江デルタは数千年来一貫して中国で最も繁栄し，都市が早くから形成されてきた地域である。長江デルタでは1世紀半以上前から近代的な工業化が始まり，上海の勃興と形成は中国の工業化と現代化の象徴であった。1990年代以後は，郷鎮企業と私

図2-1　三大都市群

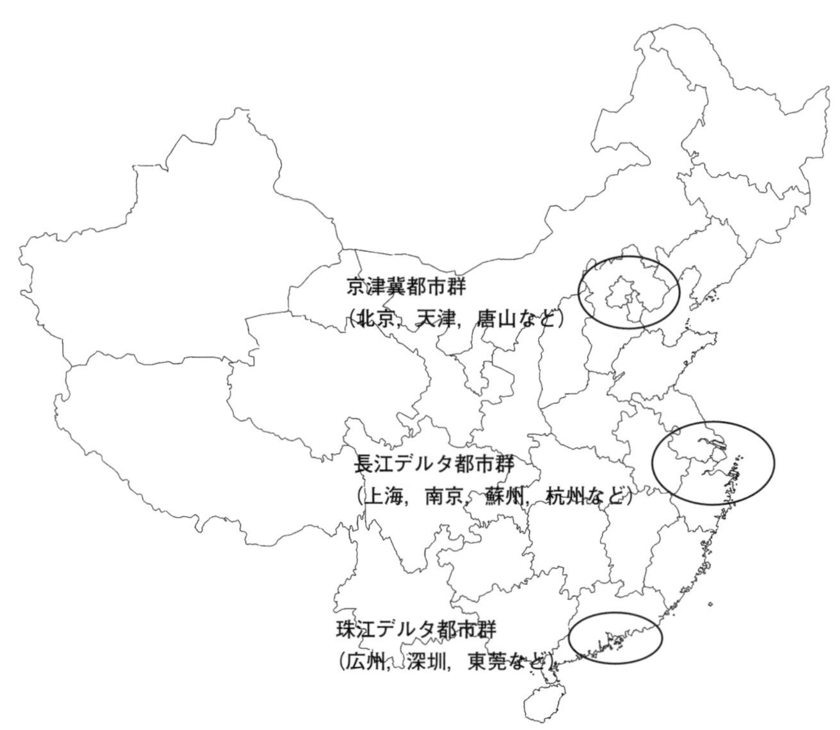

（出所）『中国まるごと百科事典』（http://www.allchainainfo.com/）より筆者作成。

表2-1　三大都市群の基本状況

	面積（万 km^2）	2016年 GDP（兆元）	2015年 常住人口	1人当たり GDP（元）	1 km^2当たり GDP（万元）
珠江デルタ	5.5	6.8	5,874万人	115,598	12,346
長江デルタ	21.2	14.7	1.5億人	97,454	6,949
京津冀	21.5	7.5	1.1億人	67,524	3,499
全国	963.4	74.4	13.7億人	53,980	772
対全国比	5%	39%	23.30%		

（出所）『中国産業信息網』2017年6月13日

企業の台頭にともない長江デルタ都市群は急速に発展を遂げ，珠江デルタと並ぶもうひとつの都市化モデルを示すこととなった。なお，長江デルタ都市群の面積は珠江デルタを遥かに凌ぐ規模である。

第2に，京津冀は，北部地域においてもともと工業と都市人口が比較的集中していた地域であった。計画経済期以降は政府による多くの投資が行われたため，科学技術や人材などの資源に恵まれ，大規模な国有工場も多数立地している。この地域は華北平原に位置し，渤海湾へのアクセスにも恵まれており，中国北部の各種資源の調達が容易であるという利点をもつ。京津冀は長江デルタや珠江デルタとはまったく異なり，外資系企業や民間企業が少なく，おもに政府からの投資と国有企業に依存して発展した地域である。

上記の2地域と比較すると，本章が分析対象とする珠江デルタの都市化の最大の特徴は，改革開放という政策的転換によって生まれた新しい都市群であるという点であろう。中国の改革開放は，広東省から始まった。1979年に4つの経済特区として深圳，珠海，汕頭そしてアモイが指定されたが，このうちアモイ以外の3つは広東省内に，さらにそのうちの2つ（深圳と珠海）は香港とマカオに隣接する珠江デルタ地域におかれた。広東省は中国の改革開放のパイオニアであり，また管轄内に3つの経済特区を有するという独自の強みを生かし，急速な経済発展と都市化に成功した。その結果，短期間で長江デルタ，京津冀と比べても遜色のない都市群を形成するに至った。

2．珠江デルタの概況

広東省は南シナ海の沿岸部に位置し，香港とマカオに隣接しており，広西省，江西省，福建省，湖南省と境を接している。全省の面積は17万8000平方キロメートルで全国の陸地面積の1.85％を占めている。古来「七山二水一分田」と呼ばれ，山地，丘陵が総面積の60％以上を占めており，東西両翼と北部はいずれも山地であり，珠江デルタを挟んだ一帯だけが平原となっている（広東省地方史編纂委員会 2004b, 1）。このように，珠江デルタは広東省内ではほぼ唯一経済発展のための地理的な優位性をもっていた。

改革開放以前は，広東省は経済発展が遅れた農業省であり，都市化水準も低かった。珠江デルタは河川が網目のように交差しており，もともと省内ではもっとも農業に適した地域であったが，工業化が遅れていたために1978年の広東省の総生産額はわずか185億元と全国平均を下回り，全国の5.1％を占めるに過ぎなかった（『広東統計年鑑 2009』)。改革開放以前の中国では，相対的に経済が発展した地域といえば長江デルタと京津冀地域を指し，広東省は長らく辺境の地とみなされていたのである。

改革開放期の珠江デルタの発展は，隣接する香港，マカオや在外華僑・華人を介した海外とのつながりと，政策の恩恵という二つの要因によってもたらされた（広東省地方史編纂委員会 2004b，270-282)。第１の要因は，広東省は中国で最大の華僑・華人の故郷であるという点だ。国外で広東省由来の籍をもつ華僑・華人，香港・マカオ居住者，台湾居住者は合計約3000万人にものぼり，世界の100以上の国と地域に分布している（『広州日報』2011年10月９日付）[(5)]。

もうひとつの要因は改革開放政策である。1978年の共産党第11回三中全会において対外開放と市場経済化を旨とする改革開放路線への転換が決定され，翌1979年に共産党中央と国務院は広東省と福建省が対外的な経済活動において「特別な政策の策定と柔軟な実施」という方針の採用を認めた。この大方針のもと，広東省は改革開放初期の中国における新しい政策の実験場と海外への窓口と位置づけられ，改革開放の旗振り役を果たすことになった。

1979年１月，広東省政府は宝安県を深圳市に，珠海県を珠海市に変更するとともに経済特区に認定することを提案し，同年11月26日に同２都市を県級市から地級市（省の直轄市）に格上げした。1980年３月，国務院は広東省政府の提案に同意する旨回答した（広東省地方史編纂委員会 2005, 642)。一方，汕頭とアモイは経済特区としてのスタートが遅く，最終的に深圳，珠海ほどの規模には発展しなかった（広東省地方史編纂委員会 1996, 30-31)。

広東省の改革開放と経済発展が福建省よりも成功したおもな理由は，地理的に香港とマカオに隣接しており多くの投資を呼び込めたこと，独自に自由な政策の立案を認められていたため，外資の導入に対する制度上の障壁が低かったこと，の二つである。こうした外資主導の経済発展にともない，珠江デルタの都市化は急速に進展した。珠江デルタでは，改革開放後に設置された経済特区の深圳と珠海のほか，同時に成長してきた周辺の都市（中山，江門，順徳，南海，番禺，花都，従化，増城，東莞，佛山，恵州，肇慶など）を含めた都市群が形成された。このエリアの都市化のスピードは非常に速く，工業化も進展したため各地からの人口の流入も多く，人口密度が高いことも特徴であった。

2012年時点で珠江デルタ都市群は20以上の都市，300以上の鎮で構成されている（『南方日報』2013年10月31日付）。2013年末の段階で，珠江デルタの常住人口は5715万1900人，都市部の人口は4802万5500人であり，1人当たりGDPは9万3114元である（『広東年鑑 2014』）。世界銀行のレポートによると，珠江デルタの人口はすでに日本の首都圏を抑え，面積と人口いずれも世界最大の都市地域になっている（『経済日報』2015年10月27日付）。

広東省の経済規模は急速に拡大し，同省のGDP総額は1998年にシンガポールを，2003年には香港を，2007年には台湾を追い越した。2008年の広東省のGDPは3兆5696億4600万元に達したが，これは当時の中国のGDP総額のおよそ8分の1に相当する。同年の1人当たりGDPは3万7589元に達し，同時期の世界の中進国の平均レベルに達した（『広東統計年鑑 2009』）。2015年の広東省のGDPは7兆2812億5500万元で，同年の中国のGDP総額の10.6％を占めている。同様に同年の広東省の1人当たりGDPは，6万7503元となっている（『中国統計年鑑 2016』）。

3．珠江デルタ都市化の奇跡

珠江デルタの都市化を後押ししたのは，外部からの人口流入とそれにともなう地級市の設置である。そもそも，広東省の経済発展の原動力は豊富な労働力にあった。改革開放以降，広東省は急速な工業化が進み，中国各地から多くの流動人口を引き寄せることになった。人口の増加は広東省の労働市場を活性化させただけでなく，外部からの人口の大部分が実質的に都市に流入したことにより，急速な都市化をもたらした。2008年末の広東省の常住人口は9544万人であったが（『広東統計年鑑 2009』）(6)，2015年末には1億849万人にまで急増した（『中国統計年鑑 2016』）。2015年末時点の広東省の都市化率は常住人口ベースで68.6％，戸籍人口ベースで55.2％となっている。珠江デルタ地域のみの都市化率は84％を超え，中進国と同水準に達している（『広東建設報』2016年1月22日付）。

急速な人口増加にともない，広東省住宅・都市建設庁は1990年代に都市化の全体的な戦略を以下のように公表している（『人民日報』2000年6月20日付）。

① 中核都市の機能を強化すること

② 中級都市を重点的に育てること

③ 小さな都市を積極的に発展させること

広東省内の都市のうち，先進的な広州と深圳は①の中核都市として位置付けられた。②の中級都市としては，珠海，佛山，惠州，中山，東莞，江門，肇慶など珠江デルタに位置する都市群が挙げられ，それぞれの都市の特徴を生かした協調的な発展をめざすこととされた。③の中小都市群としては，珠江デルタの東と西に位置する汕頭と湛江を中心とした潮州，掲陽，汕尾，茂名，陽江等の都市群，省北部の丘陵地域に位置する韶関，清遠，東北部の梅州，河源，西北部の雲浮等が挙げられ，周辺の小規模な都市や農村部の都市化を牽引する役割を期待されることとなった。2000年以降の広東省の都市化計画の方向性も，全体的には大きな変化はない。

広東省の都市群の特徴は，多くの大規模な地級市によって構成されている点である。2015年末時点で広東省には21の地級市があるが，これは全国の省・自治区で最多である。これらの都市のほとんどが珠江デルタに集中している。また，省内の地級市のうち人口10万以上の都市は16にのぼる（『広州日報』2014年1月8日付）。

このように広東省の地級市と県級市の数が他の省と比べて多い背景には，同省が積極的に行ってきた「撤県改市（県を市に昇格させる）」「撤県設区（県を廃止し区を設置する）」政策がある。とくに深圳，佛山，広州は，この行政改革を率先して推し進めてきた。たとえば広州市では，2014年2月に増城と従化において正式に「撤県設区」が実施されたことにより県が完全に無くなり，従化のような農業県すらも区に改められた。このように，広州市では都市化にむけた改革が急ピッチで進められたのである（『第一財経日報』2014年2月14日付）。

また，都市化にむけた新たな行政区分の変更も試験的に実施される見込みである。広東省発展改革委員会，広東省住宅・都市建設庁は共同で「広東省新型都市化計画（2014～2020年）」を制定した。同計画は，2020年までに珠江デルタで条件に合致するいくつかの大型の鎮を鎮級市（鎮クラスの市）に昇格させ，行政レベルの調整なしに相応の経済・社会的な管理権限を付与し，鎮の機能を強化する戦略を推進するとしている。この昇格により，長年珠江デルタで鎮の発展の足かせになってきた「責任ばかりで，権限がほとんどない」状況が改善される可能性がある（『東方財富網』2014年10月15日付）。

珠江デルタを中心とする交通ネットワークの拡大も，省全体の都市化を促している。交通インフラ建設の進展にともない，珠江デルタでは広州市を取り囲む「1時間生活圏」がすでに形成されている。つまり，幹線道路，鉄道ネットワークの発展により，珠江デルタのいずれの都市にも広州から1時間以内で移動できるようになった。それに加えて，広東省では4時間以内に省内のいずれの場所にも移動が可能な「4時間経済圏」が形成されようとしている。

広州市社会科学院研究員で都市化問題の専門家である彭澎氏は，広東省の都市化には二つのモデル，すなわち市街地を中心とした珠江デルタの都市化モデルと，県を中心とした省の東部，西部，北部の都市化モデルから成ると主張する。後者は全国でも一般的なので，広東省独自の都市化モデルといえるのは珠江デルタのみであるという。目下珠江デルタでは，鎮の昇格による分権化を通して鎮の機能の強化と発展を推進している。一方，その他の地域では鎮レベルの経済が未発達であるため，省が直接市と県を管理する行政手法を通じて県レベルの規模の鎮の発展を後押ししている（『第一財経日報』2012年12月22日付）。

第2節　珠江デルタ都市化モデルの特徴と課題

1．国家発展戦略としての中国の都市化

中国の都市化の特徴を理解する際，都市化の歴史，現状そして将来発展する方向性に言及するだけでなく，都市化に関連する政策とその実践という観点からみる必要がある。

まず，中国の都市化は政府の政策として実施されている。中国における都市化は政府が当然行うべき行動計画だと認識されており，それは国家発展戦略と表現される。国の政策は計画経済の一部であり，それ自体がそもそも政府の計画と行動を示している。ラキアン（Laquian 1997）は「中央政府が計画した経済共同体として，中国には非常に明確な国家の都市化戦略がある」「国家の都市化戦略を実施することは，都市化の成長の在り方の変化に大きな影響を与える」と指摘している。いずれにしても，政府の意向が都市化のプロセスに反映されている。

したがって，中国の都市化モデルがあるとすれば，その特徴は政府主導の計画的な都市づくりという側面が強いものになる。政府の政策として都市化が実施されるかぎり，都市化モデルは中国の政治経済モデルとかなりの程度一致しているはずである。中国の政治経済モデルの基礎には高度な集権と計画経済があり，その目標はおもに経済の急速な成長と資産の集中を維持することであるといえる。

しかし，広東省の経済発展と珠江デルタの都市化はこれとは大いに異なっ

ている。広東省の経済発展は本来の計画経済モデルを乗り越え，経済活動を自発的な市場取引に任せた結果，外資と民間企業が発展し，地域の発展を促した。珠江デルタの都市化においては，中国政府が本来統一的に計画して実施するというモデルを超越している。この結果として経済成長とともに急速な都市化がもたらされており，その意味で都市化の先駆者と呼ぶにふさわしい。

2．珠江デルタの都市化モデル

新（2013, 13-16）は珠江デルタの都市化モデルとして，①国家からの優先発展戦略，②地理的優位性を活用した郷鎮・私営企業の発展，③外資を利用した外向型経済とそれによる都市化，の３点を指摘している。しかし，①の政府の政策を過度に強調しすぎるきらいがある。

本章での珠江デルタの都市化モデルの特徴を端的にいうならば，「市場経済が拡大する中で，外資，民間企業が自由な経済活動を行い，労働移動が活発になり，地方政府による積極的な政策活用・制度革新という支えの下で成し遂げられた珠江デルタ経済発展モデルと歩を同じくする都市化モデル」である。市場経済による生産力，創造力の解放，それらを支えた地方政府の制度的支援があったのである。

⑴　市場経済への移行

中国経済の発展と社会の巨大な変化は1970年代末の改革開放から始まる。改革開放は，社会の規制を緩和し，国民に一定の自由な生活空間と経済活動の裁量を付与した。1978年までの中国社会では政治運動が中心にあり，経済制度は計画経済であった。改革開放によって政治運動と計画経済というくびきから解き放たれた個人の自由な経済活動は，産声を上げたばかりの市場で力を発揮した。具体的には，外資の参入と個人の移動の活発化という変化が起こった。外資は利益の追求を通じて計画や政治に関係なく参入してきた。

農民もよりよい生活を求めて産業間，地域間の移動を始めた。

最初に設置された経済特区，深圳と珠海はもともと小さな漁村であった。人口に比して相対的に豊富な土地が収用されて工業団地となり，外資系企業の発展と民間企業の成長は大きな労働需要を生み出した。広東省，とくに珠江デルタに流入し，定住した大量の外来人口は，前節でも述べたように労働力として珠江デルタの経済発展に貢献するとともに，珠江デルタの都市群を作り上げた。積極的な外資の導入と，個人の生活水準の向上や移動の自由といった新しい権利の拡大を享受したことで，人々の生産やイノベーションに対するインセンティブが引き出された結果，広東省および中国経済は飛躍し，中国の奇跡が創り出されたのである。

(2)　積極的な政策の活用

珠江デルタ都市化モデルの特徴あるいは優位性は，中央から与えられた政策決定の自由裁量をうまく利用して規制を緩和し，絶えず制度上の革新を行い，これまでのタブーを破ってきたことにある。

珠江デルタ経済モデルは，市場経済メカニズムの発揮を重視したモデルといえる。珠江デルタは比較的早い時期から市場経済化を進めており，計画経済の足かせと政府の干渉から逃れることに成功してきた。基層政府（末端地方自治体）にも一定の自主権を与えており，民営化の程度も比較的大きい。

ただし，市場経済化による都市化という特徴には一定の留保がつく。それは，この発展が中央のマクロ経済政策と基本的な国策による調整の下でもたらされたという点だ。政策的な特徴は，特区の設置と優遇政策という特殊政策の恩恵であろう。これにより多くの人が利益と自由を享受することができた。しかし，特区の設置という政策面での優遇のみが珠江デルタ経済の奇跡を起こしたというならば，海南特区など他の特区や同様に政策的な優遇を受けていた福建省が成功しなかった理由を説明できない。優遇政策は万能ではない。市場の自由化は経済主体の創造性や自主性を発揮させる前提条件ではあるが，市場メカニズムを適切に機能させるためには政府の制度設計と発展に向けた積極的な試行錯誤が必要だった。委託加工などの広東省から始まったシステムは市場メカニズムを発揮させる制度設計につながった典型であろう。広東省の経済発展モデルの追求は，中国全体の発展と制度の革新に有益な教訓と示唆を与えてきたのである。

中国の都市化の道のりは，本書のテーマである「政府の退出と介入のバランス」をどうとるかにいきつく。つまり，公民の自由と政府の独占，市場経済と計画経済，地方自治と中央集権の間におけるせめぎあいと衝突である。総じて，中国経済の発展と都市化は基本的に中央の計画に基づき進行しているが，地方政府には一定の自主性が与えられており，制限を乗り越える機会を提供している。中央政府の政策の枠の中で，その枠ギリギリ，あるいはわずかに越えるような創造的な政策の試行が求められ，もし成功すれば新たな発展モデルを確立したと評価される。

しかし，この珠江デルタの都市化モデルにも暗雲が立ち込めてきている。2008年のリーマン・ショック以降，珠江デルタ市場が縮小している。それに加えて中国では2000年代以降，国家が新たな産業に対する投資を行い，国有企業の経済における存在感が大幅に増すなど，経済の自由化が後退する傾向が強まった。いわゆる「国進民退」（国有経済の増強と民間経済の縮小）である。広東省の第12次五カ年計画（2011～2015）の「先進製造業」重点投資プロジェクトは，産業としては石油化学，鉄鋼，地域としては非珠江デルタ地帯，事業主としては国有企業が目立つという（伊藤 2016, 117）。さらに中国の人件費の上昇と総合的なコストの増加により，外資系企業も次第に中国から撤退を始めている。このように中国の経済発展モデルは，国家の過剰な関与と，戸籍制度等の制度的な制約がもたらすコストが高すぎることにより，危機に直面している（第6章参照）。珠江デルタの都市化モデルが直面する問題点について，次項でさらに考察してみよう。

3．珠江デルタ都市化モデルの現在の問題点——東莞を事例に

東莞は珠江デルタ地域の都市化の代表例である。東莞は1985年に小さな農業県から県級市に，1988年に地級市に昇格し，農業エリアの都市化の成功例という意味でも中国の都市化の先駆者，実験場と呼ぶにふさわしい。東莞は珠江デルタの重要な都市のひとつであり，30数年の間に国内外において一定の影響力をもつ近代的な製造業の集積地へと発展を遂げた。「メイドイン東莞」は人々の注目を集め，東莞は「世界の工場」中国における最も重要な生産拠点のひとつになったのである。

しかし，2008年のリーマン・ショックの発生以降，「世界の工場」の代表格であった東莞では企業の破産，倒産が相次ぎ，経済危機に陥った。2009年，東莞市の GDP の伸びは5.3%に下降した。続く2009年から2011年にかけて，東莞の GDP 成長率は3年連続で広東省内の最下位，2012年には下から2番目という結果であった（『法治週末』2014年2月19日付）。東莞の衰退により中国経済の基盤は揺らぎ，メディアは「中国製造業の未来に対する不安」に対し悲嘆に暮れた。報道によると，2008年から2012年までの5年間で，東莞の7万2000社が倒産した。その後も不況は続き，2014年から2015年のわずか1年間で，4000社が倒産した。2016年の前半においても，製造業の業績は振るわず，倒産の波が多くの企業に広がり，失業が続いたという(7)。2016年現在に至るまで，東莞をはじめ珠江デルタ経済は依然低迷しており，かろうじて不動産業でもちこたえている。2015年以来，東莞は新たな「工場倒産ブーム」に見舞われ，東莞は「エンスト」「衰退」「危機」というレッテルが貼られた。製造業の多くは操業停止を余儀なくされ，あるいは生産ラインを東南アジアやアフリカ等に移すようになった（『新京報』2015年12月2日付）。

リーマン・ショック前後の東莞の変化を，統計を使って確認したい。金融危機直前の2007年時点で東莞には一定規模以上の工業企業（鉱工業部門企業）が合計4987社あり，工業部門の GDP は東莞の GDP 総額の54.5%を占めてい

た。同年の実際外資利用額は21億1700万米ドル，そのうち第2次産業によるものは88.4％を占めていた。資料の制約から厳密な比較はできないが，リーマン・ショック後の2016年の東莞市の実際外資利用総額は39億2617万米ドル，そのうち工業部門の利用額が占める割合は43.2％（16億9649万米ドル）にとどまっている（「東莞市国民経済和社会発展統計公報」各年版）。企業数については2011年の数値までしか公表されていないが，一定規模以上の工業企業数は同年で4243社となっており，金融危機以前の水準に回復していない（『南方網』2015年3月18日付）。

現在，珠江デルタでは，過去の「政府の退出」によってもたらされた市場経済と，現在の不景気対策という「政府の介入」がせめぎ合っている。市場経済システムとそのアクターである民間経済を主体とした発展と都市化が，珠江デルタ都市化モデルの最大の特徴と貢献であったが，リーマン・ショック後の不景気対策として国家による介入が強化された。「新型都市化」においては，珠江デルタは中央の調整，計画を受け入れざるをえない状況に陥っていたのである。

第3節　新型都市化と珠江デルタ都市化モデルの展望

1．国家新型都市化の問題点

ここ数年，中央政府は「新型都市化」というスローガンを打ち出し，「人の都市化」を「新型都市化」の指導理念としている。「新型都市化」の要点は，農民を都市人口に転換させることである。現在，中国では都市の面積が肥大化し，「都市の『大餅を広げる』（ひとつの都市を囲み，同心円的に外に向かい拡張させる）現象」が蔓延し，「土地の都市化のスピードが人口の都市化を上回って」おり，ビルの多さの割に人は少なく，「大量の農業からの転換人口が都市社会に溶け込めておらず，市民化のプロセスが停滞している」

「産業の集積と人口の集積の足並みが揃っていない」状況を生み出しており，都市化は工業化にくらべ停滞し[8]，多くの都市で空き家，ゴーストタウン現象が発生してしまっている（括弧内は李克強 2015）。2014年，中国における常住人口の都市化率は53.7％であるが，戸籍人口の都市化率は36％前後にすぎない（『南方都市報』2015年４月25日付）。以上の問題に対し，李克強は次のような方針を打ち出している。「将来の比較的長いある時期まで，我が国の都市人口を３億人前後増加させる」「条件に見合う農民工を順次，都市住民に転換させることは，都市化を推進するひとつの重要な任務である」（李克強 2012）[9]。つまり，「人の都市化」とは「人口の都市化」と「農民の市民化」であるといえる。

しかし一方で，中央政府の「新型都市化」計画をみてみると，経済を牽引するための広大かつ長期的な政府による投資計画になっている。実際，国内の「新型都市化」あるいは「都市農村一体化」に代表される政府の投資戦略は，基本的に大型インフラと大型の産業プロジェクトの方式で支えられている。たとえば「特色ある小さな鎮」の建設，「特色ある古い村落」の保護，そしてすでに述べたように水面下で進行中の「撤鎮建市」（鎮を市に昇格させる）計画などである（第３章も参照のこと）。ここでは政府からの財政支出金や投資だけでなく，用地の確保，外資の誘致・導入と関連する財政支出も含まれる。都市化についていえば，政府の投資はインフラと産業プロジェクトを除けば，一貫して不動産業を支える形になっている。不動産業は今や収益が見込める数少ない貴重な基幹産業となっているが，不動産業も成長の限界がみえており，バブル経済に陥っている。バブルが弾ければ金融危機を引き起こし，中国経済に大きなダメージを与えることにもなりかねない。

このような投資主体の「新型都市化」は経済に悪影響を与える可能性がある。政府の投資を頼りに経済を刺激し，GDP 成長を維持していた状態が，何かのきっかけで重大な金融と経済のバブル崩壊を引き起こせば，人民元安となり，中国経済は非常に危険な局面に立たされることになる。アナリストは，2016年１月から７月までの中国全土の固定資産投資は8.1％増加したものの，民間投資は2.1％しか伸びていないと指摘している。しかも投資はおもに地方政府と国有企業によるものであり，個人の収入は伸びておらず，投資まで回っていない。一方，地方政府と国有企業の投資についても，過去の政府投資による４兆元の焦げ付きがまだ解消されていないだけでなく，新たな焦げ付きが蓄積してきており，人民元の深刻な発行過多と値下がりを引き起こしている（『捜狐財経』2016年10月17日付）。報道によると，中国の過去１年間の債務増加額はEU，アメリカ，日本の合計よりも25％多く，総額はすでに200兆元を超え，「焦げ付きは減るどころか増えており，納税者は身銭を切っている」（『捜狐公衆平台』2016年11月７日付）。2016年の人民元の大幅な下落は，まさにこれが原因である。一般市民が投資を行い，資産をリスクヘッジするルートはおもに株式市場と不動産市場である。2015年に株式市場が大暴落して以来，不動産価格は値上がりを続け，中国全土で不動産購入の極端なブームを引き起こし，最近になり中国政府がブームの過熱を抑える政策を出さざるを得ない状況にまでなった。「新型都市化」の目的は経済を刺激することであるが，効果の面からみると，経済の健全な発展に対して，破壊的な作用をもたらす可能性がある。

２．珠江デルタの新型都市化の方向性

広東省は中国全土に先駆けて，都市化を牽引してきた。広東省は一貫して中国の都市化と新たな都市化をリードし，新たな都市化を行い続けてきた。中国の新たな都市化モデルは，程度の差こそあれ，外資導入，民間活用，人口流入という意味で多くが珠江デルタの経験のコピーと模倣である。

しかしながら，「新型都市化」政策の影響で問題も発生している。「新型都市化」の旗印の下，全省で地方政府の業績づくりと結びついた都市化の「大躍進」が巻き起こっており，各地方政府は次々と目標を設定し，スローガンを打ち出している。

さらに一部の学者やメディアが，地方官僚の支持の下，「新型都市化」を

行政区画の調整の好機ととらえ，発言力を強めている。ここ数年，広東省では，資源の配置と行政体制の観点からみると，珠江デルタの都市化および省東部，西部，北部との総合的な発展は，「大きな馬が小さな車を引っ張る」状態と「小さな馬が大きな車を引っ張る」状態のせめぎあいとなっている，という表現が流行している。「大きな馬が小さな車を引っ張る」とは，珠江デルタの中心都市が管轄するエリアの面積が小さすぎるため，その経済の中心都市としての機能を十分に発揮できない状況を表している。一方，「小さな馬が大きな車を引っ張る」とは，省東部，西部，北部の一部の地級市あるいは中心都市が相応の経済力を有しておらず，本来あるべき波及作用と牽引作用を発揮できないということを示す。(『広州日報』2014年1月8日付)。

学者や地方官僚の中には，このような不合理な行政区分は，都市と農村の協調的な発展に不都合であると考える者もいる。彼らは政協（中国人民政治協商会議）を通じて，広州，佛山の合併，深圳，東莞，恵州の合併，汕頭，掲陽，潮州の三市を合併し，潮汕市を設置すること，珠海，中山，江門の三市を合併し，珠江市を設置することを提案した（『信息時報』2014年1月8日付)。しかし，この動議は多数の賛成を得られず，省内，中央政府の許可も得られなかった。

現在，広東はすでに広佛肇，深莞恵，珠中江の三大都市圏を形成しており，また高度に一体化し，交通の便もよい。珠江デルタ都市群は全世界の製造業の中心であり，その発展は世界の生産に重要な影響をもたらす。珠江デルタ地域の都市建築と人口はすでに飽和状態にあり，行政の体系上も簡素化，行政のスリム化，地方分権が求められており，権力と資源の集中を進めることは得策ではない。珠江デルタ都市一体化の方向と経済成長のエネルギーについて，ある学者は次のように指摘する。「珠江デルタ都市群は香港・マカオと緊密に協力することで，共同してアジア太平洋地域において最も活力と国際競争力を備えた都市群を創りだせるだろう」(『南方日報』2013年10月31日付)。

珠江デルタ地域には，よりいっそうの市場経済の自由化と規制緩和が求められている。これまで珠江デルタ地域には，制度上中国の他の地域がもちえないメリットがあったが，改革のボーナスが目減りしていくに従い，国内市場，海外市場を問わず，そのメリットがみえにくくなってきた。次第に計画経済に戻り始めている傾向は，珠江デルタ地域にとって有害ですらある。珠江デルタ地域は，いま再び地域が飛躍するきっかけとなった市場経済という原点に戻る必要があろう。

3．「人の都市化」に向けて――土地権利の確定

現在，中国にはさらなる改革開放が必要であるが，鍵となるのは人々により多くの権利を付与することである。中国の発展のボトルネックは，生産手段の所有制度であり，具体的には土地の権利に関するものである。

土地所有制度の問題は都市化の過程でより際立ち，とくに土地の収用と立ち退きの問題として具体性を帯びてきた。現在，都市化あるいは都市化の過程において，最大の問題は土地の収用であり，農民と国民全員の最大の関心事は，強制収用と強制立ち退きである。強制収用と強制立ち退きは中国にとって重大な問題であり，暴力事件も多数，発生している（『南方都市報』2016年7月8日付）。

こうした土地所有制度をめぐる諸問題は中国全土の国民が直面している問題であり，中国経済にとっての桎梏となっている。「人の都市化」と都市化のプロセスにおける農民の利益を保護するために，現在の「新型都市化」では農民の住宅用地と農業用地の使用権の確定および登記作業を推し進めているところである[10]。

ここでは，①集団所有制の問題点，②土地使用権の確定・登記作業の問題点，③さらなる改革，の3点について，2016年11月27日から12月7日にかけて筆者が実施した広州，佛山，東莞等での現地調査で得た情報も合わせて考察したい。

⑴　集団所有制の問題点

中国の農村では，生産手段の社会主義公有制を前提とした集団所有制がとられており，農民個人（あるいは家庭）は土地を所有することができず，理論上は農村のすべての土地は集団所有となっている。この「集団」に関する規定は曖昧であるが，一般的に郷鎮（人民公社期の人民公社に相当），最末端の行政単位である行政村（同じく生産大隊），行政村の補助組織である村民小組（同じく生産隊）を指す。地域によってはひとつの行政村の管轄下にいくつかの自然村（自然に形成された集落）がある。筆者の広東省における調査に基づけば，広東省農村の土地の集団所有権は村民小組の所有に帰する。広東省では一般的にひとつの自然村はひとつの村民小組を構成しているため，集団所有地は自然村の村民全員が所有するということになる[11]。

中国農村では行政村が最末端の行政組織であり，行政村は住民自治組織である村民委員会と共産党の村支部が共同で運営している。村の幹部はおもに国家（即ち上級部門）に対して責任があり，土地資源を管掌し，農業生産を指導し，土地を含めた調整と分配を行うこととなっている。このため，農村の土地は理論上各村の村民全員による集団所有に帰するものであるが，集団の中における農民個人の権利は曖昧で，実質的に村民委員会と村党支部の権力によって掌握されている。実際には，土地の調整や分配は，村主導でとくに力のある村の党支部書記の一声で決まってしまう。

土地に関する政府（村）独占は，土地の収用に関して発生するステイクホルダー間での利益分配問題を大変困難にしている。国家信訪（陳情）局によると，土地に関連する集団陳情事件は陳情全体の４割を占めており，そのうち84.7％が土地補償に関連するものだという（張 2014, 193）。もちろん，広東省の農村でも不公平は今も存在するが，あまりにも常軌を逸したり，農民個人の土地請負権を剥奪したり，あるいは土地の収用補償金や使用料が村幹部や政府幹部によりピンはねされたりという程ではない。しかし，それでもたとえば土地登記時に世帯の家族構成の変化による土地の分配あるいは調整の矛盾は，どの村にも存在する。

⑵ 土地使用権の確定・登記作業の問題

農村の土地における最大の問題は，所有権が不明確な点である。したがって，土地に対する権利を明確に規定していくことが重要な解決策であるが，その重要性についてはあまり認識されていない。集団所有地についていえば，国は強制的に収用でき，農民個人，村または郷鎮のような所属集団は，抵抗する力をもちえない。現在進められている土地の権利確定がこの矛盾を解決できないのであれば，新たな都市化が本来もつべき積極的な意義は失われてしまう。

残念なことに，土地の権利確定問題は，広東ではさして関心の高い話題ではなく，ほとんどの人は意に介していない。筆者の珠江デルタと東莞の調査で，多くの人が権利確定問題に対して，内容を知らない，あるいは関心が低い，あるいは従来からとくに変更がないと感じていることが明らかとなった。彼らは10数年前，すでに土地証明を取得しており，ほとんど確定した権利をもっているのである。

筆者が東莞のA鎮にある2つの村で調査を行った結果わかったことは，現在登記手続きを実施中であるが，具体的にどのように権利を確定させるのか，何が保障されるのか，彼らは明確にはわからないまま，村民委員会の指示に従っていたことである。B鎮のある村では，現在登記を行っていることを認識している，という回答しか得られなかった。C鎮のある村では，彼らの村の土地は10数年前に土地証明を発行し，権利関係は早々に明確になっているものの，今はその権利をどのように確定させればよいかわからないという状況であった。集団所有地は，すでに賃貸あるいは同村の村民あるいは外からやってきた人に売りに出されていた。これらの土地の権利について，彼らもその経緯をうまく説明できず，また最近の土地の権利確定がどのようなものか，ほとんど理解していない[12]。

ここから二つのことがわかる。第1に，珠江デルタ，とくに東莞では，自発的に土地の使用権の確定と転売を早い時期に行っていた。近年中央政府は，再び珠江デルタと東莞に権利確定の政策実施を求めたが，現場では新たな意味づけが理解されていない。第2に，土地使用権の確定作業については，手続き上の形式的な対応をするだけで，本当の意味での権利の確定は先送りされたままである。そもそも財産権が曖昧な中で請負権（使用権）を確定しても，土地を失う不安が存在するために，流通はうまくいかない（陳 2013）。第5章でも具体例として他地域の最近の事例が検討されるが，農民と土地の関係および現在進行中である権利確定は，表層的なのである。

(3)　さらなる改革

実際，農村の土地の権利確定は，必ずしも都市化と一体化したプログラムあるいは措置ではない。それは長年にわたって蓄積されてきた農村問題を打破する新しい政策である。その理由は二つある。ひとつ目は農業，農村に現れた課題と苦境に対応するため，二つ目は農民たちが直面する各種の権利侵害に対峙するためである[13]。

第1に，農業と農村の発展という観点からみると，伝統的な農業の家族経営モデルはすでに時代遅れとなり，自給自足を続けることは困難になっている。農村では「人口が多いので，土地や水資源が不足するという矛盾がある一方，農村では労働力の大量流出により村の空洞化と高齢化が進行していることは明らか」である。2013年中央政府の1号文書「5年以内に農村の土地権利確定の登記と証書交付作業を完成させる」と謳っているとおり，農村は社会管理，近代農業の建設の改革が求められており，中央政府は，「集約化，専門化，組織化，社会化を相互に組み合わせた新たな農業経営のシステムを構築する」ことを念頭においている。農民にとってみれば，現行の土地請負経営権に関する制度は個人の財産権と農業経営の裁量を大きく制限するものである。

第2の点については，農村内での土地の調整，分配過程におけるさまざまな矛盾と不確定要素は，農民に対しとくに強制収用，強制立ち退きなどの衝突と悪影響をもたらす。このような背景の下，政府部門も既存の農村の土地制度が現実に見合わないと考えている。多くの専門家や記者は，農村の土地の財産権主体の不在と土地の転売制度の不健全性が際立った問題であるとの認識に立ち，政府による土地の強制収用と強制立ち退きはルール違反であると批判し，「土地権益に関する問題を解消する鍵は農民に土地の財産権を与えることだ」と指摘，「土地の使用権を永久に農家に与えること」を主張している（『上海証券報』2008年10月10日付）。なかには，土地改革は分配した土地請負経営権を私有化する試みであると考える専門家もいるが，政府が私有化に向けた土地所有制度の改革を進める見込みはない。2013年の中央1号文件には「農村の集団財産権制度を改革する，農民の財産権を有効に保障する」という表現が提示されているが，政策文書の文言だけを根拠に土地権利確定が実現することは到底難しい。

おわりに

長年にわたる改革開放の政策設計とその実践を経て，珠江デルタは中国全土でも有数の都市群に発展した。珠江デルタ都市群の出現は，周辺地域とくに広東省の社会経済の急速な発展を可能にした。珠江デルタは中国でも都市化モデルの代表であり，その発展モデルの役割も長江デルタ，京津冀エリアとは異なっている。珠江デルタの勃興と繁栄をもたらしたのは大胆な市場経済改革，そして外資と民間企業の自由な活動であった。珠江デルタ経済と都市化の奇跡は，中国の改革開放およびそれにより解放された人々の自由な活動と経済の市場化によりもたらされたものだ。珠江デルタの市場経済，そしてその市場経済の基礎の上に成り立つ珠江デルタの都市化は，中国全土の経済発展の動力と都市化のモデルであろう。珠江デルタの都市化はすでに世界の最先端のレベルにまできている。

しかし，このような珠江デルタ都市化モデルも課題に直面している。市場経済化の不徹底，加えて世界市場のめまぐるしい変化もあり，輸出を主体とした珠江デルタ経済の発展，それにともなう都市化も停滞し，珠江デルタの都市化モデルはレベルアップと転換が必要になってきている。珠江デルタの都市化モデルは，市場経済化と民間企業の自由な活動によって成り立っている。しかし世界市場に過度に依存していたという点で継続が困難であるため，さらに大きな困窮に陥る可能性もあり，重大な危機を引きこすかもしれない。現時点で，珠江デルタ都市化モデルも手放しで歓迎できるものではないのである。

中国政府が推進し始めた「新型都市化」は，「人の都市化」あるいは人を中心とした都市化であり，この方向性自体は歓迎すべきものだ。しかし，都市住民化するために必要な農民の権利を考えると，農村の財産権改革は急務だ。これを基本としなければ，「人の都市化」は空虚なスローガンに過ぎず，実質的な都市化は進まないであろう。

農民の財産権が確定されていないために，強制的な立ち退きが発生する。この立ち退き問題は，中国都市化社会のアキレス腱であり，都市化の負の現象，あるいは歓迎できない結果のひとつであった。「新型都市化」は強制的な立ち退きあるいはそれがもたらしている問題を解決できておらず，土地権利確定の現場では表層的に権利が確定していても，実質的には問題を解決していない。

「新型都市化」と珠江デルタ都市化モデルの道のりは必ずしも平坦ではない。これまで珠江デルタ自体が自らのモデルの古い経験，国家の管理における市場経済化を下敷きにしているからである。東莞と珠江デルタは中国の経済改革と都市化のパイオニア，先駆けであり，現在のように上からの指示，命令で行動するのではなく，その枠を超えた新たなモデルを創出していく必要に迫られている。

〔注〕

(1)　2015年2月に11官庁連名で「国家都市化計画総合試行方案」が提示され，一部の都市を試点として都市化モデルを模索させ，その経験を各都市で共有することを目的としている。

(2)　珠江デルタ都市群は，広州，深圳，珠海，佛山，東莞，中山，江門，肇慶，惠州など9都市と，新たに加わった汕尾，清遠，雲浮，河源，韶関の5都市を合わせた合計14都市からなる（『新華網』2014）。さらに広義では香港とアモイを含むこともある。

(3) 2016年5月に国務院が批准した「長江三角洲城市群発展規劃」によれば，長江デルタ都市群は上海，江蘇省の南京，無錫，蘇州，常州，鎮江，揚州，南通，宜興，浙江省の杭州，嘉興，紹興，湖州，安徽省の合肥，芜湖などの26都市を指す。

(4) 「冀」は河北省を示す漢字。京津唐工業地帯を起源としているため，京津唐都市群と呼ばれることもある。京津冀都市群は，直轄市の北京，天津および河北省の保定，廊坊，唐山，秦皇島，石家庄，張家口，承徳，滄州の8地級市を指す。

(5) 内訳は香港・マカオ居住者約600万人，台湾居住者約400万人，その他華僑・華人約2000万人となっている。

(6) このうち戸籍人口（戸籍登録のある地域に長期で居住している人口）は8267万900人で，常住人口との差が大きいことがわかる。

(7) 中集智谷「中国制造业，可能到了“最危险的时候”」，2016年9月6日，http://bbs.gongkong.com/m/d/product/688203_1.htm。

(8) 李克強「第十二届全国人民代表大会第三次会议政府工作报告」，2015年3月5日，http://www.gov.cn/guowuyuan/2015-03/16/content_2835101.htm。

(9) 李克強「协调推进城镇化是实现现代化的重大战略选择」『行政管理改革』2012年第11期。

(10) 2012年時点のデータしかないが，農村の住宅用地等の登記作業の進展状況は8割にのぼっており（『財新網』2012年6月21日付），推測にすぎないが現在ほぼ登記作業は終わりを迎えていると思われる。

(11) 2016年12月4～5日に筆者が従化，清遠等で実施した現地調査による。

(12) 2016年12月1～3日，東莞などにおける筆者の現地調査による。

(13) 趙・郭（2012, 11-12）は，土地権利の確定は土地所有者や権利者の不確実性を取り除き，土地の流通を促し，土地に対する争いを減少させるという点を強調しているが，前者二つは農業改革，後者は農民の権利侵害を防ぐという意味で共通している。

〔参考文献〕

＜中国語文献＞
陳錫文 2013.「解決好城鎮化進程中的‘三農’問題」高尚全主編『改革是中国最大

的紅利』北京　人民出版社.
新玉言 2013.『新型城鎮化・模式分析与実践路径』北京　国家行政学院出版社.
張紅宇 2014.『新型城鎮化与農地制度改革』北京　中国工人出版社.
趙陽・郭沛等編 2012.『中国農村土地登記制度試点：背景，実践及展望』北京　中国農業出版社.

<英語文献>
Laquian, Aprodicio A. 1997. “The Effects of National Urban Strategy and Regional Development Policy on Patterns of Urban Growth in China,” in *Urbanization in Large Developing Countries: China, Indonesia, Brazil and India,* edited by Gavin W. Jones, and Pravin Visaria. Oxford: Clarendon Press, 52-68.

<日本語文献>
伊藤亜聖（2016）「世界金融危機以降の広東省経済――NIEs 論と「世界の工場」論を超えて――」加藤弘之・梶谷懐編『二重の罠を超えて進む中国型資本主義――「曖昧な制度」の実証分析――』ミネルヴァ書房　105-126.

<報道等>
『財新網』2012.「国土资源部：农村宅基地确权发证率达80％」 6月21日.
『第一財経日報』2012.「广东城镇化有两种模式」12月22日.
『第一財経日報』2014.「广州增城从化撤县改区 大广州加速东进」 2月14日.
『東方財富網』2014.「广东新型城镇化建设有新突破 大镇强镇将升格“镇级市”」10月15日.
『法治週末』2014.「东莞色情业每年经济效益500亿相当于 GDP 的1/7」 2月19日.
『広東建設報』2016.「广东城镇化“十二五”领跑全国」 1月22日.
『広州日報』2011.「广东籍华侨华人达2000万 多分布在北美大洋洲」10月 9日.
『広州日報』2014.「致公党广东省委提案建议广佛合并」 1月 8日.
『経済日報』2015.「我国珠三角地区在面积和人口方面已成全球最大都市区」 1月27日.
『南方都市報』2015.「中国200余县排队申请撤县设市」 4月25日.
『南方都市報』2016.「强拆之痛」 7月 8日.
『南方日報』2013.「珠三角城市群，离世界级有多远？」10月31日.
『南方網』2015.「东莞制造业走向衰落？」 3月18日.
『人民日報』2000.「广东城市化追赶工业化步伐」 6月20日.
『人民日報』2016.「我国城镇化率已达56.1％」 1月31日.
『上海証券報』2008.「百名专家建言加大农村土地制度改革力度」10月10日.
『捜狐財経』2016.「人民币贬值会超过你的预期」10月17日.

『捜狐公衆平台』2016.「中国债务超过200万亿！那些烂账最终会去哪里？」11月7日.
『新華網』2014.「珠三角三大都市圈扩容」 9月11日.
『新京報』2015.「东莞“企业倒闭潮”背后：“世界工厂”优势不再」12月2日.
『信息時報』2014.「广东如何缩短区域差距？广佛合并深莞惠合并」 1月8日.
『中国産業信息網』2017.「2016年五大城市群 GDP，城市数量，面积及人口数量分析【图】」6月13日.
李克強 2015.「协调推进城镇化是实现现代化的重大战略选择」『行政管理改革』2012年第11期.
李克強 2015.「第十二届全国人民代表大会第3次会议政府工作报告」，2015年3月5日.
中国国家発展改革委員会 2016.「長江三角洲城市群発展規劃」，2016年6月1日.

＜年鑑類等＞
広東省地方史編纂委員会 1996.『広東省史（経済特区史編）』広州　広東人民出版社.
広東省地方史編纂委員会 2004a.『広東省史（国土史編）』広州　広東人民出版社.
広東省地方史編纂委員会 2004b.『広東省史（経済総括編）』広州　広東人民出版社.
広東省地方史編纂委員会 2005.『広東省史（重大事件編）』広州　広東人民出版社.
『東莞統計年鑑（1978-1990）』.（東莞統計局サイト，http://tjj.dg.gov.cn/website/web/scan/1978-1990TJNJ/1978-1990img0018.htm）
『広東統計年鑑 2009』.（広東省統計局統計情報サイト，http://www.gdstats.gov.cn/tjnj/table/3/c3_12.htm）
『広東年鑑 2014』広州：広東年鑑社.
『中華人民共和国年鑑 2015』北京：中華人民共和国年鑑社.
『中国統計年鑑 2016』北京：中国統計出版社.
『2016年東莞市国民経済和社会発展統計公報』.（東莞市政府サイト，http://zwgk.dg.gov.cn/007330010/0600/201704/ac44f241055f4c19a3df0b6152588b97.shtml）

第3章

内陸部の都市化

——貴州省を事例に——

岡本　信広

はじめに

中国の都市の発展というと上海や北京，広東や深圳など沿海地域の諸都市を思い浮かべるのが普通だ。それらはわれわれもテレビやニュース等を通じてみる発展した沿海の諸都市のイメージでもある。ところが内陸部については「一帯一路」等でよく取り上げられる重慶などを別にして，あまり大都市のイメージがない。

本章では，内陸部の都市化，とくに貴州を事例として都市化を論じる。内陸部を取り上げる理由は，経済発展の遅れている内陸部の都市化の研究事例が日本国内にないということ，筆者の作業仮説として「発展に不利な条件をもつ地域の都市化は政府主導にならざるをえず，そのため自律的，持続的都市化は難しい」のではないか，と考えているからである。

ただし，本章の作業仮説を検証するにあたっては，限られた現地調査と沿海部に比べて相対的に少ない文献に依存しているため，限定的な情報からの予備的な考察であることを付け加えておく。

沿海部と内陸部の都市化のちがいとは何か？簡単に比較してみると表3-1のようなちがいがあろう。

ギャロップら（Gallup，Sachs and Mellinger 1999）は，場所と気候が経済発

表3-1　内陸部と沿海部の都市化の違い

	内陸部	沿海部
自然条件	山地，丘陵，アクセスの悪さ	平野，平原，沿海，アクセスの良さ
人口	労働移出，少数民族の多さ	労働移入，漢民族
経済環境	国際市場へのアクセス悪 インフラの不足	国際市場へのアクセス良 インフラの充実
資本の中心	国有企業，国内資本	外資系企業，国内資本
発展の原動力	農業，資源 消費市場の未発展，輸出が少ない	製造業，サービス業 消費市場の充実，輸出が多い

（出所）　筆者作成。

展に与える影響を明らかにし，内陸部にある地域は経済発展に不利であると主張する。

地域の発展は不平等である。発展の差異を地理的要因から考察した錦見(2000)は，外生的要因（地形，気候，自然資源等）によって一次的な集積が始まり，その後集積が集積を呼ぶ内生的要因（中間財の多様化，輸送密度の経済，情報探索コストの削減，企業間の商圏争いなど）が働くとした。また一次的な集積のきっかけとしてインフラ整備や特例減税などの政策的，制度的な差異も貢献しうることを指摘している。

つまり内陸部には一時的な集積の始まる条件が欠けている。貴州省は内陸部に位置し，地形も山に囲まれ，しかもカルスト地形という発展に対して脆弱な環境にある。となると，政府主導の集積条件の作成，すなわち政府主導の都市化（これを本章では「ビッグプッシュ型都市化」とする）が必要となろう。

2015年２月国家発展改革委員会より発表された《国家新型城鎮化総合試点方案》の中に，貴州省からは安順市（地級市），都匀市（県級市）が都市化の試点として選ばれた。その後2015年12月に貴安新区，遵義県，玉屏自治県，湄潭県の４区県が第２陣の総合改革試点に選ばれている[(1)]。試点として選ばれた都市は，都市化での経験を2017年に報告し，その経験を全国に展開するモデル地域になることが期待されている。

また貴州は2014年に貴安新区が国家級に格上げされた。貴安新区は貴州の経済発展の起爆剤，あるいは成長の極として期待されるとともに，省都・貴陽の近くにありながらも貧しい安順市の底上げにもつながることが期待される。

本章では，貴安新区，安順市の都市化の事例を通して，貴州の都市化は「ビッグプッシュ型都市化」であることを説明し，その問題点として自律的，持続的な都市化が難しいことを明らかにする。

まず貴州省の概況を示し，その後貴安新区と安順市の都市化の事例を紹介し，最後に「ビッグプッシュ型都市化」の問題を整理する。

第１節　貴州省概況

１．貴州省の位置づけ

貴州省は人口3530万人（2015年）であり，発展している沿海地域，たとえば江蘇省7976万人，広東省１億849万人にくらべて小さな省である。

貴州省は中国全土からみても最も貧しい地域のひとつである。1949年の建国から1978年の改革開放以降，一貫して全国で１人当たり GDP がもっとも低い地域であった。しかし，2014年には甘粛省より４元多い２万6437元に達し，初めて歴史上最下位を脱出した。それでも貴州省は中国の中で最も貧しい地域であることには変わりない。

なぜ貴州省は貧しいのか？まず現状からみていこう。

貴州省の経済発展が不利な条件とは，その場所と地形にある。貴州省は，内陸に位置し，「三不沿」（沿海でなく，沿辺（国境）もなく，沿江（河）もない）という特徴をもつ。そのために交通網の建設には多大な困難があった。1939年から建設の始まった鉄道は1959年になって初めて，貴陽と広西柳州とつながり（黔桂鉄道），ようやく海につながるネットワークをもつこととなる（王・劉 2010）。その後，四川，雲南，湖南につながる鉄道ができ，物資

図3-1　貴州省の位置

（出所）『中国まるごと百科事典』(http://www.allchinainfo.com/) より筆者作成。

流通の面で貴州省の経済発展を支えることとなる。

次の特徴は，中国の中でも唯一の平原をもたない農業省であるという点だ(王・劉 2010)。貴州省は雲貴高原東部を占め，平均海抜が1100メートル，面積の93%が山地または丘陵地で平地が少ない。加えて，省内の95%の県（県級市）にカルストが分布し，カルストの分布面積は約13万平方キロメートルで省の総面積の約73.8%を占める（竹歳・藤田 2011, 2, 154)。とくにカルスト地形[2]は生態環境が脆弱であるため，貴州の経済発展の制約になっている。省内50の固定貧困県のうち37県がカルスト地域にあるため，貴州省を中国最貧困省のひとつにする大きな要因となっている（竹歳・藤田編 2011, 155)。

表3-2　貴州省の位置づけ（2015年）

	人口（万人）	外来人口比率	GDP 産業別シェア（%）			都市化率（%）	都市化の進展
			第１次産業	第２次産業	第３次産業		
北京	2,171	1.18	0.6	19.7	79.7	86.5	2.2
天津	1,547	0.58	1.3	46.6	52.2	82.6	6.9
河北	7,425	0.15	11.5	48.3	40.2	51.3	12.6
山西	3,664	0.25	6.1	40.7	53.2	55.0	12.0
内蒙古	2,511	0.42	9.1	50.5	40.5	60.3	11.7
遼寧	4,382	0.24	8.3	45.5	46.2	67.4	8.4
吉林	2,753	0.24	11.4	49.8	38.8	55.3	2.3
黒竜江	3,812	0.15	17.5	31.8	50.7	58.8	5.3
上海	2,415	1.28	0.4	31.8	67.8	87.6	-1.1
江蘇	7,976	0.32	5.7	45.7	48.6	66.5	14.6
浙江	5,539	0.54	4.3	46	49.8	65.8	9.3
安徽	6,144	0.18	11.2	49.7	39.1	50.5	13.4
福建	3,839	0.48	8.2	50.3	41.6	62.6	12.2
江西	4,566	0.16	10.6	50.3	39.1	51.6	12.9
山東	9,847	0.19	7.9	46.8	45.3	57.0	10.9
河南	9,480	0.12	11.4	48.4	40.2	46.9	14.4
湖北	5,852	0.27	11.2	45.7	43.1	56.9	13.1
湖南	6,783	0.18	11.5	44.3	44.1	50.9	12.2
広東	10,849	0.62	4.6	44.8	50.6	68.7	5.7
広西	4,796	0.17	15.3	45.9	38.8	47.1	12.4
海南	911	0.28	23.1	23.7	53.3	55.1	9.0
重慶	3,017	0.30	7.3	45	47.7	60.9	14.2
四川	8,204	0.23	12.2	44.1	43.7	47.7	13.4
貴州	3,530	0.19	15.6	39.5	44.9	42.0	14.6
雲南	4,742	0.18	15.1	39.8	45.1	43.3	12.8
チベット	324	0.15	9.6	36.7	53.8	27.7	6.6
陝西	3,793	0.24	8.9	50.4	40.7	53.9	14.8
甘粛	2,600	0.17	14.1	36.7	49.2	43.2	12.1
青海	588	0.24	8.6	49.9	41.4	50.3	11.0
寧夏	668	0.35	8.2	47.4	44.5	55.2	12.2
新疆	2,360	0.25	16.7	38.6	44.7	47.2	9.3
全国	137,462	0.27	8.9	40.9	50.2	56.1	

（出所）　中国統計年鑑2016年。
（注１）　外来人口比率とは，統計年鑑のサンプル調査の結果より外来人口／戸籍人口で計算。
（注２）　都市化の進展とは，2006年から10年間で何ポイント都市化率が上昇したかを示す。

これらの場所と地形が貴州省の経済発展を困難にしたことは間違いない。場所の不利性は流通を難しくし，必要な物資の移輸出入や工業，商業の発展の障害となる。また地形の不利性は農業の生産性に影響を与え，工業，サービス業発展のための蓄積がもたらされないという問題を抱えることとなる。またギャロップら（Gallup, Sachs and Mellinger 1999）の研究でも，場所と気候が経済発展に与える影響を明らかにしており，彼らの研究によれば，内陸部にある地域は経済発展に不利である，という[(3)]。貴州省の経済発展が沿海に比べて不利だったのは，その地理的位置と地形であったことは疑いないであろう。

貴州の地形からして工業発展に必要な建設用地が少ないことも指摘できる（魏・呉・徐 2015）2012年の貴州省の建設用地面積は586.1平方キロメートルであり，2005年の371.9平方キロメートルから全国よりも速いスピードで大幅に増えている。全省で開発可能な土地面積の72％は貴陽を中心とする黔中地域であるとともに，耕地も集まっているため，都市化と農業用地の確保という二つの制約に直面している。

このような場所と地形の影響を受けて貴州省は以下のような特徴をもつ（表3-2）。都市化の進む沿海地域に比べると外来人口が少ない。2015年のサンプル調査から計算すると（カッコ内は2014年の参考数値），常住人口3530（3508）万人のうち，外来人口は573（657）万人である。戸籍人口を基準にして常住人口をみると1.20（1.23）倍である。これは全国水準の1.28（1.33）からみても少ない。ちなみに直轄市の上海や北京はそれぞれ2.20（2.66），2.30（2.51），広東，福建はそれぞれ1.64（1.46），1.50（1.70）である。

外来人口が少ない理由は，第２次産業，第３次産業が発展していないということの裏返しである。貴州省は，GDP ベースで第１次産業16％，第２次産業40％，第３次産業45％である。全国と比べてみても，第１次産業が７ポイント高く，第２次産業が同程度，第３次産業は５ポイント低い。つまり雇用吸収力としての第２次産業，第３次産業の力が弱い。

工業化と都市化は相互に依存し合いながら進行する。工業化の遅れはそのまま都市化の遅れにつながった。2015年の貴州の都市化率は42％と全国平均の56.1％からみても低く，そしてチベットを除いて最も都市化率の低い省となっている。ただし，その都市化の進展率は高い。

都市化率の低さは，都市の社会発展の勢いが少ないことを示している。魏・呉・徐（2015）の分析によれば，都市としての質の低さにつながっているという。彼らの分析によれば，就業人口は2007年から2013年まで減少し，可処分所得に占める賃金比率も減少し，社会小売総額もほとんど伸びていない。都市化がここ10年で14％以上進んだとはいえ，都市としての購買力，消費力の勢いがないことを示しているといえよう。

貴州省内部での都市化は，貴陽市が都市化率70％を越えているという以外は，他の8市は30％から40％程度の都市化率となっている。貴陽への大都市集中がみられ，これは都市化のバランスが崩れており，結果として都市，農村の格差拡大につながっているともいう。都市農村住民の経済収入の比率は3.8対1（2013年）であり，全国平均の3.03対1よりも大きい（魏・呉・徐2015）。

2．貴州省の発展

しかし，一方で近年の貴州省の経済発展は著しい。「経済発展の遅れている地域は発展している地域よりも経済成長率が高い」という収束仮説を検討したのが図3-2である[4]。

2010年の各省の1人当たりGDPを横軸におき，2015年までの1人当たりGDPの年平均成長率を縦軸において，その相関をみると，右下がりの傾向がみられる。この期間，遅れている地域の経済成長率は速く，発展している地域の成長率は低い。すなわち経済発展の格差が縮小傾向にあること，決定係数も約50％と比較的高いので収束仮説がこの期間妥当していることを示している。

このような急速な経済発展を可能にした原因は何であろうか。経済発展論

図3-2　経済発展の収束仮説（2010-2015）

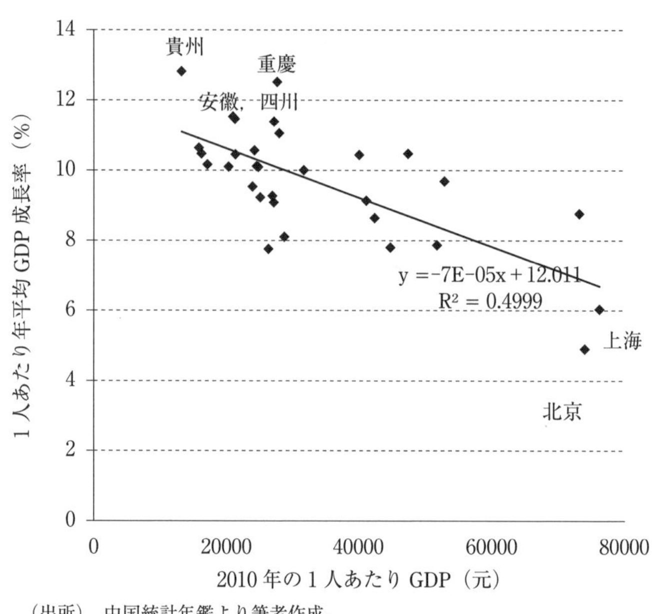

（出所）　中国統計年鑑より筆者作成。

では労働と資本が生産要素として重要であるが，労働が急速に伸びたとは考えられないので，資本と経済成長の関係をみたのが図3-3である。図3-3では2010年から2014年までの全社会固定資本投資の増加率とその期間の1人当たりGDPの成長率をみたものである。相関は小さいものの，貴州省はあきらかに全社会固定資本の増加が大きく，最も成長率の高い省であった。北京，上海は投資も少なく成長率も低い。成長の速い重慶はこの期間社会固定資本投資が極端に大きかったというわけではない。ここから考えると貴州省の経済発展はまさに投資主導型であることが見て取れる。

この観察期間中，貴州省は全国トップレベルの経済成長を実現し，その発展を支えたのは大量の資金投入であった。中国全土の中でも貴州省は最も貧しい省として注目され続け，現政権も前政権から引き継いで2020年の全面的な小康社会の達成に向けて政策を展開しなければならない[5]。つまり貴州省

図3-3　全社会固定資本投資と1人当たりGDP成長率（2010-2015年）

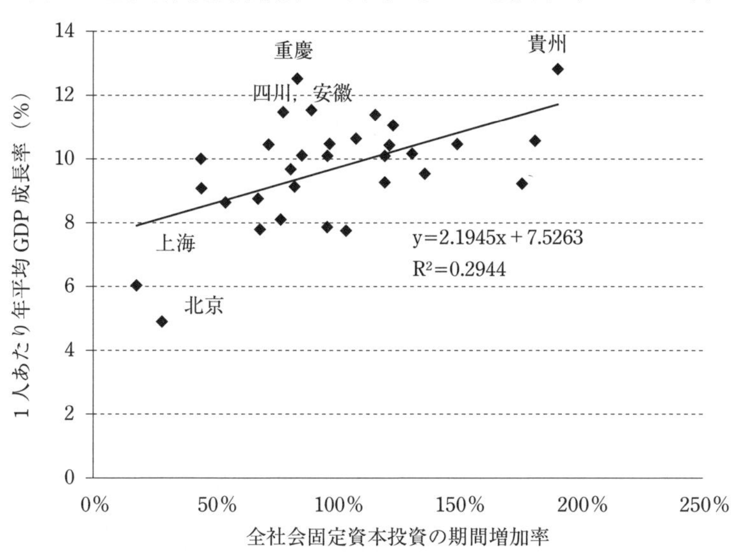

（出所）　中国統計年鑑より筆者作成。

の発展，あるいは貴州省の小康社会の達成は中国全体の全面的小康社会達成という目標の必要最小条件である。

貴州省の不利な点はその場所と地形だ。他地域と経済発展面で同じスタートラインに立つためには，企業や人を引きつけるための環境整備が必要だ。そのためには社会インフラへの投資は必須であり，新型都市化は大量投資を必要とする大型開発政策となる。すなわち，貴州省の都市化は「ビッグプッシュ型」開発といえるだろう。

貴州省のみならず内陸部の都市化は政府主導の大型投資によって牽引されるビッグプッシュ型都市化にならざるを得ない。なぜなら上記でも述べたように，①地理的に港湾等から遠く輸出入（移出入）に不利なため交通ネットワークへの投資が必要，②地形的に山地が多く平原がないところでは都市化のための土地整備が必要となるからである。この2点が「ビッグプッシュ型都市化」を引き起こす前提条件だといえよう。

3．貴州省の都市化政策

「ビッグプッシュ型都市化」が進められている貴州の都市化の内容を具体的にみてみよう。貴州省は初期条件である場所，地形を重視した「貴州省の特色ある山地の新型都市化」（貴州省城鎮体系規劃綱要（2011－2030））をめざしている。

貴州省は先ほども述べたように地理的な制約を受けているため，「二つの欠けた」（両欠）省といわれる。すなわち発展と開発が欠けているという状況である。山地形態であることから山間ごとに集落が存在し，そこに都市ができるという形だ。したがって各都市の都市化には差異が存在するとともに，大中小の都市，農村都市化の協調的発展が必要となっている。

国務院発展研究中心の龍（2013）によれば，貴州の都市化の特徴は3点に集約されるとする。ひとつ目は，「山地」であるということである。山地が多いという地理的属性および発展が遅れているという経済的な制約は，広い平野での発展モデルは不可能とならざるを得ない。したがって山や水という自然で区切られた「蒸籠の中の小籠包」のような都市化をイメージすることとなる。平野耕地が少ない中で低い丘陵を利用して，山の上の都市化，山の上の工業化を実行することとなる。

二つ目は，民族文化を生かすことである。貴州の民族文化を継承するとともに無形文化遺産を保護した都市農村規劃を編制する必要がある。民族建築を生かし都市農村住民の民族文化に対する認識を深めることである。

三つ目は，生態文化の強化である。内陸部の重要な生態系を抱える貴州としては，生態系を保護した規劃や土地利用を考える必要がある。歴史的文脈での文化を保護しつつ都市化建設においては都市の品格を育てつつ文化というソフト面でのイメージをもつ必要があろう。

まとめると，「山地の新型都市化」とは，山地という地理的特徴，少数民族という文化的特色，内陸がもつ自然環境，を生かす都市化だといえる。

図3-4　貴安新区と調査地

（出所）「中国地図大全　貴州省地図」(http://blog.livedoor.jp/chinamaps/archives/51577045.html) より筆者作成。

以上の特色をもった貴州は，具体的にどのような都市化の方向へと向かうべきであろうか。龍（2013），国家発展改革委員会の国土開発地区経済研究所（汪・魯・袁 2015）や貴州省の政府報告等を勘案すると，産業化を促進して都市化を促進することが中心だ（以産促城，以城興産，産城融合）。産業がなければ都市での就職は不可能であり，都市に人が集まることはない。第2次産業の発展と都市化は同時かつ相互に関係するものである。

貴州省としては，100の産業圏区（団地），100の示範（模範を示す）小城鎮（農村の小都市），100の都市総合体をおもな手段として，各都市のインフラを建設し，各都市の交通ネットワークを充実させて，都市の人口許容量を増加させるとともに，都市化の便益が周辺地域に波及していくことを期待している。

産業圏区は，産業誘致を行い雇用と生活の場としての産業・都市融合モデルとなるであろう。国家級の貴安新区はまさに産業・都市を融合したモデルになることが期待される。

示範小城鎮は，山間で各農村が孤立している中で，まさに農村を小さな町の中心地にしていく試みであるため，貴州省の特色ある都市化の形態であるといえよう。それに加えて，全面的小康を達成するためには，山間都市間，都市・農村間格差を解消するために小都市建設が必要だ（魏・呉・徐 2015）[(6)]。

第２節　貴州省の都市化の事例

１．調査対象地域

2015年11月16日から20日まで貴安新区および安順市（国家都市化政策の地級市の試点でもある）の都市化について現地調査を実施した[(7)]。本節では，貴州省で実施した現地調査ヒアリングの結果を中心に，新聞記事で情報を補強して事例を報告する（岡本・大塚・山口・山田 2015）。

まず，調査対象地域の概要からみてみたい。

⑴　貴安新区

貴安新区は，貴陽市の西側一部（清鎮市，花渓区）と安順市の東側（平ハ（垻）区，西秀区）２市４県（県級市，区）からつくられ，20の郷鎮が管轄区にある。面積は1795平方キロメートルで，人口は73万人となっている。

2012年に貴州省は貴安新区の設立を決め（貴安新区総体規劃方案），2014年２月に陝西省咸陽とともに国家級新区となった[(8)]。2014年６月に貴州省が提出した「貴安新区総体規劃（2013－2030）」では，2020年までに人口90万人，2030年には200万人程度の都市にすることをめざしている（以上，魯 2015，貴安新区 HP などより）。

⑵　安順市

安順市は貴州省中西部に位置し，省都である貴陽市に隣接しており，2000年に安順地区が地級市の安順市に昇格した。西秀区，平ハ（壩）区[9]，平普定県，鎮寧布依（プイ）族苗（ミャオ）族自治県・紫雲苗族布依族自治県・関嶺布依族苗族自治県を管轄下におく。面積は9267平方キロメートル，総人口は289万9800人（戸籍人口），常住人口は230万1000人，少数民族が占める割合は39％である。

市の西側に省級の安順経済技術開発区を有し，観光資源として黄果樹，龍宮等の風景名勝地がある（安順市 HP など）。

安順市は2015年の地級市レベルの都市化総合改革試点として選ばれている。貴陽の隣にあるにもかかわらず，GDP 規模（2014年）は省内9地域で最下位であり，1人当たり GDP（2014年）でも省内で6番目なので，政策的にテコ入れする地域としては適当だったのかもしれない。

2．貴安新区の都市化事例

2014年に貴陽市と安順市にまたがる貴安新区が国家級新区に指定され，新区の建設が急ピッチで行われている。また，ビッグデータ産業の育成に力を注いでおり，貴州省は2015年に中国初となる「全国国家ビッグデータ総合実験区」に指定され[10]，新設の貴安新区と省都の貴陽市にある国家ビッグデータ産業集積区を中心に関連産業の育成に取り組んでいる。また2015年2月には李克強首相，6月には習近平国家主席が視察に訪れ，中央政府からの期待も高まっている。

⑴　産業・都市融合型の社区——富貴安康社区

貴安新区は新設されたばかりであり，多くの地域が土埃の舞う造成地，あるいは農村のままである。その中で，富士康（フォックスコン－台湾鴻海集団，第6章を参照のこと）が工場を稼働させている。この富士康の労働者のためにつくられたのが馬場鎮の富貴安康社区である[11]。最初の産業圏区における産業，都市の融合をめざした社区でもある（『多彩貴州網』2015年3月23日付）。

富士康は2015年11月時点で第1期工事が終わり，7000人程度が雇用されている。2015年末までに第2期工事の完了で1万2000人，2016年中に3万人，最終的には10万人まで規模が拡大するという。

社区の外側には富士康の人事採用が行なわれている。最低賃金は月額1700元程度であるが，残業代を含めて2400から3000数百元ぐらいまでの給料になる。行列ができるほどではないが，絶え間なく人の出入りがみられた。

富貴安康社区は政府が提供する公共住宅（公住房）である。すでにA座区が完成しており，12棟の集合住宅が稼働している。2015年9月から入居がはじまっており，すでに3000人前後の人が入居を終了している。ほとんどが富士康の従業員で，大半が貴州省内の出身者だという。家族用住居は40-60平方メートルで4棟，夫婦用も4棟，残り4棟は6人一部屋の集団宿舎で単身の若者が入居している。部屋は富士康が統一的に分配している。

1カ月の家賃は400数十元程度である（管理費3.3元）。家賃，管理費ともに富士康がまとめて払っており，企業の福利厚生の一環になっている。現在のところ，入居者の流動性は低く，これまで転出していった入居者は全体の5%以下だという。

社区内に貴州省人民医院の分院が併設されており，従業員は医療保険カードをもつ。年間5000元まで無料で医療が受けられる。新区内の企業で労災が発生すれば，保険の適用は100%保障できるという。これらの公共サービスを受けるのに戸籍による区別はない。

現在，より大規模なB座，C座地区を建設中であり，両座を合わせると8万人の入居が可能だ。また，目下の入居者は若い従業員が多く，子どもがいても乳児だが，今後は子女教育の需要も見込まれるため，B，C座エリアに幼稚園，小学校も建設中である。2016年5月頃には高速道路も開通し，2016年6月には新しい浄水場が完成予定である，という。

(2)　失地農民再定住型の社区――星湖雲社区

新区の建設にあたって，農民の土地を接収し，全員を再定住させる（失地農民のための農家集中再定住地点）モデルとして作った社区がある。それが星湖雲社区である。社区はほとんど建設が終わっているが，すべての入居が終わっている様子ではなかった。『多彩貴州網』（2016年1月18日付）の報道によれば，現在27棟の団地が建設され，1264世帯4000人以上を受け入れる予定であるが，400世帯1500人程度が入居している。

農民全員を社区に移転させる方針は「一建，二転，三保，四優」であらわされている。

一建とは，農民の土地を接収し新しく社区を建設，農民を再定住させること。二転は農民戸籍を都市戸籍に転換すること，接収した農地を国有建設用地にして財産権を確保し，再定住した農民の財産権を確保すること。三保は社会保障，医療，教育を保障すること。四優は農民の生活を安定させるための四つの優遇政策である。ひとつは戸籍を転換した農民に住宅を供給するとともに住宅の不動産収入を認める，二つ目は給与性収入を確保するために，政府が無料で職業教育を行ない，選り好みしなければ必ず職につけるようにする，三つ目は経営性収入を確保するために，集団経済分，個人分の商業テナントの所有権を提供する，四つ目は財産運用収入を認め，政府・企業・金融機関が共同で金融商品を開発し，農民の現金保障分のお金を無駄遣いさせないようにする。そしてこの金融商品は当地の開発に再投資され新区開発，農民収入確保の二つの方法を兼ねる。商業テナント所有権からの利益は，居住年数などに関係なくもとの集団経済構成員で人口に応じて分配される。失地農民の再定住にあたってはかなり優遇されているといってよいだろう。

社区の特徴はクラウドサービスである（中国ではクラウドサービスを「雲端」と呼び，そのため社区の名前に「雲」という字を用いている）。クラウド政務，クラウド教育，クラウド就業，クラウド家居という形で，公共サービスをインターネットで提供し，各家庭はスマートフォンなどのディバイスから各サービスを受けられるようになっている。

この社区建設で農民の平均収入はここ数年で4000元から１万元以上となった。もともと荒山だったところを整地して建設した。山間部の都市化では，インフラへの投入資金は平地よりも高くなる。そのため，政府の投入も大きくならざるを得ない。そこで金融商品による資金が生かされる。金融商品によって庶民から預かった資金が地元の発展のために使われることで，リスクも低くなるという。

これらの社区は「就地城鎮化（就業と住居地が一体化した都市化）」をめざし，地元で就業できるような都市化をテーマとしている(12)。この社区では農民が土地を失っているために，就業訓練が鍵を握る。就業訓練は３つから成り立っている。ひとつ目は電子商取引訓練であり，産業労働者，創業人材に育てる，二つ目は不動産管理業務であり，おもに社区運営の安全，清掃業務などを担当できるようにする，三つ目は60歳以上の農民には失地保険を毎年支給する，としている（『多彩貴州網』2016年１月18日付）

貴安新区は４つの郷鎮86の村を抱えており，14万5000人の人口がいる(13)。現在17が貧困村であり，貧困人口は7485人だ。今後新区ではこのような農民再定住型社区を12カ所建設する予定であり，この星湖雲社区がそのモデルになることを期待されている。

３．小城鎮化（農村都市化）の事例

貴州省では地形的制約から各農村の都市化，いわゆる小城鎮化(14)（小都市の推進）が都市化の大きなテーマになっている。実際に100か所の示範的小城鎮の建設が目標とされている（龍 2013)。また小城鎮化は農村の底上げでもあり，全面的小康建設に欠かせないものでもある。

ここでは二つのモデル村の事例を確認してみよう。

⑴　西秀区旧州鎮浪塘村

浪塘村は安順市中心部から30キロメートルほどのところにある。小康寨

（寨は村の意味）行動計画省級重点示範区（モデル地域）[15]である。10の自然村（村民小組）から構成され，700世帯3000人程度の人口をもつ[16]。漢，苗（ミャオ）族，布依（プイ）族が入り交じり，少数民族が68％を占める。農家集落の外観を政府が資金投入して改造した観光村である。村の観光開発は2013年から「四在農村，美麗郷村」（四方の農村，美しい郷村）のキャッチフレーズによる建設が始まっており，2500万元の金額が投資された。生態環境の修復，村庄建設，産業調整等を実施し，都市住民の休閑地，山水情緒を堪能できるような旅行地域となっている。主要産業として観光業に力を入れているが，大きな観光資源をもっているわけではなく，山水という農村風景を生かした農村観光が主体だ。農家宿は1泊標準間60～80元ほどである。

観光経済化にともない，市での職業訓練を通じて農民からサービス産業（「農家楽」といわれる農家による民宿業）就業者への転換を図っている。現在村民の3分の1が農業，3分の2が観光業に就いているという。当地の農業はハスなど野菜を植えている。集団経済（旅行協会）は駐車場，農家園の経営を行なうとともに，土地の転用費などがおもな収入となっている。

以前は，沿海部へ出稼ぎに行く若者が多く，最盛期は村全体の3分の1ほどにもなった。とはいえ，2014年末ぐらいから，村の開発が進んでいるのをみて，チャンスがあると感じた村民が戻りつつあり，また村民の出稼ぎも減少したという[17]。

観光農村化により，村経済の収入は増加したという。1人当たり平均収入は昨年8000元，2015年には1万3000元ほどになった。

⑵　西秀区龍宮鎮桃子村

桃子村は，安順市から27キロメートル，国家5A級の観光地・龍宮から2キロメートル程度のところにある，面積4000ムー，440世帯1778人の村である。名前のとおり，桃を生育している村である。龍宮を生かした観光農村をめざしている。

2014年4月より青島による対口支援[18]，政府出資によって5450万元が投資され，観光業（農業・旅行業総合型）に転換してきた。25の農家旅館をもち，10の農家旅館は青島の対口支援で240万元が投じられ，スターレベル（星級）の旅館となった。昨年１人当たり GDP が１万146元に到達した。

農家旅館すべてに Wi-Fi が設置されている。１週間連泊の場合１泊80元，１泊のみだと120元ほどである。都市部から旅行にきて滞在するには十分な安さである。

農家旅館，農家楽などを発展させるとととともに名前の由来通り桃の生産を行っていた。現在桃の木を全部切り倒し，新しい品種に植え替え，６～８月の間は桃の花できれいにみえるようにしたいと考えている，という。

人工湿地（無動力）で生活汚水（し尿含む）を処理している。１日処理量100トン規模だが観光客が増えて処理能力が不足しており，環境保護行政部門に拡張計画を依頼，調整中だという。

出稼ぎ者は2005年から2010年までは50～60人程度と多かったが，現在は全員戻っている。周辺の12の村のうち，この村だけが留守児童がいない。歴史的にもこの村だけは出稼ぎが少ないという。

若者の進学は中卒後，職業高校（中専）への進学がほとんどである。安順の職業学校は1992年に財務会計，農業，衛生の３つの専門学校が合併し，職業高校と職業専科の大学（大専）課程をもつ職業学院になっている。ここを卒業した若者は，安順市内の仕事に就けている。中専卒業で就職する者が多く，大専進学者は少ない。

第３節　評価

１．内陸開発論との相似性

貴州の「ビッグプッシュ型都市化」を検討するにあたっては，中国で展開されてきた内陸開発論（久保 1993）との関係を避けて通ることはできない。

というのも貴州省が近年全国でもトップクラスの経済成長を実現し，2014年初めて甘粛省を抜いて最下位を脱出することができたのは大量の投資が背景にあるからだ。前節の富貴安康社区の事例でもみられたように急ピッチで住居や学校等が大量に建設されている。2020年の「全面的な小康社会の達成」に向けて，貴州のてこ入れは中央政府にとって必要かつ重要なテーマである。

中国の内陸開発は歴史が長い。沿海部が発展する一方で，内戦期，日中戦争期，新中国の建設の中で常に，原料立地と戦時への備えを考慮した内陸開発が議論されてきたし（久保 1993），近年では全国の均整のとれた地域発展をめざして，2000年から西部大開発がはじまっている（大西 2001）。

第１次五カ年計画（1952－1957年）の草案では工業を「全国各地への適切な配置，原料産地と消費地への近接，国防面での考慮」が入っているし（久保 1993），また地域経済のバランスのとれた発展のために西部大開発を行うことは，第10次五カ年計画（2001－2005年）の重要な戦略のひとつであった。1980年代，1990年代に内陸開発が重点的に語られることはなかったものの，内陸開発は中国の地域政策の基本であった（岡本 2012）。

過去の内陸開発論の問題点は，①軍事的な観点が主であり，経済的効率は従であったこと，②「飛び地」問題，すなわち地域の既存産業との連関効果がないこと，③中央対地方の問題，つまり内陸開発には「中央政府中心の構想と地域の側の構想という二つの要素が複雑に絡み」あう（久保 1993，207）という点が指摘される。

具体的には，内陸地域に軍事工場が建設されたとしても，地域選択にあたっては経済的効率性（生産や輸送など）よりも軍事的配慮が優先された。となると，当然その地域の既存産業に影響を与えるわけでもなく，またその既存産業を生かすわけでもない結果となる。また，既存の工業と衝突するような新工場が建設されることもあり，交通ネットワークの悪さによる製品の滞貨，生産設備の遊休化なども発生したようだ（久保 1993）。その上内陸開発に邁進する「一部幹部の盲目的な積極性」もあったようで，経済的効率はおざなりになってしまった。

内陸開発論が指摘する問題は，①の軍事的な観点を地域格差の解消という観点に置き換えれば，あとはすべて現在の西部大開発にもあてはまり，そしてこの内陸開発論は，現在の貴州の「ビッグプッシュ型新型都市化」にもあてはまる。すなわち，

① 内陸開発として新型都市化の実行という観点が中心になり，経済的効率性が見落とされやすいこと。

② 「飛び地」問題，都市問題でいうゴーストタウン化の可能性があること。

③ 中央政府がグランドデザインを掲げ，地方政府が現地の状況に沿った形で実行すること（これを「因地制宜」という[19]）。

の3点である。新型都市化の焦点は「人の都市化」であり，農民が都市住民として生活して，都市を生産・消費の集積地として機能させていくことであるが，現実の都市化の推進はこれまでの内陸開発戦略の焼き直しでもある。

つまり，新区を設置してもその地域の選択は政治的な決定である。自然発生的に人や企業が集積を始めたところを支援しているわけではなく，富貴安康社区のように新しく街づくりを行う側面がある。その結果，企業を誘致しても地域あるいは農村にある既存の産業との有機的な連関があるわけではない[20]。そして，幹部の業績評価システムにおけるGDP成長率盲信によって「盲目的な積極性」が引き出されている（Trappel 2016）。

反対に，西部大開発を含めてであるが，これまでの内陸開発論とちがうところは，中国は市場経済を採用していること，そして他地域との交通インフラの充実にも力をいれているところだろう。貴安新区富貴安康社区に富士康が進出してきたのは，政府の誘致攻勢はあったろうが（第6章参照），それでも最終的には経営陣の判断である。利益が生まれる可能性がなければ進出はないだろうから，この意味では工場の建設が経済的非効率である可能性は少なくなる。

そして現在の「ビッグプッシュ型都市化」で重要な交通インフラが充実しつつある点が過去の内陸開発とはちがう。都市間高速道路の建設，村間の道

路建設，高速鉄道の整備も急ピッチで進んでいる。交通ネットワークの充実は，市場の拡大，地域間資源の効率的な配分につながる可能性をもつ。地域間競争によって一部地域の過疎化，一部都市への集中は発生するが，それでも都市化にとっては資源配分という観点ではいい効果が期待される。

2．「上から」の都市化

貴州省の「ビッグプッシュ型都市化」政策の特徴は，内陸部に位置し地形・自然環境が発展に不利であるため，政府介入による「上から」の都市化である[21]。「上から」の都市化とは，政府の投資が現地の住民に関係なく「上から」降ってきて，道路整備，上下水道設備，学校，病院などの建設が行われて都市化が進むことを意味する。

典型的な例は，何もないところに町を建設することだ。日本でも1960，70年代にニュータウン建設が進んだが，中国でも新区はニュータウンづくりであることが多い。第2節では事例として，産業を誘致して働く人々の居住区域をつくる産業・都市融合型の社区（富貴安康社区）と失地農民安置型の社区（星湖雲社区）の事例をみた。

新しい町をつくるケースでは，常に都市として根づき成長するか，裏返せばゴーストタウン化しないかという問題がある。

一般に職，住，娯楽のすべてが提供されている場所は町として機能しやすいようだ。たとえば，日本のニュータウンも住宅だけの町では世代が変わると町として先細りになるケースが多い。千葉ニュータウンでは土地の収用に時間がかかり開発が長期にわたって長引いたが，その先細りになったニュータウンづくりを反省して，娯楽も含めた企業誘致を盛んに進め，職住の提供ができる街づくりに取り組んでいる[22]。この意味では，産業城下町になると産業が不景気になれば，町としても先細りになる可能性は捨てきれない。ただ，それでも産業・都市融合型の社区は雇用があるという点でうまくいく可能性はあるといえよう。

問題は，失地農民再定住型の町だ。第2節でみた星湖雲社区は寛大な政策（「一建，二転，三保，四優」）によって現時点では再定住化が進んでいるようにみえるが，貴州のダム建設による失地農民の移転では，①三つの不足，②ゴーストタウン化の危険性，③制度の問題，が指摘されている（Wang 2014）。ひとつめの問題は，住民の教育・職業スキルが不足しているために，就職が困難であること，地形の制約から土地が不足しているために補償も含めた街づくりに適切な場所が不足していること，そして財政不足から政府補償にも限界があること，の三つの不足である。二つめの問題は産業，企業が存在して雇用を提供できるのかという問題である。雇用場所がなければオフィス，住居の空家率が高くなりやすく，ゴーストタウン化の可能性がぬぐいきれない。最後に三つめの問題は，戸籍統一が難しく，遅々として進まないという点である。農民は農民としての待遇が保障されないと戸籍転換に応じる気はないという。

現在，新区の建設という降って湧いたような好景気によって，貴州では都市化が進められている。とくに貴安新区は新しく国家級となり，全国の他の新区に比べて大量の国家資本が投入されるとともに，土地の造成，産業誘致，まちづくり，必要な公共設備（上下水道，電気，ガス等）や交通手段（道路，鉄道など）の建設が急ピッチで進められている。

農村でも同じ状況にある。「美麗郷村」というキャッチフレーズで多くの農村が改造されている。これも桃子村の事例のように国家や省，他省からの対口支援など大量の投資がなされており，これによって農村の景気がよくなっているという点は否めない。

つまり現在の貴州省の「ビッグプッシュ型都市化」は投資主導型の「都市建設」であり，本来の目的である農村住民の都市住民化，サービス産業化はまだまだ進んでいないのが現状である。

このような点を考えると，実際には自律的な都市化の進展，すなわち産業の発展，雇用の増加，人口の流入，産業の増加という累積的な因果関係が働くかどうかはなんともいえないだろう。

３．「コピー」農村

農村の都市化も貴州省では重要なテーマだ。田原（2015）は都市化の中国政府のアプローチを，一極集中（大中都市への集中），多極分散（胡錦涛時代の新農村建設），多極集中に分けて整理し，多極集中こそが第18回党大会の都市・農村発展の一体化の核心と考えている。多極集中とは，中国全土にある県城および小城鎮（鎮政府所在地）への公共資源の投入を指している。

貴州省では山あいに各農村（郷，鎮）が点在しており，各農村がそれぞれの特徴を生かした農村都市化を行っている。前節でもみたように浪塘村や桃子村では，大量投資が行われ，「ビッグプッシュ型都市化」が進められている。

各農村は，もてる資源を利用し，独自色を打ち出して，省級，市級のモデル村に選ばれるようプロジェクトを提案していき，省や市からの補助金を勝ち取る。しかし農村に産業がない現実では，少数民族などの文化（ソフト），景観や地形（ハード）を利用した観光農村が手っ取り早い。凱里県ではミャオ族文化をひとつの観光資源として活用しようとしているし（Kendall 2015）[23]，第３節でみたように桃子村のように国家級の観光名勝地を利用するケースがある。

貴州の農村は独自色を打ち出すために少数民族文化と観光資源に頼りがちである。一方でケンダル（Kendall 2015）も指摘するように，他の都市と同じような利便性を求めると同じような町づくりになってしまうため，独自の発展方向性を考えることが難しい。少数民族と国家級観光資源だけで都心からの「休閑」目的での観光客誘致には限界があろう。観光地で何か新しい付加価値を生み出し続けないかぎり，農村のノスタルジアや自然風景の偉大さをアピールしても，一過性の訪問に終わってしまい，観光を支えるリピーターが生まれるとは思えない。

結局，村を中心とする小城鎮化は，「コピー農村」の増加である。「コピー農村」とは，筆者の造語であり，各農村の特徴が画一化されたものであることを意味する。日本語的には「金太郎アメ」農村ともいえるだろう。

一方で，コピー農村は，どのように独自の特徴をもった農村振興を行うべきかという問題に帰着する。ここで検討すべきは日本で始まった「一村一品運動」（One Village One Product Movement）である。成功した一村一品運動を検討したシューマン（Schumann 2016）によると，一村一品運動の原則は，①ローカルのものでありながらもグローバルな製品・サービス，②自助努力と創造性，③人的資源の開発，であるという。とくに成功にあたっては，その地域の人的資源であるリーダーシップを発揮する個人がそのコミュニティの開発，発展に貢献するという。ある意味農村でのアントレプレナーシップを発揮する人材を育てられるかどうかが鍵のようだ。

4．沿海部の都市化との相違性

貴州省の事例を通じて，沿海部との比較から「ビッグプッシュ型都市化」をもう少し鮮明にしていきたい。

内陸部が大量の投資を必要とするのは，沿海部より不利なアクセスを改善しなければならないこと，残された自然環境を保護しつつ都市化に必要な土地整備をしなければならないためだ。これが内陸部をして，とくに貴州省で観察される「ビッグプッシュ型都市化」にならざるを得ない大きな前提条件である。第2節でもみたように，貴州の都市化は地形を考慮しつつ，自然環境保護にも配慮した開発を行わなければならない。沿海部ではもともと人口過多なところから保護すべき自然環境は少なかった。一方で，内陸部は人の手があまりつけられていない自然環境が残っている。これは観光資源としても活用できるために，沿海部のような乱開発を進めることはできない。そして経済環境においてもアクセスの悪さが発展のボトルネックであった。山間に町が分散する貴州省でも高速道路，国道の整備が盛んである。しかもこの交通網の建設には平野部にはないコストがかかりやすい。

表3-3　都市化の違い

	内陸部	沿海部
自然条件	自然環境と両立した投資のため高コスト	良好のため低い建設コスト
人口	人を惹きつける新しい都市づくり，少数民族文化を活用した都市づくり	増え続ける人口に対応するためのインフラ整備
経済環境	国際・国内市場へのアクセスを改善するための投資。	歴史的に存在する港湾等の利用。

（出所）筆者作成。

また沿海部と違って内陸部は人口流入のない地域である。そこで都市化を行うというのは，新たな街づくりになりやすい。新規の都市化となれば人を惹きつけるためには何かしらの歴史，文化遺産を活用することとなる。貴州省の都市化政策にあるように少数民族文化の保護・発展は重要な考慮要因であり，それがまた農村等でコピー農村を生む結果ともなっている。

沿海部は沿海部の問題がある。それは流入が続く農民工，増える人口というこれまでどの国も経験してきた都市化の問題に対応するという点だ。人口移動によって生じる問題とは，住居，交通ネットワーク，上下水道，電気等の都市インフラの不足である。実際，沿海部や各省の省都では，保障性住宅，新しい地下鉄の建設，都市インフラの建設が進められている。しかし，第2章でもみたように新型都市化の中心テーマである「人の都市化」は進んでいない。

いずれにせよ，内陸部はその自然的条件の制約から，大量の投資を必要とする「ビッグプッシュ型都市化」になりやすいといえよう。

おわりに

本章では，2015年11月に実施した貴州省の都市化の現地調査結果を事例とし，内陸部の都市化の状況をあきらかにした。

中国国内でもっとも発展の遅れている貴州省の課題は，その位置と地形にある。山地で平野がなく，カルスト地形という特殊な環境要因は，農業の発展を妨げ，それとともに工業化の源泉を農業部門に求めることができなかった。地理的位置も内陸部にあるというところから，外国資本の進出に期待することもできなかった。このような特殊な自然環境のため貴州省の工業化，それにともなう都市化が進展することは難しかった。

このような貴州省でもここ数年で大量の資本投下が行なわれ，急速な経済発展を実現してきた。この急速な経済発展をもたらしてきた貴州省の「ビッグプッシュ型都市化」の特徴は，①山地という不利な条件を生かすこと，②少数民族や独自の歴史文化（漢族の進出によってつくられた要塞式の村，寨と呼ばれる）を生かすこと，③脆弱なカルスト地形など生態環境を保護すること，の三つである。②と③は西部地域ではよくいわれることであるが，貴州省の特筆すべき点は地形にそった都市化が試行錯誤されている点であろう。

そのような都市化の事例として，国家級新区となった貴安新区，国家都市化計画の試点である安順市をとりあげた。貴安新区では比較的低い丘陵が造成され，企業誘致がはじまっていた。土地造成のために農村の全面移転が必要であるが，移転先の新たな社区では政府は農民に新たな不動産を気前よく分配している。一方，すでに企業が進出している地域では，戸籍に関係のない産業と都市の融合をめざした新たな社区が建設されていた。安順市の孤立している農村では，自然環境を生かした観光農村化の転換を図り，自然と農村が融合するような形の農村づくりが進められていた。

貴州省の都市化をどのように評価することが可能だろうか。現時点では，国，省が大量に資金を投入する「ビッグプッシュ型都市化」は「上から」の都市化であり，多極的な「コピー」農村をつくりだしているだけのようにもみえる。ただし，この結論は，スタートしたばかりの貴州の都市化の現時点での判断であり，同時に内陸部の限られた情報に基づいた着想を提示しているのみである。本仮説は今後の実証研究を待たなければならない。

内陸部はそもそも人や企業の集積のきっかけをつくるための街づくりが主

体になるので，政府が主役になるのは仕方がない（第6章)。ただ政府にすべての情報があるわけではないので，その都市に何が必要かどうかわからないまま投資を進めていき，無駄な投資になる可能性も捨てきれない。

いずれにせよ，貴州省の場合は，総論で述べられたような「制度」が空間的な一部地域への集中を妨げていたとは言い難く，そもそも地理的，地形的な経済発展の初期条件が不利なために，自律的な都市化は起こりにくいという状況であった。したがって貴州省で「新型都市化」という名目で実施されている大量投資が，自律的・持続可能な都市化を生み出せるかどうかは疑問である。造成された新区に企業はこれから進出してくるのだろうか，移転した農民たちは新しい社区で仕事を得られるのだろうか，観光農村化したところは他の農村と過当競争にならないか，など不安要素が多くある。

しかし，積極的な投資によって貴州省がここ数年で大きく経済成長してきたのは事実である。全面的小康への到達を目標とする以上，貧困層の多い貴州省の底上げは中央政府にとっても大きな課題だ。このような大量投資を中心とする「ビッグプッシュ型都市化」政策が功を奏するかどうか，あるいはこのような政府介入が新たな「政府の失敗」を生み出しはしないのか，今後も注意深く観察する必要があろう。

〔注〕

(1)　中国政府網（http://www.gov.cn/xinwen/2015-12/06/content_5020424.htm, 2015年12月9日アクセス)。

(2)　安順市の龍宮（国家AAAAA級観光地）はまさにカルスト地形でできた鍾乳洞を活用している観光地である。

(3)　沿海部では人口密度が上がると1人当たりの所得も上昇するが，内陸部の場合は1人当たりの所得が下がるという。

(4)　ちなみに岡本（2008）は1996年から2005年までの間，収束は見られなかったことを示している。

(5)　小康社会とは生活にややゆとりのある状態の社会を意味し，「全面的な小康社会の達成」は2015年の党五中全会で習近平によって提起され，第13次五カ年計画（2016－2020）期間で達成をめざすとしている。

(6)　魏・呉・徐（2015）は農民の都市住民化，都市の受け入れ能力の拡大とともに小都市化を2番目としてあげている。

(7) 本節における貴安新区の富貴安康社区，星湖雲社区については11月17日に貴安新区弁公室柴洪輝副主任の案内によって現地担当者から1カ所につき1時間程度のヒアリングを行った。また，西秀区の浪塘村，桃子村については安順市発展改革委員会馮朝生主任，黄恒敏副主任の案内によって村書記より同じく1カ所1時間程度のヒアリングを行った。

(8) 1992年の上海浦東新区の設立以降，2016年6月の江西贛江新区まで，2017年1月現在で18ヵ所の国家級新区が設立されている。

(9) これら二つの県級区はすでに貴安新区の行政範囲に入っているが，現在も安順市のHPに含まれており，したがって人口も過大評価されている可能性がある。そもそも貴安新区を訪問した時も管理委員会政府の建物はまだプレハブ状態であり，行政機構の引き継ぎもまだ途中である可能性がある。

(10) 現地のヒアリングでは，そもそも貴州省でビッグデータ産業の試点になったのは，地震がない，気温が一定，水が豊富という点があるからだという。

(11) 政府による積極的な誘致については第6章を参照のこと。

(12) ただし就業都市化は，貴州の特徴というわけではない。多くの農民が大都市に流入しないようにするための中小都市発展方針の一形態である。

(13) 貴安新区全体では73万人の人口であるが，ここでは開発対象の4郷鎮の人口である。

(14) 中国では都市化のことを「城鎮化」と呼ぶが，この概念は一般的な都市化と農村人口集積地域（鎮）の都市化も含まれている。

(15) 2015年度省級「四在農家・美麗郷村」新農村建設小康寨示範点のリストはこちら（http://www.qagri.gov.cn/Html/2015_05_21/2_52727_2015_05_21_118943.html）。

(16) 『人民網』の報道では，308世帯，人口1461人となっている。

(17) ただし『人民網』2015年9月10日の報道によると，「浪塘村には新寨と旧寨の二つがあり，全村で231世帯，人口1025人，その中で漢族は12人のみで，典型的なプイ族の居住村である。全村の現在労働力は603人，男性312人，女性291人，出稼ぎに行っている労働力は268人」という記述がある。

(18) 地方政府あるいは地方自治体による一対一の政策支援のこと。

(19) トラペル（Trappel 2016）は，各地での政策展開がすべて「因地制宜」（各地の条件に合わせる）という名の下で，県や郷鎮幹部が「政治的業績」を獲得するために，成長が目に見える投資プロジェクトに走りやすいと指摘する。

(20) 小島（1996）は三戦建設時の貴陽市が「飛び地」になった事例を紹介している。当時貴陽市の軍事工場は町外れに建設され，日常の生活と生産活動は工場地域で行えたが，休みの日には多くの従業員がその工場地域を離れて町に繰り出したようだ。

(21) Ong (2014) は「国家主導型都市化」(State-Led Urbanization) と呼んでおり，土地財政への誘惑が地元政府の強力な農村再開発となり，移転後の失地農民や貧困化する農民を分析している。

(22) 2015年8月26日千葉県企業庁ニュータウン整備課でのインタビュー。千葉ニュータウン駅から以東では物流企業をはじめとして企業進出が続いているという。

(23) 凱里県では，県城では漢族が多いにもかかわらず，単純にミャオ族文化に依存した都市化を行っている事例が報告されている。

〔参考文献〕

＜中国語文献＞

王国勇・劉洋 2010.「貴州城鎮化発展分析報告」『貴州民族学院学報（哲学社会科学版）』2010年第6期（総第124期），135-139.

龍海波 2013.「多山地区新型城鎮化道路的探索与思考」『中国発展観察』2013年2期，11-14.

魏媛・呉長勇・徐筑燕 2015.「貴州山地特色新型城鎮化可持続発展研究」『改革与戦略』2015年第5期第31期（総第261期），133-137.

汪陽紅・魯偉・袁朱 2015.「貴州省“十三五”山地特色新型城鎮化発展思路」『中国経貿導刊』2015年25期，68-71.

魯向虎　2015.「西部国家級新区管理体制之比較」『城市管理』.（http://www.cre.org.cn/uploadfile/2015/1029/20151029093921423.pdf，2016/1/27 アクセス）.

「中共貴州省委関于制定貴州省国民経済和社会発展第十三個五年規劃的建議」2015年11月26日（http://www.gzgov.gov.cn/xwzx/jrgz/201511/t20151126_354551.html，2015年12月19日アクセス）.

『多彩貴州網』2015.「貴安新区成立首個服務企業型城市社区服務中心」3月23日.（http://news.gog.cn/system/2015/03/23/014197059.shtml，2016年2月3日アクセス）.

『多彩貴州網』2016.「星湖雲社区：技能培訓譲失地農民転型」1月18日.（http://news.gog.cn/system/2016/01/18/014725781.shtml，2016年2月3日アクセス）.

『人民網』2015.「【貴州美麗郷村】安順市西秀区浪塘村（084）」9月10日.（http://gz.people.com.cn/n/2015/0910/c222177-26322084.html，2016年2月13日 アクセス）.

『人民網』2015.「【貴州美麗郷村】龍宮桃子村（077）」9月10日 .（http://gz.people.

com.cn/n/2015/0910/c222177-26321834.html，2016年２月３日アクセス .）

＜日本語文献＞

大西康雄 2001.『中国の西部大開発 ― 内陸発展戦略の行方 ― 』（トピックリポート No.42）日本貿易振興機構アジア経済研究所.

岡本信広 2008.「西南地域の発展可能性」岡本信広編『中国西南地域の開発戦略』（アジ研選書 No.10）日本貿易振興機構アジア経済研究所.

岡本信広 2012.『中国の地域経済 ― 空間構造と相互依存 ― 』日本評論社.

岡本信広，大塚健司，山口真美，山田七絵 2015.「貴州現調メモ（2015年11月16日～20日）」内部用資料.

久保亨 1993.「内陸開発論の系譜」丸山伸郎編『長江流域の経済発展 ― 中国の市場経済化と地域開発 ― 』（アジアの経済圏シリーズ No.3）アジア経済研究所.

小島麗逸 1996.「中国の都市政策史と公共財建設」小島麗逸・幡谷則子編『発展途上国の都市政策と社会資本建設』（研究双書 No.459） アジア経済研究所.

竹歳一紀・藤田香 2011.『貧困・環境と持続可能な発展 ― 中国貴州省の社会経済学的研究 ― 』晃洋書房.

田原史起 2015.「中国の都市化政策と県域社会 ― 『多極集中』への道程 ― 」『ODYSSEUS』〔東京大学大学院総合文化研究科地域文化研究専攻紀要〕(19) 29-48.

錦見浩司 2000.「経済発展における地理要因」大野幸一・錦見浩司編『開発戦略の再検討 ― 課題と展望 ― 』（研究双書 No.507）日本貿易振興機構アジア経済研究所.

＜英語文献＞

Gallup, John L., Sachs, Jeffrey D., and Mellinger, Andrew D. 1999. "Geography and Economic Development." *International Regional Science Review* 22(2): 179-232.

Kendall, Paul. 2015. "Between big city and authentic village." *City* 19(5) October: 665-680.

Ong, Lynette H. 2014. "State-Led Urbanization in China: Skyscrapers, Land Revenue and "Concentrated Villages." *The China Quarterly* (217) March: 162-179.

Schumann, Fred. 2016. "One Village One Product (OVOP) Strategy and Workforce Development: Lessons for Small Islands and Rural Communities." *Pacific Asia Inquiry* 7(1): 89-105.

Trappel, René. 2016. "In Accordance with Local Conditions: Policy Design and Implementation of Agrarian Change Policies in Rural China." *Journal of Current Chinese Affairs* 45(1): 141-168.

Wang, Hibao. 2014. "Research on Problems and Countermeasures for Urbanization of Reservoir Resettlement in Guizhou Province." In *International Conference on Management and Engineering (CME 2014)*, edited by Alex Kong, Shanghai: DEStech Publications, 26-32.

Xu, Fang., Mo, Fujian and Chen, Yuanyuan. 2016. "A Socially Responsible Design to Rebuild Cultural Self-Confidence: A Case Study on the Design of a Village Revitalization Project." *Journal of Design, Business & Society* 2(2) October: 127-145.

Yu, Huirong, Verburg, Peter, Liu, Liming and Eitelberg, David. 2016. "Spatial Analysis of Cultural Heritage Landscapes in Rural China: Land Use Change and Its Risks for Conservation." *Environmental Management* 57(6) June: 1304-1318.

Zhang, Zhuping, Wu, Zongjian, Yuan, Zhongyong and Sun, Wen. 2015. "The New Changes in Rural Labor Transfer Mode under New Urbanization: Based on the Survey of 10 Villages in Guizhou Province." *Asian Agricultural Research* 7(7): 95-100.

第4章

工業都市のリスク・ガバナンス

――天津市濱海新区の事故から――

大塚　健司

はじめに

2014年3月に国務院が発表した「国家新型城鎮化規劃（2014－2020年）」において，「都市の持続可能な発展能力の向上」が中国における都市化促進策の大きな柱のひとつとして位置づけられた（本書総論参照）。すなわち，「都市の発展方式の転換を加速し，都市空間構造を最適化し，都市経済，インフラ，公共サービスおよび資源環境の対人口キャパシティを増強し，『都市病』への有効な予防・対処を行い，バランスがとれ，住みやすい，特色豊かで活力あふれる現代都市を建設する」（第五篇）として，次の施策を講じることとされている。第1に，都市産業構造の最適化，都市のイノベーション能力の増強，良好な就業・起業環境の醸成により，都市の産業・就業へのサポートを強化することである（第十四章）。第2に，中心都市機能の向上と改良，新都市・新区の建設の厳格な規範化，都市農村結節部の環境改善を通して，都市の空間構造と管理のあり方を最適化することである（第十五章）。第3に，都市公共交通の発展を優先させ，市政公用施設の建設を強化し，公共サービス体系を完備することにより，都市の基本的な公共サービス条件を向上させることである（第十六章）。第4に，計画理念を刷新し，計画手続きを完備し，計画管理・規制を強化し，建築の質を厳格に管理することによって，都市計画建設水準を向上させることである（第十七章）。第5に，グリーン・シティ[1]の建設を加速し，インテリジェンス・シティの建設を促進し，歴史・文化の薫る「人文都市」の建設を重視するなど，新型都市建設を推進することである（第十八章）。最後に，都市ガバナンスの構造を完成させ，コミュニティ（社区）自治とサービス機能を強化し，社会治安総合対策を刷新し，防災・減災・災害救助体制を健全化することを通して，都市の社会ガバナンスの強化と刷新を図ることが挙げられている（第十九章）。

このように，中国が進めようとしている新型都市化政策を「持続可能な発展」という観点からみると，経済，インフラ，公共サービス，自然・歴史環境，防災・減災といった都市の開発と保全にかかわる幅広い課題が網羅されていること，そしてそれら課題への対処能力を産業，人口，空間，ガバナンスといった多様な側面から強化することを意図していることがうかがえる。このことは逆に，中国の都市がこれら側面において「持続不可能な」発展につながる多くの問題を抱えていることを示唆している。

たとえば2015年8月12日に天津港で発生した危険化学物質倉庫の爆発事故を，中国の都市発展に関する多くの矛盾をあぶりだした事件のひとつとして挙げることができる。2016年2月5日に公表された国務院の事故調査報告書によると，事故発生当日深夜に，天津市濱海新区天津港に設置されていた瑞海国際物流有限公司（以下，瑞海公司）の倉庫から出火し，大量に保管されていた危険化学物質に引火して大規模な爆発事故が発生した。これにより，周辺住民，企業従業員，さらには消防・救援にあたった消防隊員らも含めて165人が死亡，8人が行方不明，798人が負傷するとともに，マンション，オフィスビル，倉庫等を含むあわせて304棟の建物，出荷準備されていた1万2428台の乗用車および7533個の貨物が被害を受けた。爆発事故の中心地域では，直径97メートル，深さ2.7メートルにおよぶ巨大クレーターのような穴ができていることが衛星写真から確認された。この事故は調査報告によって「特別かつ重大な安全生産にかかわる過失事故」と認定された（国務院事故調査組2016）[2]。

事故の発生現場となった天津市濱海新区は，中国四大直轄市の中で上海市浦東新区と並んで1990年代から開発が進められ，2009年には深圳経済特区，上海浦東新区に次いで「国家級新区」となった地域である[(3)]。また同区は，全国で60地域が指定されている「危険化学品安全生産重点県（市・区）」のひとつとして危険化学物質を扱う産業活動の安全確保のための普及啓発や検査活動などが国と市によって重点的に展開されていたところであった[(4)]。その矢先に起きた大規模な爆発事故は，危険化学物質産業の安全管理のあり方はもちろんのこと，関連産業の立地や運営，さらには都市開発のあり方に至るまで多くの教訓や課題をつきつけている。そして天津市はこの事故の教訓をいかすべく，「安全天津」というスローガンを掲げて新たな都市建設に取り組みはじめたところである。

本章では，この天津港での爆発事故を教訓として，産業事故リスクに向き合い始めた天津市濱海新区の事例から，中国の重化学工業都市における開発の問題点と産業事故リスクへの対応の課題を明らかにすることを目的としている。以下ではまず，第１節にて中国都市が抱える産業事故リスクについて，おもに安全リスク管理に関する国の検査活動を通して明らかにされた状況と課題を述べる。つぎに，第２節にて国家級新区である天津市濱海新区の都市開発の過程について，おもに重化学工業開発と住宅開発の観点から解き明かす。そして，第３節にて2015年８月12日に天津港で発生した爆発事故および政府の対応の経緯について，国務院事故調査組による事故調査報告書を中心にしながら，適宜関連報道も参照して整理したうえで，続いて第４節にてこの事故の背景にある安全生産管理および都市構造の問題点について検討する。最後に，第５節にて「安全天津」をスローガンに，産業事故リスクと向き合いながら都市建設を進める天津市の取り組みについて概観しながら，産業事故を防ぎ，持続可能な都市の発展を促進する上での課題を明らかにする。環境保全と防災・減災を連続した問題としてとらえたガバナンス（大塚 2015b），すなわち「リスク・ガバナンス」のあり方を探求することは，長年にわたって経済発展を急いできた中国の多くの都市が抱える重要な社会的課題である。

本章は，中国新型都市化政策における持続可能な発展という課題をめぐって，事例研究を通して産業事故リスクに対する工業都市のガバナンスを検証することを試みるものである[5]。

第1節　中国における産業事故リスク

中国では改革開放以降，中央の地域開発および産業政策のもと，各地方で地域経済の牽引役を期待して産業の誘致競争が繰り広げられてきており，重化学工業もその牽引役のひとつとなってきた[6]。他方で，重化学工業はエネルギー多消費・環境汚染物質多排出（「高耗高排出」，いわゆる「両高」）型産業として，環境汚染の大きな原因となってきただけではなく，生産過程での安全管理の不備のためにしばしば事故を引き起こし，労働者や周辺住民に被害をもたらしてきた。天津港爆発事故の前後だけでも，2015年4月に福建省漳州市にてPX（パラキシレン）工場の爆発事故で15人が負傷，8月22日には，山東省淄博市恒台経済開発区の化学コンビナートで爆発事故が発生し，9人が負傷している[7]。

2005年11月に吉林省吉林市に立地する中国石油吉林石化公司分公司第101工場第一化学工場にて発生した爆発事故[8]をふまえて行われた全国環境安全大検査によれば，全国25の省・自治区・直轄市に立地する計127社の重点石油化学系企業のうち，60社（47%）が都市付近や人口密集地域に立地していることが明らかになった。さらにその後，全国の化学・石油化学系プラント7555件を対象にした環境リスク調査の結果によると，都市付近や人口密集地域に立地しているプラントは2489件（32.9%），交通幹線沿いに立地しているプラントは977件（12.9%）であることが判明している。飲用水源を含む水域や自然保護区など環境影響リスクの高い企業・プラントを含めて，検査の結果3618社に対して改善措置を，49社に対して移転措置をとるなど，一定の環境安全リスク軽減措置をとったとされている（大塚 2008, 100-102）。

しかしながら，その後も環境汚染事故が絶えず，2008年から2011年の4年間で環境保護部に通報があった突発的環境事件は568件あり，そのうち危険化学物質に関するものが287件とおよそ半数を占めているという。すなわち平均して全国のどこかで2，3日に1件の突発的な環境事件が発生し，毎週1件以上危険化学物質にかかわる事件が起きていることになる（大塚 2015a, 49-50）。

また，天津港爆発事故を受けて国務院安全生産委員会が8月下旬以降に実施した全国安全生産大検査では，延べ353万6000の企業が対象となり，452万2000件のリスクの排除措置を行ったという。そのうち重大なリスクは1万1658件と発覚したリスク件数全体の8割以上を占めているという。さらに6581企業が閉鎖や取締りの対象となり，3万3664件の営業許可が取り消され，4667人が司法機関に移送され刑事訴追を受けたとされている。このうち化学系企業については，調査対象30万社余り，リスク件数44万3000件余り，違法行為の取り締まり件数2万件余り，取締り企業3047社，営業許可の取り消し件数2203件という状況であった。このように天津港爆発事故後の全国検査によって，化学系企業を中心に安全生産にかかわる違法行為や規則違反が蔓延している状況が明らかにされた[9]。

天津港爆発事故もまた，2014年2月から実施されていた60地点の危険化学品安全生産重点県（市・区）の安全生産攻略事業のさなかに起きており，安全生産管理が機能していなかったことを物語っている。60の重点地域は天津市をはじめ26省・市・自治区で指定されており天津市濱海新区はその筆頭であった（表4-1）。しかも天津港爆発事故は，同年5月に改正された天津濱海新区条例において第48条として新たに「・・・安全生産と応急管理体制メカニズムを刷新し，突発的事件の警報と応急措置メカニズムを完成させ，人民大衆の生命財産安全を保障する」と規定された矢先に勃発したのであった[10]。以上の状況からみるかぎり，産業生産リスクへの政府主導の都市ガバナンスは，繰り返される安全検査活動に依存する脆弱なものであったことがうかがえる。

表4-1　危険化学品安全生産重点60地域

所属省（区・市）	重点県数	県（市・区）
天津	3	濱海新区
		北辰区
		東麗区
河北	2	衡水市武邑県
		滄州市黄驊市
山西	1	長治市潞城市
内モンゴル	2	鄂爾多斯市准格爾旗
		烏海市烏達区
遼寧	2	瀋陽経済開発区
		大連市甘井子区
吉林	1	吉林市龍潭区
黒龍江	1	大慶市譲胡路区
上海	1	金山区
江蘇	11	南京化工園
		蘇州市昆山市
		蘇州市張家港市
		蘇州市常熟市
		無錫市江陰市
		無錫市宜興市
		常州市武進区
		常州市新北区
		南通市如東県
		泰州市泰興市
		塩城市濱海市
浙江	5	杭州市蕭山区
		嘉興港区（平湖）
		寧波市鎮海市
		紹興市上虞市
		台州市臨海市
安徽	1	池州市東至県
福建	1	泉州市泉港区
江西	1	九江市永修県
山東	11	淄博市臨淄区
		淄博市桓台県
		淄博市張店区
		濰坊市濱海区
		濰坊市寿光市
		濰坊市青州市
		東営市墾利県
		東営市広饒県
		東営市河口区
		濱州市博興県
		泰安市新泰市
河南	1	新郷市新郷県
湖北	1	宜昌市猇亭区
湖南	1	岳陽市雲渓区
広東	3	恵州大亜湾経済技術開発区
		茂名高新技術産業開発区
		湛江霞山区
広西	1	欽州港経済開発区
重慶	1	長寿区
四川	2	徳陽市什邡市
		楽山市五通橋区
雲南	1	昆明市安寧市
陝西	2	楡林市神木県
		楡林市靖辺県
甘粛	1	蘭州市西固区
寧夏	2	石嘴山市恵農県
		石嘴山市平羅県
新疆	1	克拉瑪依化工園区

（出所）　国家安全生産監督管理総局ウェブサイト（http://www.chinasafety.gov.cn/newpage/Contents/Channel_21452/2014/0507/234231/content_234231.htm　2017年1月22日アクセス）。

第2節　天津市濱海新区の都市開発

1．新区開発

天津市濱海新区の発展は，天津港およびその周辺の開発とともに歩んできた。現新区の中核をなす塘沽地区は14世紀元末に村落が形成されて以降，徐々に海と川をつなぐ運輸中継および貨物集積地域として頭角を現した。その後，19世紀に大英帝国による開港，1939年に日本軍の侵略による新港建設，1945年に日本軍降伏にともなう国民党政府の接収を経て，1949年1月には共産党の統治下に収められた（天津市地方誌編修委員会弁公室 2009, 313）。そして新中国成立後から改革開放までのあいだに天津港は1951年，1959～72年，1973年以降の3度にわたる改築・拡充建設工事が行われてきた（天津市地方誌編修委員会弁公室 2009, 336）。

濱海新区の開発は，改革開放の幕開けを受けて天津市主導で着手され，それを国が支持するかたちで進められてきた。1984年に天津市共産党委員会および人民政府は市中心から45キロメートル東に位置する塩田であった塘沽区の東北側，面積33平方キロメートルのところに天津経済技術開発区を設置する構想をまとめ，1984年12月に国務院の認可を得た（孟 2011；天津市地方誌編修委員会弁公室 2009, 315, 338）。1985年には天津市城市総体規劃方案が天津市人民代表大会での採択および国務院の認可を得て，そこで「工業の重点を東に移し，海河下流および濱海地区を建設・開発する」という方針が確定した。これには，市中心部において環境汚染をもたらし，エネルギー・資源の利用効率の劣る老朽化した工業群の再配置が必要とされていたという背景があった（天津市地方誌編修委員会弁公室 2009, 117, 311）。1986年8月には鄧小平が同開発区の視察を行い，「天津開発区は非常にすばらしい，すでに企業も進出し，投資環境も改善され，外国人も投資に来ており，安心した」「あなた方は港湾と市区の間にこんなに多くの空き地をもっており，これは大きなメリットで，潜在力は非常に大きいとみた。もっと大胆になって発展を加速させることができる」等と発言し，経済開発区の発展を後押しした（孟 2011）。

また同年同月に国務院は「天津市城市総体規劃方案に関する認可」において，天津港の拡充建設方針を打ち出し，対外・対内物流運輸の拠点貿易港として整備が進められていった。このあいだ，天津港の貨物取扱量は1984年に1611万トンであったのが，1990年には2063万トンと増大した（天津市地方誌編修委員会弁公室 2009, 311, 315）。さらに1991年５月には対外貿易の促進のため輸出入許可の免除・免税・保税措置がとられる保税区が天津港に設置された（孟 2011; 天津市地方誌編修委員会弁公室 2009, 342）。図4-1は天津港の貨物取扱量の推移を示したものである。現在に至るまで天津港における貨物取扱量は順調に増加を続けており，とくに1990年代から2000年代にかけては海外との輸出入が貨物の交易を牽引してきたことがわかる。

また1992年に鄧小平が行った「南巡講話」によって各地で改革開放に向け

図4-1　天津港コンテナ貨物取扱量の推移

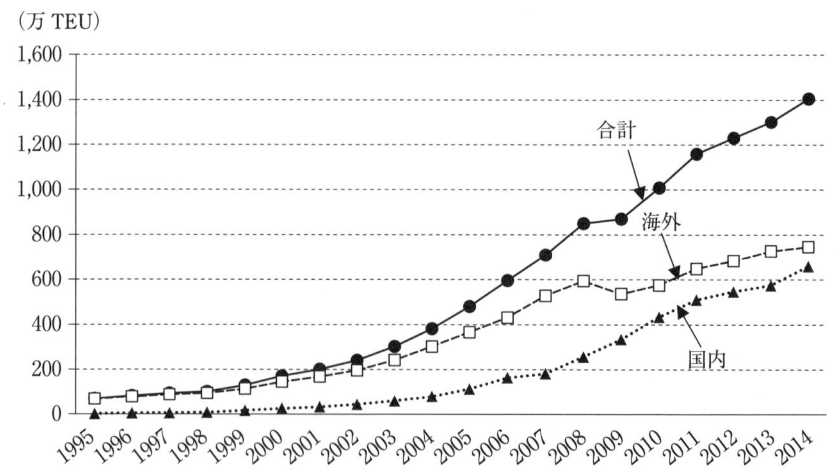

（出所）『天津市濱海新区経済統計年鑑2015』より筆者作成。
（注）TEU は20フィートコンテナ換算量。

たよりいっそうの取り組みが促される中，天津市は経済技術開発区，天津港，保税区の発展の基礎のうえに濱海新区の構想を打ち出した。1994年３月に開かれた天津市第12期人民代表大会第２回会議では，今後10年前後で冶金・化学工業を基礎とし，商業・貿易，金融，観光業を競争発展させ，外向型新興産業が主導する自由貿易地域としての濱海新区の発展戦略を形成することが提起された（孟 2011)。これは天津市の発展戦略を沿海港湾都市としての地理的優位性をいかして，北京・天津・河北地域および日本や韓国を視野に入れた環渤海地域という広域の経済圏に位置づけることも含意されていた（王 1995)。また同じく港湾都市に設置された新区であり，かつ天津をしのぐ経済成長を遂げていた浦東新区を意識して北京と連携して「北方の浦東」をめざすともいわれた（趙 1996)。

その後，開発区，天津港，保税区の発展にともなう行政体制の強化と中国のWTO加盟にともなう市場開放の中での制度的根拠の明確化を図るべく，2002年10月に天津市第13期人民代表大会常務委員会第36回会議にて天津濱海新区条例が採択され，同年12月から施行された（虞 2003)。同条例第２条において濱海新区は，「塘沽区，漢沽区，大港区と天津経済開発区，天津港保税区，天津港および東麗区と津南区の一部地域を含む」とその範囲が明記された。また，第３条において，濱海新区は，「現代化工業基地と現代物流センターの建設を目標とし，ハイテク産業と現代サービス業の発展に重点をおき，天津に軸足をおきながら周辺に奉仕し，世界に向かう，高度に開放された経済区」であるとされた。さらに第４条において，同区は「市場経済体制の完成と政府機能の転換を通して経済発展を促進するべく制度刷新を行う」と書き込まれた。こうして天津濱海新区は経済体制改革を先導する中国北方の開かれた経済特区として天津市主導でスタートした。

このような天津市の取り組みに対して国務院は2006年５月に「天津濱海新区開発開放に関する問題についての意見」を出し，天津濱海新区への明確な支持を打ち出した。同意見において国務院は新区条例で定められた区域を含む2270平方キロメートルを天津濱海新区と認め，同新区はこれまで十数年にわたる開発・建設により，さらなる経済発展の基礎的条件を備えていると評価した。そして，北京・天津・河北および環渤海地域の国際競争力の向上に有利になる等として，天津濱海新区の開発と開放を推進することは，国家地域経済協調発展戦略の重要な措置であると結論づけた。こうして天津濱海新区は深圳経済特区，浦東新区に次ぐ国家級新区の地位を獲得したのである。

さらに2008年３月には，国務院が「天津濱海新区総合配套改革試験総体方案」を通達し，新区の行政体制，経済体制，環境・社会管理体制の諸改革に取り組んでいく方針を示した[11]。また2009年11月には，天津濱海新区内の３区が撤去され，天津市濱海新区が一行政区域として正式に成立した。そして翌年１月にかけて新区の共産党委員会，人民代表大会，政治協商委員会の各代表ならびに区長，副区長，区法院長，区検察院長らが選出された[12]。さらに新区の体制改革にともなう新たなニーズに応えるべく，2015年５月には天津市第16期人民代表大会常務委員会第10回会議にて「天津濱海新区条例」の改正案が採択され，即日公布・施行された[13]。

「2015年天津市濱海新区国民経済・社会発展統計公報」によると[14]，全区常住人口は297万100人，戸籍人口は123万9200人と半数以上が外来戸籍をもつ人々から構成されている。全市で外来人口が占める割合は約３割となっており，それより多くなっていることが特徴である[15]。

２．重化学工業化と不動産開発の併走

天津濱海新区の経済発展は工業化により牽引されてきた。図4-2は1995年以降の産業別全社会固定資産投資額の推移を示したものであるが，2008年までおおむね第２次産業への投資が第３次産業への投資を上回っていたことがわかる。図4-3は新区の GDP 各前年比成長率の推移を示したものであるが，2007年を除いて GDP 成長率は第２次産業が第３次産業を上回る勢いであることが示されている。また表4-2は，2000年，2005年，2010年，2014年の産業別 GDP の構成を示したものであるが，ここ10数年のあいだ一貫して第２

図4-2　産業別固定資産投資額の推移

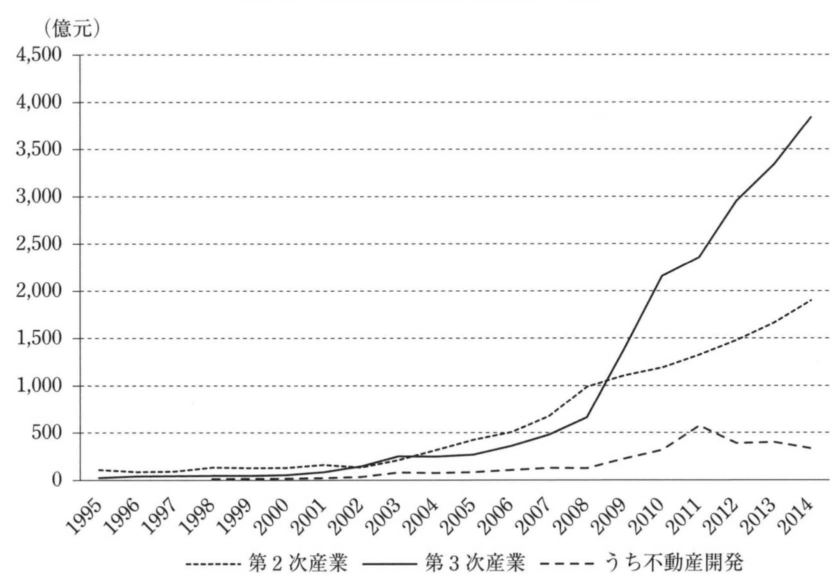

(出所)『天津濱海新区統計年鑑 2015』より筆者作成。
(注)　第1次産業は略。

図4-3　天津市濱海新区 GDP 成長率の推移

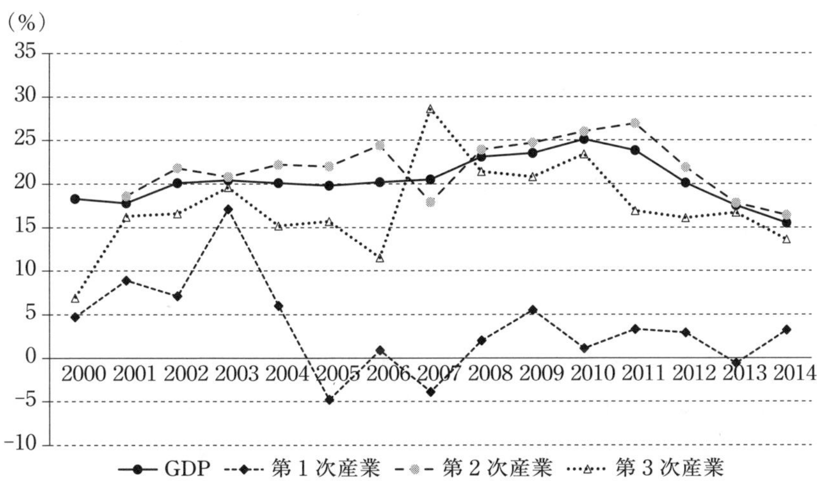

(出所)『天津市濱海新区経済統計年鑑』各年版より筆者作成。

表4-2　天津市濱海新区GDP構成の変化

（億元）

年	2000	（%）	2005	（%）	2010	（%）	2014	（%）
GDP	571.74	100	1633.93	100	5030.11	100	8760.15	100
第1次産業	5.2	0.9	7.15	0.4	8.17	0.2	10.95	0.1
第2次産業	383.45	67.1	1092.55	66.9	3432.81	68.2	5828.43	66.5
工業	359.13	62.8	1035.03	63.3	3215.39	63.9	5524.16	63.1
第3次産業	183.09	32	534.22	32.7	1589.12	31.6	2920.77	33.3
交通運輸・倉庫・郵便	52.69	9.2	132.21	8.1	304.19	6	356.24	4.1
小売・ホテル・飲食	63.94	11.2	225.77	13.8	561.49	11.2	838.23	9.6
金融	9.2	1.6	11.17	0.7	106.64	2.1	382.47	4.4
不動産	14.47	2.5	31.25	1.9	92.02	1.8	104.33	1.2

（出所）『天津市濱海新区経済統計年鑑』各年版より筆者作成。

次産業，とくに工業の構成比が最も大きく6割を超えていることがわかる。これらのデータは新区開発が「工業の重点を東に移す」という方針のもと進められてきたことを裏付けている。

工業のうちとくに重化学工業開発に偏重していたことも濱海新区の特徴である。2009年から2012年の期間でみると，工業企業数に占める重工業企業数の割合は70%以上，工業総生産額に占める重工業の割合は80%以上を占めていた（閻 2014）。天津濱海新区統計年鑑によると，2014年の工業生産額に占めるいわゆる重工業(16)の比率は88%である。近年でも大型の石油精錬，エチレン生産，冶金，重機械製造業等の投資プロジェクトが続々と始動している（中共天津市委党校経済発展戦略研究所 2013）。

重化学工業の拠点としての天津濱海新区の特徴は港湾貨物取扱種目にもみてとれる。表4-3は，2007年から2014までの港湾貨物取扱量の推移を種目別に整理したものである。重量ベースで2007年の時点で取扱量が最も多いものは順に，石炭，金属鉱石，鉄鋼，石油・天然ガス，機械・電気関連と重工業・鉱業関連で77.8%を占めていた。その後，石炭，鉄鋼のシェアは下降気味ではあるが，建築用鉱物材料や化学原料・製品のシェアがやや伸びており，

表4-3　天津市濱海新区種目別貨物取扱量の推移

（万トン）

種目	2007	(%)	2008	(%)	2009	(%)	2010	(%)	2011	(%)	2012	(%)	2013	(%)	2014	(%)
石炭関連	8,997	29.1	9,769	27.4	6,499	17.1	8,259	20.0	10,393	22.9	9,392	19.9	8,962	17.9	10,779	20.0
金属鉱石	5,382	17.4	6,587	18.5	9,352	24.5	7,921	19.2	8,730	19.3	9,833	20.8	10,817	21.6	11,770	21.8
鉄鋼	3,810	12.3	3,446	9.7	3,106	8.1	2,811	6.8	2,535	5.6	2,752	5.8	2,996	6.0	3,758	7.0
石油天然ガス関連	3,392	11.0	4,305	12.1	4,876	12.8	6,151	14.9	5,934	13.1	5,495	11.6	5,307	10.6	5,256	9.7
機械・電気関連	2,474	8.0	3,176	8.9	2,690	7.1	3,200	7.7	3,725	8.2	4,322	9.2	4,325	8.6	5,157	9.6
軽工業・医薬品	1,853	6.0	2,117	5.9	2,674	7.0	3,547	8.6	3,706	8.2	4,053	8.6	4,303	8.6	4,409	8.2
建築用鉱物材料	1,352	4.4	2,162	6.1	4,210	11.0	3,632	8.8	3,875	8.5	4,381	9.3	4,262	8.5	3,491	6.5
化学原料・製品	968	3.1	910	2.6	982	2.6	1,437	3.5	1,567	3.5	2,031	4.3	2,748	5.5	2,907	5.4
農林牧漁業産品	472	1.5	447	1.3	525	1.4	603	1.5	726	1.6	2,213	4.7	905	1.8	944	1.7
非金属鉱石	326	1.1	304	0.9	182	0.5	274	0.7	236	0.5	235	0.5	252	0.5	227	0.4
糧食	181	0.6	314	0.9	466	1.2	608	1.5	475	1.0	700	1.5	846	1.7	894	1.7
有色金属	144	0.5	138	0.4	152	0.4	286	0.7	467	1.0	399	0.8	731	1.5	573	1.1
化学肥料・農薬	50	0.2	21	0.1	12	0.0	27	0.1	20	0.0	11	0.0	15	0.0	43	0.1
木材	46	0.1	35	0.1	46	0.1	137	0.3	244	0.5	246	0.5	254	0.5	246	0.5
塩	22	0.1	19	0.1	14	0.0	14	0.0	4	0.0	28	0.1	64	0.1	108	0.2
セメント	9	0.0	11	0.0	9	0.0	13	0.0	34	0.1	10	0.0	29	0.1	14	0.0
その他	1,467	4.7	1,834	5.2	2,318	6.1	2,408	5.8	2,668	5.9	1,082	2.3	3,247	6.5	3,426	6.3
合計	30,946	100.0	35,593	100.0	38,111	100.0	41,326	100.0	45,338	100.0	47,183	100.0	50,063	100.0	54,002	100.0

（出所）『天津市濱海新区経済統計年鑑』各年版より筆者作成。

図4-4　主な城鎮固定資産投資額の推移

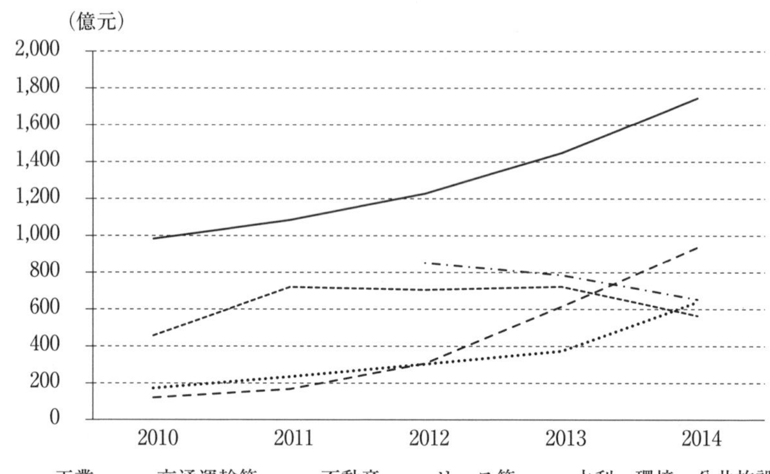

（出所）『天津市濱海新区経済統計年鑑』各年版より筆者作成。

それらを合わせると2014年の時点で80％を占めている（2007年ではそれら2種目を含めると85.3％）。他方で軽工業・医薬品のシェアが着実に上昇していることはハイテク産業の振興を旗印に掲げてきた新区の新たな動向として注目されるところである。

このように重化学工業化が進められてきた新区であるが，産業構造の高度化という長年の課題への対応として近年では第3次産業への投資が活発化してきていることも注目すべき点である。先に掲げた図4-2をみると，2009年から第3次産業への固定資産投資額が第2次産業を上回る勢いで伸びていることがわかる。また図4-4は，おもな城鎮（都市）固定資産投資額について比較可能な統計データが公表されている2010年以降の推移をみたものである。依然として工業固定資産投資が右肩上がりに伸びている中で，不動産開発やそれを背景とするリース業，さらには交通運輸サービス業への投資も伸びつつあることが示されている。

図4-5は2007年以降の不動産開発による施工・竣工・販売についての累積

図4-5　不動産開発面積の推移

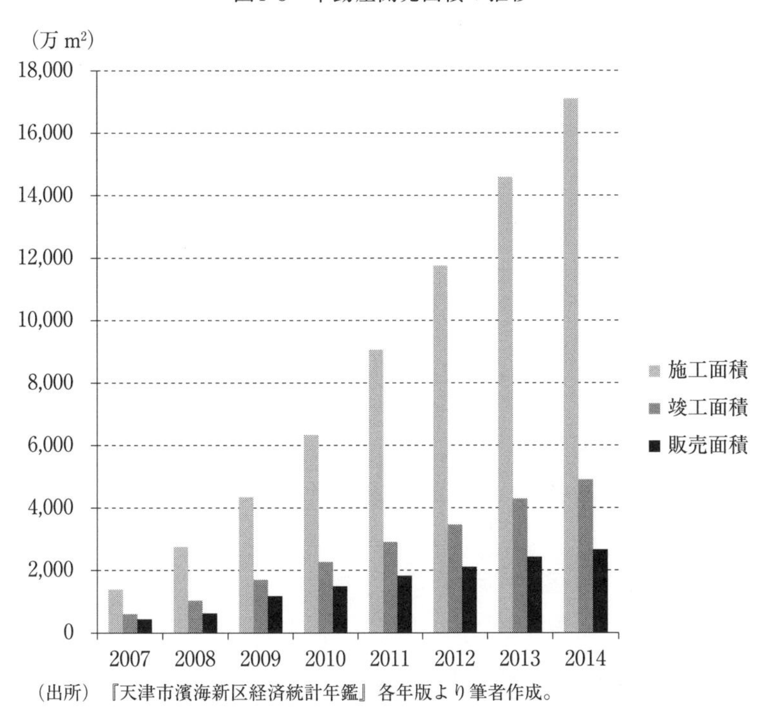

（出所）『天津市濱海新区経済統計年鑑』各年版より筆者作成。

面積の推移を示したものである。図4-4でみるように不動産開発投資は2011年をピークに下降気味ではあるものの，ストックとしての不動産は着実に増えており，重化学工業化の中でオフィス・住宅開発もあわせて促進されてきたことを確認することができる。

このように濱海新区は重化学工業化と不動産開発が併走するかたちで発展する中で，「化学工業を都市が囲む」という空間構造が形成された（張 2015）。とりわけ新区開発の拠点となった経済開発区がある旧塘沽区は居住地が最も集中している地域であり，開発区の南側には2000年以降に住宅団地が建設され，多くの高層マンションが立ち並ぶようになった（李・巣 2010）。ここの一角は2015年８月12日の爆発事故で大きな被害を受けたところである。天津市濱海新区城市総体規劃（2005－2020年）の計画用途地域においても同区で

表4-4　濱海新区城鎮建設用地規劃

(Km²)

用途	1塘沽城区	2漢沽城区	3大港城区及三角地石化基地	4濱海高新技術産業区	5開発区西区	6海濱休閑旅游区	7航空城	8東麗湖休閑度假区	9現代冶金工業区	10葛沽镇
居住用地	43.2	10.5	20.5	2	1.1	4	9	4.5	2.8	5
公共施設用地	27.6	3.5	6	0.8	0.8	3.6	3.5	1.9	1	1.5
科研設計用地	1.4	1.5	2.5	0	0	0.6	2	0	0	0
工業用地	32.5	12	35.7	11.5	23.5	3	33.9	0	7	4.4
倉庫用地	2.8	0.5	2	0	0	0	5.1	0	4	0
緑地	19	4	16	3.5	6	6.2	7	2	1	1
道路広場用地	29	4	15	3	4.1	3	8	1	2	1.5
対外交通用地	9.9	0.6	1.3	0.6	2	1	0.8	0.5	0.2	0.2
市政施設用地	0.6	0.4	1	0.6	1	1.6	0.7	0.1	0	0.4
特殊用地	0	0	0	0	1.5	0	0	0	0	0
建設用地合計	166	37	100	37	40	23	70	10	18	14
新区合計*	510									

（出所）　天津市濱海新区総体規劃2005-2010。
（注）　*その他10平方キロメートルを含む。

は，建設用地166平方キロメートルのうち居住用地43.2平方キロメートル，工業用地32.5平方キロメートルと住工混合型の空間構造が維持されている（表4-4）。このような空間構造は「産城融合」すなわち「産業と都市の融合」ともいわれている（張 2015）。

第3節　天津港8・12爆発事故の経緯

1．事故発生の経緯

ここで「天津港“8・12”瑞海公司危険品倉庫特別重大火災爆炸事故調査報告」（以下，事故調査報告書）および関連報道から，事故の経緯を概観しておきたい。事故調査報告書を作成した国務院事故調査チーム「国務院天津港“8・12”瑞海公司危険品倉庫特別重大火災爆発事故調査組」（以下，事故調査チーム）は，事故発生から6日後の2015年8月18日に，公安部常務副部長（のちに安全監督総局長）の楊煥寧をリーダー（組長）とし，公安部，安全監督総局，監察部，交通運輸部，環境保護部，全国総工会，天津市人民政府をメンバーとして設置された。また事故調査にあたってはメンバーのほかに，最高人民検察院からの派遣のほか，爆発，消防，刑事・探偵，化学工業，環境保護などの専門家の協力を得たとされている。

事故発生から3日後の15日には習近平共産党総書記・国家主席・中央軍事委員会主席が安全生産事故の発生防止を，その翌16日には李克強首相が現地視察を行い，事故調査の徹底を訴えている（『日刊中国通信』2015年8月19日付）。事故調査チームは習総書記および李首相らを含めた中央指導者の指示をふまえて事故の原因，経過，被害規模について明らかにするとともに，関係責任者・組織の処分および事故から明らかになった問題や教訓を分析して，今後の取り組みについての提案を行ったとされている（国務院事故調査組 2016, 2）。

今回の事故で人的物的被害を直接もたらしたのは，天津港に面する天津市濱海新区に瑞海公司が設置していた危険物倉庫で起きた２度にわたる連続した爆発であった。事故調査報告書によると，2015年８月12日23時34分６秒に最初の爆発が，その約30秒後の同37秒に２度目の爆発が起きたとされる。また，これら爆発の大きさは，１回目が15トン TNT 火薬（トリニトロトルエン）相当，２回目が430トン TNT 火薬相当であったという（国務院事故調査組 2016, 3, 17-18）。

この爆発の原因をめぐっては当初メディアでさまざまな議論や憶測がなされていたが[17]，事故調査報告書では，再現実験等をふまえて自然発火と断定され，公安機関の調査によって人為的な故意または過失による放火や失火の可能性は排除できるとされている。すなわち，瑞海公司が設置した危険物倉庫に大量に保管されていた硝化綿（ニトロセルロース）の一部が，乾燥と高温という条件下で自然発火し，それが他の危険物に燃え広がり，火薬や爆薬の原料である硝酸アンモニウム[18]等の危険物に引火して大規模な爆発が起きたと考えられている（国務院事故調査組 2016, 13-18）。

なお，瑞海公司の危険物倉庫には，当時111種類，１万1383.79トンもの多種多量の危険貨物が保管され，爆発現場の区画だけでも硝酸アンモニウム800トン，シアン化ナトリウム360トン，硝化綿などが48.17トンあったとされている（国務院事故調査組 2016, 26）。

２．人的物的被害

この爆発によって多大な人的物的被害がもたらされた。事故による死者は165人，行方不明者は８人，重軽傷者は798人（重傷58人，軽傷740人）にのぼった。死者のうち救援活動に参加した公安部門の現役消防員24人，天津港の消防員75人，公安民警11人であり，また事故発生企業と周辺企業の従業員および住民が55人であった。また行方不明者８人のうち天津港消防員が５人，周辺企業従業員および天津港消防員家族が３人であった（国務院事故調査組

2016, 7-8)。

ここで事故当時現場および周辺にいた従業員や住民以上に，救援活動に参加した消防隊員等の死者が多いことをめぐり，救援活動自体に問題があったのではないかとの疑念がメディアで提起されていた（『財新周刊』2015年8月24日, 52-54)。これに対して事故調査報告書では，消防指揮者が瑞海公司の現場作業員に具体的な着火物質を尋ねたところ誰も知らなかったとして，現場で有効な消火方法を判断する材料がなかったことを指摘するとともに，天津市人民政府が危険化学物質の火災爆発事故に対する備えが十分でなかったこと，現場の消防能力が不足していたこと，さらには瑞海公司による危険化学物質の管理や認可手続きがずさんであったことなどを指摘している（国務院事故調査組 2016, 18-23, 26-32)。

物的被害については，まず爆発事故の中心地域では，大小2つの穴（ひとつは直径15メートル，深さ1.1メートルの三日月形，もうひとつは直径97メートル，深さ2.7メートルのクレーター状）が出来，爆心地から半径150メートル範囲内の建物は全壊し，周辺の7641台の商用自動車，現場で消火にあたっていた30台の消防車両もすべて毀損され，近隣の事業所に駐車していた4787台の自動車が何等かの損害を受けたという。また爆発にともなう火災，爆風，衝撃波，震動などによって周辺の広い範囲にわたって建物に被害が及んだ。被害を受けた建物の棟数は，マンション，オフィスビル，倉庫等を合わせて304棟にのぼる。ガラス破損などの被害をもたらした衝撃波の影響は，最も遠いところで東側8.5キロメートル，西側8.3キロメートル，南側8キロメートル，北側13.3キロメートルまで達したという（国務院事故調査組 2016, 3-7)。

さらに爆発事故は天津港の経済活動に大きな影響を及ぼした。天津港に留め置かれていた多くの工業製品が損傷を受け，その数量は乗用車が1万2428台，貨物で7553個にのぼるという。この爆発事故による天津港を介した貿易やサプライチェーンへの影響については日本にとっても対岸の火事ではなく，事故後1カ月程度，操業停止を迫られたり通関業務に支障をきたしたりなどの影響を受けた企業も少なくない（『日本経済新聞』2015年9月21日付)。その後，11月には事故中心から３キロメートルの範囲にあるショッピングセンターが改装後に再開され，12月には事故で運行停止していた鉄道が一部再開された。しかしながら，一部区間は再開が遅れており，2016年中の復旧と供用が予定されていたものの（『日刊中国通信』2015年11月19日および12月18日付），同年末時点でまだ工事中であった[19]。以上の人的物的被害をあわせて今回の事故で発生した経済損失は68億6600万人民元とされている（国務院事故調査組 2016, 7-8）。ただし，この額の内訳は明らかにされていない。2015年末のある報道では保険金の請求額だけでも20億ドル（約130億人民元）にのぼるという推計も伝えられており（『日本経済新聞』2015年12月28日），事故調査報告書が推定した金額とは２倍近い差がみられる。

被害者の救済や補償については事故調査報告書には記されていない。報道によると，労災に準じた救済措置や住宅被害への補償などがなされるとともに，企業の生産設備等の損害については保険金が支払われているようである。

３．環境汚染

爆発事故によって大量の化学物質が大気，水環境中に撒き散らされ，環境保護部と天津市境保護局はモニタリングと除去作業に追われた。もともと倉庫に保管されていた危険化学物質111種に加えて，爆発・燃焼によって反応生成した物質も含めると少なくとも129種の化学物質が環境中に拡散したとされている（国務院事故調査組 2016, 8）。

９月４日に事故区域内の廃水処理の処置権限を濱海新区政府および天津港集団に正式に移管されるまでの約20日間，事故発生直後から現場でおもに環境応急任務に携わっていたのは天津市環境保護局のチームであった。８月13日深夜0時に天津市環境保護局長の温武瑞が事故情報を得ると，すぐに環境汚染事件応急準備計画を発動し，同市濱海新区環境保護モニタリングステーション長の李加軍が最初に現場に赴き，直ちに観測可能であった気体のモニタリングを行った。同日２時50分に天津市環境保護局の応急隊員と関係専門家15人からなる第1陣の調査チームが現地に向かって以降，計器，設備，車両などが整い，1時間ごとに環境汚染物質のモニタリング結果を報告できる体制が整ったという。そして同日16時30分には温局長が最初の記者会見に出席し，事故地域周辺の大気・水環境状況について報告をしている。このように，大気および水環境のモニタリングについての事故発生後の初動は迅速であったことがうかがえる。また8月16日に環境保護部長の陳吉寧が現地視察を行い，人員が足りないことから全国の環境モニタリング従事者に支援を求め，中国環境モニタリングセンターを含め，河北省，北京市，江蘇省，遼寧省，山東省，河南省，内モンゴル自治区，山西省の9チームから9月8日までの間に総勢229人が事故現場および周辺地域での応急モニタリングに参加したという[20]。

大気環境については，事故現場の中心地域で二酸化硫黄，シアン化水素，硫化水素，アンモニア濃度が国家基準値の最大4倍にまで上昇したものの，9月12日以降は基準値以下になったとされている。また，事故現場の中心から離れた地域では，事故発生後にシアン化水素，硫化水素，アンモニア，クロロホルム，ベンゼン，トルエンなどの濃度が国家および市の関係基準を最大4倍超過していたが，9月4日以降は事故発生前の水準に戻ったという。これら大気中の汚染物質は風によって自然拡散したとされている（国務院事故調査組 2016, 8-9）。

水環境については，爆心地周辺約2.3キロメートルの範囲がおもにシアン化物で汚染され，8月17日に爆発で出来た穴に溜まった水に極めて強いアルカリ性反応がみられ，シアン化物の濃度は1リットル当たり421ミリグラムという高濃度状態であった。これら汚染水については処理後に渤海湾に放流し，10月31日までの間に合計121～129トンのシアン化ナトリウムを除去したとされている。しかしながら，その後も爆発で出来た穴には汚水が残っており，調査報告書が公表された時点でも汲み出して隔離する作業が行われているとされている。また，事故発生後に爆心地から約750～960メートル離れた3つの井戸水でシアン化物が地下水Ⅲ類基準[21]を超えており，硫酸塩，クロロホルム，ベンゼンなども検出されたという。事故調査報告書がまとめられた時点で汚染濃度は徐々に下がっているものの依然基準を超過しており，事故中心地域およびその付近の地下水の汚染の原因についてさらなる探査が行われているという。なお，この事故で天津近海の渤海湾の海洋環境には影響がなかったとされている（国務院事故調査組 2016, 10-11）。

土壌については，事故発生から1週間後に一部の地点でシアン化物が検出されたが，1カ月後には検出されなくなったという。また重金属も検出されたものの，公園・緑地の立地の際の基準値は超えていないとされている。さらに一部の地域でシアン化物とヒ素の濃度が基準値を最大23.5倍超えており，フェノール，多環芳香族炭化水素，ジメチルスルホキシドなどの物質が検出されているが，事故調査報告書とりまとめの時点でなおモニタリングが継続されている。10月31日までの間に事故中心地域の土壌に約3％のシアン化ナトリウムが残留しており，生物濃縮による慢性毒性をもたらすリスクがあるとされている（国務院事故調査組 2016, 11-12）。

以上のように，事故を原因とした環境汚染がみられ，多くの汚染物質は自然拡散ないしは処理によって基準値以下に濃度が低下しているものの，一部の水環境および土壌に残留しているものもあることから，引き続き慎重な観測と危険除去の方策検討が必要とされる。なお，今回の事故にともなう環境汚染によって中毒または死亡例はないとされており，17人が粉塵や汚染物質を吸い込んで肺炎で入院したものの，予後は良好であるという（(国務院事故調査組 2016, 12)。

環境汚染モニタリングの過程では，メディアで神経ガスが検出されたなどのニュースが流れて注目を集めていたが，これについては現場で救援活動の指揮をとっていた軍事医学科学院化学兵器専門家チームから，そのような可能性はまったくないとして否定されている（『日刊中国通信』2015年8月21日付）。

爆発事故で現場には大きな穴が開いたうえに，水や土壌が汚染されたことから，跡地利用および復興には困難が予想されるところである。そこで天津濱海新区が9月4日に明らかにした計画は事故現場に24ヘクタールの面積に及ぶ「海港生態公園」と記念碑を建設することであった[22]。この計画については，事故処理や原因究明が進んでいないなか，事故を隠ぺいするための策略ではないかという疑念がメディアでもちあがった（『財経網』2015年10月13日）。環境汚染された土地を整備して公園にすることは，たとえば，北京豊台区の「園博園」の例が挙げられる[23]。天津市濱海新区の公園計画では，有毒物質の処理が適正に行われるかという点に加えて，計画決定のタイミングや進め方に疑念が生じたのであった。この公園建設計画については，汚染土壌の修復に手間取っていることから，予定より遅れているとされている（『海峡都市報』2016年8月4日付）。

第4節　天津港8・12爆発事故の背景要因

1．安全生産および環境影響評価に関する企業の法規違反

事故調査報告では，事故を引き起こした瑞海公司が，関連法規に違反して危険貨物堆積場の建設を行っていたこと，一定期間無許可経営を行い，また不当な手段で許認可を得ていたこと，さらに許認可を得た後も関連法規に違反して危険貨物関連業務を行っていたことなどが指摘されている（国務院事故調査組 2016, 23-32）[24]。その概要は以下のとおりである。

第1に，2013年3月16日から8月末にかけて，都市農村規劃法，安全生産法，港湾法，環境影響評価法，消防法等に違反して，危険貨物堆積場の建設工事を行った。同公司が関係部門に計画許可申請手続きをしたのは8月中旬の完成間近になってからであり，しかも5月18日にはすでに危険貨物業務を開始している。すなわち，安全生産評価および環境影響評価の審査を受ける前から危険貨物場の建設工事を行うとともに，業務も開始していたことになる。

第2に，同公司は危険貨物倉庫業務の経営に必要な港湾経営許可証および港湾危険貨物業務附証を2015年6月23日に取得しているものの，2014年1月12日から4月15日の約3カ月間および2014年10月17日から2015年6月23日に営業許可を得るまでの約8カ月間，危険貨物業務を行っていたと指摘されている。また，同公司の実質的な経営責任者のひとりであった于学偉が元天津市交通運輸・港湾管理局副局長および天津市交通運輸委員会港湾管理処長に金銭や金券を贈ったり，ゴルフや飲食で接待を行って行政審査の過程で便宜を図ってもらったりしたことや，同公司のもうひとりの実質的な経営責任者である董社軒の父親がかつて天津港公安局長であったことから，港湾手続きの審査や監督管理の面で優遇されたなどとされている。

第3に，同公司が危険化学物質の扱いに際してさまざまな法規違反をしていたことが指摘されている。具体的には，①爆発物の原料となる硝酸アンモニウムを関係規定に反して事故当日には貨物到着ゲートに800トン放置していたこと，②週当たりの認可量の14倍もの貨物を扱っていたこと，③硝酸カリウムが設計最大保管量の約54倍，硫化ナトリウムが同約19倍，シアン化ナトリウムが約43倍など多くの危険貨物が設計基準を超過して大量に保管されていたこと，④可燃性爆発危険貨物の包装がずさんで現場に監督責任者を配置していなかったこと，⑤天津市交通運輸部門に重大危険物質の届出と登記を行っていなかったこと，⑥危険物質管理のための資格を取得していなかったり，関連する教育やトレーニングも受けていなかったりした従業員がいたこと，さらには⑦事故発生に備えた避難訓練などを行っていなかったこと，などが挙げられている。これらの点については，消防隊員が初期消火の際に十分な情報を得られなかった要因のひとつとしても指摘されている。

こうした同公司の違法経営の背景には，危険化学物質を扱う物流業の構造的問題があることも留意すべであろう。事故前の8月5日に物流関係ウェブサイトに掲載された記事には，中国物流・採購聯合会がとりまとめた「危険化学物質産業政策調査研究報告」を参照しながら中国の危険化学物質の運輸・保管をめぐる諸問題が挙げられている。その中で，危険化学物質取扱物流業の多くは経営規模が小さく，経営の実力が伴っておらず，専門的対応能力を欠いており，無許可経営も時々発生していることや倉庫内でのずさんな保管，倉庫間の安全距離の欠如，企業の安全・責任意識の弱さ，担当者の専門知識の欠如などが指摘されている。事故後に同聯合会危険化学物質物流分科会の秘書長である劉宇航は，事故を起こした瑞海公司は非会員であるため，同聯合会はその企業の状況を把握していないという（翟 2015）。交通運輸部化学研究院の彭建華副研究員は，危険化学物質の貯蔵保管の需要に対して倉庫が30％以上足りず逼迫していることが違法経営者や闇倉庫の温床になっていると指摘している（楚 2015）。また，事故報告書においても，上記の違法行為以外に，瑞海公司の職員が硝化綿の包装途中で包装をやぶいてしまい，硝化綿が飛び散ったことや，同公司が硝化綿の供給販売を委託した河北三木纖素有限公司が硝化綿を包装する袋に耐熱パックを用いていなかったこと等，危険物質のずさんな取り扱いが明らかにされている（国務院事故調査組 2016, 16）。

2．安全生産管理体制の機能不全

事故調査報告では，瑞海公司の危険貨物業務に対する安全管理体制として，審査許認可の面だけでなく，日常監督や評価・コンサルティングの側面からも責任機関・組織が挙げられるとともに，党・政府部門の責任にも言及されている。表4-5～8はそれぞれの局面ごとに責任が指摘されている機関・組織を整理したものである。このうち表4-6と4-7は事故調査報告書の付表（附件）をもとに書きだしたうえで，本文の記述を参照しながら一部加筆修正を行うとともに，審査・許認可の権限についての情報を加えた。事故調査報告書では安全生産管理体制について以下のような問題点があったことが明らかにされている。

党・政府部門については，まず天津市共産党委員会および人民政府が，①党の安全生産方針政策，国家安全生産，港湾管理，公安消防等の法規政策，天津港の危険化学物質安全管理の総合調整，天津港（集団）有限公司の行政管理機能，天津市交通運輸委員会や濱海新区党・政府安全生産任務に対する指導などが徹底されなかったこと，②関係部門や組織の天津市都市総体規劃に対する違反への査察管理を失念していたことなど，安全生産管理体制全般にかかる責任が指摘されている。さらには濱海新区党・政府や中央政府の交通運輸部，海関総署（税関）についても関係する責任が指摘されている。

具体的な貨物業務に関しては審査許認可，日常監督，そして業務の仲介や請負を行った評価・コンサルティングに関して表4-6～8に挙げられた機関・組織のそれぞれの責任が指摘されている。この中でも，天津市交通運輸委員会，天津港（集団）有限公司，天津海関，濱海新区市場・質量監督局，濱海新区環境保護局については，貨物業務の審査許認可だけでなく，貨物業務に対する日常監督についても権限と任務を有していたことから，危険貨物業務にともなう安全管理に関して重要な役割を担う機関として責任が重いと考えられる。

そのうえで事故調査組は，24名の企業関係者（瑞海公司13名，コンサルティング機構11名）および25名の行政監察対象者について刑事責任を追及すること，また74名については免職（21名），降格（23名）等を含む党紀政紀処分を，48名については訓戒（「誡勉談話」）・教育（「批評教育」）措置をとること，さらに仲介・請負を行ったコンサルティング機構５社については行政処罰を適用することを提案している（国務院事故調査組 2016, 51）。

翌年11月７日から９日にかけて天津市第２級人民法院その他基層法院でおこなわれた刑事裁判によって上記49名について判決が下された（『日刊中国通信』2016年11月11日付）。瑞海公司の于会長が危険物質違法貯蔵罪，違法経営罪，危険物品事故罪，贈賄罪を問われ執行猶予２年の死刑判決と罰金70万元の支払いを言い渡された。同公司の董副会長，只社長を含む幹部５名については危険物質違法貯蔵罪，違法経営罪，危険物品事故罪で無期から15年までの間の懲役刑を言い渡された。同公司の他７名の直接責任者は10年から３年の懲役刑が命じられた。また，天津市交通運輸委員会の武主任ら25名の国家

表4-5　党・政府部門

●天津市共産党委員会・人民政府
●天津市濱海新区党委員会・政府
●交通運輸部
●海関総署

（出所）　国務院事故調査組（2016, 46-17）より筆者作成。

表4-6　瑞海公司の貨物業務に対する審査認可機関

機関名	審査認可内容
◆天津市交通運輸委員会	港湾危険貨物経営資格・港湾施設建設
◆天津港（集団）有限公司	港湾プロジェクト規劃，検収初審，港湾建設プロジェクト入札・建設，質量監督管理，消防設計審査・検収
◆天津海関	海関監督管理区，危険貨物税関
●天津市規劃局，濱海新区規劃・国土資源管理局	規劃
◆濱海新区市場・質量監督局（工商）←天津市市場・質量監督管理委員会	工商注冊登記，経営範囲審査
◆天津市濱海新区環境局	環境影響報告
●天津市濱海新区行政審査認可局	環境保護検収

（出所）　国務院事故調査組（2016）附件４を一部修正。
（注）　→は業務指導関係を指す。◆は審査認可と日常監督の責任が共に指摘された機関。

機関の職員には職務怠慢罪や職権乱用罪で３年から７年の懲役刑が言い渡された。そのほか，天津市交通運輸・港湾管理局の李志剛副局長ら８名には収賄罪の判決が下されたという。

なお，2016年９月13日に天津市党委員会書記代行の黄興国市長は「重大な規律違反の疑い」で調査を受けていると発表されるとともに，書記代行兼市長が解任された（『JIJI.COM』2016年９月13日付）。その詳細は不明であるが事故責任についても問われたものと推察される。

また事故調査報告書では，安全生産管理体制について，法規制の不備，安全生産および法規制そのものに対する遵法意識の欠如，事故応急処置能力の

表4-7　瑞海公司の貨物業務に対する日常監督機関・組織

◆天津市交通運輸委員会
◆天津港（集団）有限公司
◆天津海関
→天津新港海関
●天津市安全監督局
→濱海新区安全監督局
→濱海新区安全監督局第一分局
→天津港集装箱物流園区安全監督ステーション
◆天津市市場・質量監督管理委員会
→濱海新区市場・質量監督局（工商，特殊設備）
●天津海事局
→北疆海事局，東疆海事局
●天津市公安局
→天津市公安局消防局→天津市濱海新区公安局
◆天津市濱海新区環境保護局

（出所）　国務院事故調査組（2016）附件 4 を一部加筆修正。
（注）　→は業務指導関係を指す。◆は審査認可と日常監督の責任が共に指摘された機関。

表4-8　瑞海公司の貨物業務に関する評価・コンサルティング機関・組織

●中濱海盛安全評価公司
●天津水運安全評価審査センター
●天津市化工設計院
●天津市交通建築設計院
●天津市環境工程評価センター
●天津博維永誠科技有限公司

（出所）　国務院事故調査組（2016）附件 4 を一部修正。

不足に加えて，中央―地方―現場の間での権限や役割の重複，不明瞭な分担をはじめとする安全管理体制の構造についても問題があることが指摘されている。また，危険化学物質の生産，保管，使用，経営，運輸，輸出に至る各局面にかかわる行政部門が多く，許認可，資格管理，行政処罰といった一連の監督管理システムが未熟であり，危険化学物質に関する情報の共有システムが不備であること等も問題とされた（国務院事故調査組 2016, 90-98）。

3．防災・減災対策の欠如

事故調査報告では断片的にしかふれられていないが，持続可能な都市という観点から，重化学工業都市としての濱海新区の防災・減災対策が不十分であったことは重要な論点である。第1に，そもそも事の発端は瑞海公司の違法な危険倉庫の経営にあるものの，新区には工業用倉庫の設置が可能な工業・港湾用地が豊富にあったこと，しかもそのような用地に住宅・商業用地が隣接していたことが，事故被害を大きくしたと考えられる。爆心地と最も近い居住区は500～600メートルの距離のところにあったという（張 2015）。

第2に，上記の点と関連して，地域の社会経済発展計画や都市計画において生産事故リスクへの対策が十分に考えられてこなかったことが挙げられる。2006年から2010年までの天津濱海新区国民経済・社会発展“十一五”規劃綱要では，濱海新区をハイレベルな現代製造業および研究開発基地，北方国際航空運輸センター，国際物流センターとして開発していくなかで，資源節約・循環型経済，人と自然の調和的発展，環境汚染の総合対策を推進していくことなどが掲げられているが，「減災・防災」については「突発的公共事件への応急メカニズムの確立」にふれられているだけである。他方，同時期に策定された「天津市濱海新区総体規劃（2005－2020年）」では，「都市の持続可能な発展」が掲げられ，各地域の空間構造を視野に入れた発展計画が書き込まれた。その中で爆発事故のあった塘沽城区については港湾や貨物物流地域の環境影響軽減についてはふれられているものの，住工近接空間構造への対応は書き込まれていない。なお，第十四章「都市総合防災減災」では危険化学物質の管理強化，環境応急システムの確立などは書き込まれている。2011年から2015年までの第12次五カ年計画では，前五カ年計画の目標を引き継ぎながら，「生態型新城区」を建設するという新たな目標が掲げられ，また産業事故リスクについては「安全生産監督管理を強化」するとして，「重点産業領域の特別対策とリスクの洗い出しによるガバナンス・メカニズムを確立し，重大特大事故の発生を防止する」と新たに書き込まれた。しかしながら生態型新城区の建設において工業と住宅の近接する空間構造の改造という視点はみられない。しかも2006年以来の五カ年計画で危険化学物質管理や安全生産監督管理の強化が掲げられてきたものの，爆発事故の要因としてずさんな安全管理体制の実態があったことは事故調査報告でみたとおりである。

第3に，生産事故が発生した際の消防およびその他緊急対応体制が確立していなかったことが指摘できる。事故調査報告では，企業の側も行政の消防組織の側も，危険化学物質関連の重大事故が起きた際の備えや訓練，または対応のための専門知識・能力が欠けていたこと等が指摘されている（国務院事故調査組 2016, 93）。また，事故の3年前に発表された天津市公安消防局の陳（2012）による論考の中で，新区は北方エネルギー備蓄センターおよび石油化学工業基地における巨大火災のリスクが高いばかりでなく，都市への人口集中にともない一般的に火災リスクが高くなることが予想されると指摘していた。しかしながら，新区の消防組織および消防能力が脆弱で，地域社会経済の発展のスピードに追いついていないとして，新区公安消防局の設置が提案されていた。8月12日の爆発事故はこうしてすでに指摘されていた消防体制の脆弱性を改めて浮き彫りにしたところである。

以上のように，防災・減災対策という観点からみると，「産城融合」空間構造を前提とした産業事故リスクに備えたガバナンスの欠如があったことが指摘できる。とくに危険化学物質の安全管理や消防体制の不備などについて事前に専門家や実務担当者が認識していたにもかかわらず，それを都市ガバナンスの重要な課題として対策をとってこなかったことは，都市開発に邁進してきた天津市にとって重い教訓となった。

第5節　安全生産管理と都市建設の行方

8・12爆発事故を受けて，第1節で述べたように全国安全生産大検査が展開されたほか，地域発展計画において安全生産管理の強化だけでなく都市空間構造の改変についても課題として掲げられるようになったことは注目される。

事故から間もない10月，濱海新区は爆発事故の影響を早急に払拭すべく「第4四半期に『第13次五カ年計画（2016－20年）』の良好な始動の実現に向けた取り組みを行うことについての意見」をとりまとめ，14日に公表した（『日刊中国通信』2015年10月16日付）。同意見では爆発事故で被害を受けた住宅の修繕と中心地区の住宅供給安定化，開発プロジェクトの計画・着工・稼働などを含めた社会経済の安定的な発展への取り組みのほか，危険化学物質製造企業や危険貨物取扱企業の安全点検の実施，さらには危険化学物質製造企業を，居住エリアから比較的離れている新しい開発区である南港工業区への移転を進めることなどを明らかにした。

また天津市は同月に「安全天津建設綱要（2015－2020年）」を策定した。その綱要の推進のために23日に開かれた会議において黄市長は「安全天津建設は民生安定を保障する重要な前提で，安全は最大の民生であり，生命は最も尊く，生命に価格はつけられない」と述べ，同綱要の重要性を強調した（『天津日報』2015年10月23日付）。同綱要はその前文で，「天津港8・12瑞海公司危険物倉庫特別重大火災爆発事故の沈痛な教訓を深刻に汲み取り，都市安全保障の水準を全面的に向上させ，安全天津の建設に努め，社会経済発展の良好で安全な環境を創造すべく，本綱要をとくに制定する」と書かれている。ここでいう「安全建設」とは「生産，生活，経営活動における人員傷害および財産損害をもたらす安全事故の発生を避けるため，予防，コントロール，救援措置および関連する取り組みをとる」ことを指すとされた（『天津網』2015年10月26日付）[25]。同綱要は背景・目標部分以下，4つの大項目と22の小

表4-9　安全天津建設綱要（2015-2020年）の骨格

【建設目標】安全理念を強固に樹立し，総体的要求を全面的に把握する
①2014年比で各種事故の死亡者数を10%以上削減
②１億元生産総額当たり生産安全事故の死亡率を30%以上削減
③鉱工業商業貿易従事者十万人当たり生産安全事故死亡率を20%以上削減
④道路交通１万両当たり死亡率を20%以上削減
⑤特殊設備１万台当たり死亡率を35%以上削減
⑥火災10万人当たり死亡率を0.17以内
【主たる措置】
(1)　厳格な安全責任を徹底的に遂行し，安全発展の基礎を堅牢にする
①企業主体責任の強化／②部門監督管理責任の強化／③政府所管地域責任の強化
(2)　重点領域のガバナンスを深め，安全発展産業を打ち立てる
①危険化学物質安全工程の実施／②工業重点領域安全工程の実施／③交通運輸安全工程の実施／④建築施工安全工程の実施／⑤公共空間安全工程の実施／⑥都市公共施設安全工程の実施／⑦食品薬品安全工程の実施／⑧公共消防安全工程の実施
(3)　保障システムを完成させ，安全で長期有効なメカニズムを構築する
①法規制度体系の確立／②空間規劃体系の確立／③科学技術支援体系の確立／④応急救援体系の確立／⑤安全文化体系の確立／⑥政策支持体系の確立
(4)　組織指導を確実に強化し，全力で任務遂行の徹底を推進する
①「大安全」事業の展開／②厳格な検査評価の実施／③より広範な社会監督の実行／④より厳格な責任追究の実行／⑤強力な推進メカニズムの形成

（出所）「安全天津建設綱要（2015-2020年）」より一部訳出。

項目から成っている（表4-9）。建設目標としては，「2020年までに市全体で安全生産企業主体，部門監督管理，政府所管地域（『属地』）の各責任についての長期有効メカニズムを完成させ，事故リスク防止管理水準と公衆の安全意識を向上させ，重点産業領域の安全生産状況を全面的に改善し，安全保障能力を強化し，重大・特大安全事故を有効に抑制する」として，建設目標とおもな措置が書き込まれた。

2016年２月には，危険化学物質企業，交通運輸，建築施工，公共空間，都市上下水道，ガス・熱・電気供給，ガソリン・天然ガス供給・貯蔵，特殊設備，食品薬品，消防安全，応急救援体系，安全生産保障体系と12の各領域に関する実施方案が市内各地方政府，行政部門および直属機関に通達された（『天津市人民政府公報』2016年２月26日付）。

さらに，2016年6月に公表された「天津市濱海新区国民経済・社会発展第13次五カ年規劃綱要」において，第10章に「全方位で安全保障を強化し，安全な濱海を高い基準で建設する」として，安全生産の責任の厳格な実施，重点産業領域の安全監督管理の強化，食品薬品安全の強化，公共消防安全の強化，安全監督管理能力建設の強化が掲げられた（『天津・濱海新区』2016年6月23日付)。このなかで前年10月に新区が発表したとおり，危険化学物質の製造および貯蔵企業を南港工業区に徐々に移転させること，また一定の条件を満たさない危険化学物質取扱企業については移転措置のほか，閉鎖や生産転換も進めていくこととされた。こうして8・12爆発事故の教訓をふまえ，「安全天津建設」の方針が，新区の経済・社会発展五カ年計画にも反映されるようになった。

しかしながら，工業と都市が混在する「産城融合」型の地域が完全に解消されるわけではなく，新区のひとつの地域類型として存続していくことが前提とされている。重化学工業化が牽引してきた濱海新区の住工混在型都市は，今後とも産業事故リスクに向き合いながら，安全な都市の建設を進めていくという困難な舵取りが続くことであろう。

おわりに

本章では，2015年8月12日に天津港で発生した爆発事故を事例として，事故の背景や事故があぶりだした安全生産管理および都市開発上の問題点を検討してきた。中国の都市には天津市濱海新区のように重化学工業の生産・流通拠点と居住区が混在している「産城融合」型都市が少なくなく，大小の産業事故の被害が各地で発生している。天津港爆発事故の調査報告書から，立地，施設建設，安全・環境影響評価に関する審査許認可から日常監督管理に至るまで安全生産管理のずさんな状況が明るみに出されている。その後に全国規模で行われた安全生産検査においても450万件以上にのぼる大量のリスクが確認されており，天津港爆発事故はそのリスクが顕在化して大災害となった事例として，その教訓と課題を広く共有していくことが重要であろう。また，その事故の教訓を受けて，安全生産管理体制の強化のみならず，危険化学物質取扱企業の居住エリア付近からの移転を含む都市空間構造の見直しが行われるようになったことは，都市の持続可能な発展という観点から一定の評価をすることができる。

しかしながら，「産城融合」型空間構造がすぐに解消される見通しはなく，今後とも重化学工業が集積した都市の災害リスクをどのように軽減し，また防止していくのかという課題への対応が迫られる。その際に，関係する組織と個人が，いかなる制度と仕組みのもとで相互に協力・協調しながらそれぞれの役割を果たして行くことができるのかという点から検討が必要であろう。環境保全と防災・減災を連続した問題としてとらえたガバナンス（大塚 2015b），すなわち「リスク・ガバナンス」の観点からすると，黄前市長が述べたように「安全は最大の民生であり，生命は最も尊く，生命に価格はつけられない」という点をふまえて，安全を守るための規制の徹底と防災・減災を担う公的専門的集団のキャパシティ・ビルディングについては政府のよりいっそうの介入が求められるところである。また，政府主導のガバナンスの強化とともに，住民や企業による防災・減災への日常的な訓練や知識の共有が促進されるような支援策も必要であろう。

さらにそうしたリスクをもたらす都市の空間構造は一朝一夕で形成されるものではなく，自然地理的な基盤，歴史的な経緯，そして現代の漸進的な社会経済活動の積み重ねの結果としてのストックが反映されるものであることにも留意しなければなるまい。そこで，リスクそのものを縮小させる都市の空間構造のあり方について，居住者の現在のニーズだけでなく，都市の中長期的将来像を見据えた議論を地域住民，行政，事業者，専門家らによって積み重ね，安全で持続可能な都市空間を実現するための官民投資のあり方について知恵を絞っていくことが必要であろう。そのためには，単なる「政府の介入」強化でもなく，また単純な「政府の退出」でもない，地域の公共空間を関係主体（ステークホルダー）が協働で管理・運営しながら，市場経済活動を誘導していくというガバナンスの手法を編み出していくことが，持続可能な都市形成に向けた安全で長期有効なメカニズムにつながっていくのではないだろうか[26]。

〔注〕

(1) 中国では，環境保全に積極的な物事や団体にしばしば「グリーン」（緑色）という言葉が使われる。「グリーン・シティ」は「環境に優しい都市」という意味と思われる。

(2) なお，2005年に起きた松花江汚染事故では事故調査報告書は事故から1年経って概要が報道されただけで，詳細は公表されなかった（大塚 2015a）。

(3) 濱海新区政務網―歴史沿革（http://www.bh.gov.cn/html/BHXQZWW/LSYG22363/List/index.htm.）。

(4) 国家安全生産監督管理総局安全監督総局網站2015年4月14日掲載記事（http://www.chinasafety.gov.cn/newpage/Contents/Channel_21449/2015/0414/248746/content_248746.htm）。

(5) 本章を執筆するにあたり，特に事故の経緯と要因については，政治的に敏感な問題であることから現地調査が困難であり，かつ国内外での信頼できる情報が限られているため，主に国務院事故調査組（2016）に依拠しながら，できるかぎり関連する新聞・雑誌記事にあたるという方法をとらざるを得なかった。もっとも，今後情報開示や一次資料による調査が可能となれば改めて本章の内容を検証する余地はあるだろう。

(6) 中国における改革開放以降の産業の牽引役は一般に労働集約的な軽工業とされているが（岡本 2013, 76-77），1990年代以降は資本集約的な重化学工業も台頭してきたたことが指摘されている（唱 2011, 32-43）。

(7) 『中外対話』（chinadialogue）2015年8月27日掲載記事（https://www.chinadialogue.net/article/show/single/ch/8142-Timeline-China-s-chemical-disasters），漳州PX事故については『財経』2015年第11期46-54頁，恒台経済開発区の事故については『財経網』2015年8月23日掲載記事（原典は長江新聞）（http://politics.caijing.com.cn/20150823/3952698.shtml）を参照。

(8) この事故では，爆発によって8人が死亡，60人が負傷したほか，周辺住民数万人が避難，1000戸余りの住宅の窓ガラスが割れた。またその時ベンゼン類が松花江に流出し，同河川を取水源としていた下流のハルビン市では4日間断水を余儀なくされた（大塚 2015a）。

(9) 国家安全生産監督管理総局『安全生産大検査専刊第19期』2015年12月18日

掲載記事（http://www.chinasafety.gov.cn/newpage/Contents/Channel_21861/2015/1218/262165/content_262165.htm）。

⑽ 「天津濱海新区条例」『天津市人民代表大会常務委員会公報』（2015年２月）。

⑾ 『天津市人民政府公報』2008年第７期，8-16頁。

⑿ 天津・濱海新区ウェブサイト「歴史沿革」（http://www.bh.gov.cn/html/bhxqz-ww/LSYG26488/List/index.htm）。

⒀ 「天津濱海新区条例」『天津市人民代表大会常務委員会公報』（2015年２月）。

⒁ 天津市濱海新区統計局2016年３月21日。

⒂ 2015年末の全市常住人口は1546万9500人，外来人口は500万3500人，その比率は32.3％（「2015年天津市国民経済和社会発展統計公報」（http://www.stats-tj.gov.cn/Item/25858.aspx）。

⒃ 国家統計局ウェブサイト参照。同局によると2013年後期から重工業・軽工業の分類による統計データを掲載しなくなったという（http://www.stats.gov.cn/tjzs/cjwtjd/201311/t20131105_455942.html）。

⒄ 事故発生直後には政府による公表情報が乏しく，様々な憶測や噂がネットやメディアで飛び交う状況になったこと，それに対してインターネット弁公室（「網信弁」）が360のミニブログ（「微博」）のアカウントと50以上のインターネットサイトの取り締まりを行ったとされている（『財経網』2015年８月17日掲載記事，原典：中央電視台［http://politics.caijing.com.cn/20150817/3948485.shtml］）。

⒅ 瑞海公司の幹部によるとこの硝酸アンモニウムは国外から輸入したものであり，「すべて鉱山の爆破に使うものだ」と説明されている（『日刊中国通信』2015年８月21日付）。

⒆ 2016年12月14日筆者による現地視察。

⒇ 環境保護部ウェブサイト「環境要聞」９月11日掲載記事，原典：中国環境報（http://www.mep.gov.cn/xxgk/hjyw/201509/t20150911_309637.shtml）。

(21) 「地下水質量標準」によると地下水Ⅲ類基準は「人体健康基準を根拠とし，集中式生活飲用水源及び工業・農業用水に適している」とされる。

(22) 『日刊中国通信』2015年９月８日付記事。その後の報道では面積43ヘクタールの公園として2016年５月末には完成見込みとされていた（『日刊中国通信』2016年３月10日付記事）。

(23) 同園は面積513ヘクタールに及ぶ広大な公園であるが，もとは河川敷の不法投棄場所として大量のごみが野積みされていたところであった（2014年９月３日現地視察及び http://www.gardenexpo-park.com/）。

(24) なお，瑞海公司は2012年11月に72人の従業員を抱える民営企業として設立された。

(25) なお社会治安，環境保護，公衆衛生などについてはここに含まれていない。

(26)　この点については本書では中心的課題ではないものの，都市を「人工的な社会的共通資本を管理・維持するための制度，組織」ととらえる議論があり（宇沢・茂木 1994），持続可能な都市のあり方について今後検討していくうえで参考になる。また，都市空間の共的ガバナンスについては欧米を中心に豊富な事例がある。この点での本格的な比較研究は別の機会に期したい。

〔参考文献〕

＜中国語文献＞

陈亚锋 2012.「関於天津濱海新区消防監督管理体型的思考」『火災科学　中国公共安全・学術版』第1期，54-59.

楚峰 2015.「危険品物流：窘境中的変革」『運輸経理世界』17期，51-57.

孟罡 2011.「天津濱海新区的崛起」中国共産党歴史網（2011年5月25日）.（http://www.zgdsw.org.cn/GB/218994/219014/220570/222735/14739027.html，2017年1月22日アクセス）

関爽 2009.「濱海新区行政管理体制改革的路径選択探究」『中山大学研究生学刊（社会科学版）』第30巻第3期，59-67.

国務院事故調査組 2016.「天津港"8·12"瑞海公司危険品倉庫特別重大火災爆炸事故調査報告」（http://www.chinasafety.gov.cn/newpage/newfiles/201600812baogao.pdf）国家安全生産監督管理総局ウェブサイト「工作動態」2016年2月5日掲載.

李泊渓 1996.「増創新優勢更上一層楼―談天津経済技術開発区的発展」『理論与現代化』7期，3-6.

李墐茜・巣元凱　2010.「浅析濱海新区住房建設規劃的若干問題」中国城市規劃年会2010年10月15日.

虞冬青 2003.「新区建設的里程碑―析《天津濱海新区条例》的頒布」『天津経済』総第110期，61-62.

天津市地方誌編修委員会弁公室 2009.『天津通誌・規劃誌』天津：天津科学技術出版社.

邢海峰・紫彦威 2003.「大城市辺縁新興城区地域空間結構的形成与演化趨勢―以天津濱海新区為例」『地域研究与開発』第22巻第2期，21-25.

王徳恵 1995.「以服務促聯合　以聯合求発展」『城市』01期，5-7.

閻妍 2014.「天津濱海新区近年産業結構特征分析」『天津職業技術師範大学学報』第24期第3期，39-42.

翟永平 2015.「危化品倉儲運輸問題待解」『中国物流与採購』17期，46-47.

張蘭蘭 2015.「“城圍化工”背後的産城融合困局　評説天津濱海新区規劃」『中華建設』10期, 32-33.
趙永革 1996.「京津共建中国“北方浦東”的探討」『城市発展研究』03期, 52-62.
中共天津市委党校経済発展戦略研究所 2012.「天津濱海新区経済发展研究報告(2012)」『求知』02期, 33-37.
——— 2013.「天津濱海新区経済発展研究報告（2013)」『求知』01期, 40-44.
——— 2014.「天津濱海新区経済発展研究報告（2014)」『求知』02期, 52-55.

＜日本語文献＞
宇沢弘文・茂木愛一郎編 1994.『社会的共通資本——コモンズと都市——』東京大学出版会.
大塚健司 2008.「中国の地方環境政策に対する監督検査活動——その役割と限界——」寺尾忠能・大塚健司編『アジアにおける分権化と環境政策』アジア経済研究所.
——— 2015a.「中国における環境災害対応と環境政策の展開——2005年松花江汚染事故をめぐって——」寺尾忠能編『「後発性」のポリティクス——資源・環境政策の形成過程——』アジア経済研究所.
——— 2015b.「中国の環境災害への政策対応とガバナンス——応急体制, 問責, リスク低減——」『環境経済・政策研究』 8(2) 59-62.
岡本信広 2013.『中国——奇跡的発展の「原則」——』アジア経済研究所.
唱新 2011.『資本蓄積と産業発展のダイナミズム——中国産業の雁行型発展に関する経済分析——』晃洋書房.

＜日本報道等＞
『日刊中国通信』2015年８月19日.
『日刊中国通信』2015年８月21日.
『日刊中国通信』2015年10月16日.
『日刊中国通信』2015年11月19日.
『日刊中国通信』2015年12月18日.
『日刊中国通信』2016年11月11日.
『日本経済新聞』2015年９月21日.
『日本経済新聞』2015年12月28日.
『JIJI.COM』2016.「習主席元部下が失脚＝天津市トップに江沢民氏側近－権力闘争激化か・中国」(http://www.jiji.com/jc/article?k=2016091300716&g=int) 9月13日.

<中国報道等>
『財新周刊』2015年8月24日，52-54.
『財経網』2015.「天津爆炸案，2个月了」(yuanchuang.caijing.com.cn/2015/1013/3982401.shtm) 10月13日.
『海峡都市報』2016.「天津爆炸重建一年：土壌修復進行中公園建設延期」(http://www.mnw.cn/news/china/1306762.html) 8月4日.
環境保護部ウェブサイト2015.『環境新聞』9月11日。(http://www.mep.gov.cn/zhxx/hjyw/201509/t20150911_309637.htm，2016年3月6日アクセス。2017年2月19日時点で下記サイトで記事を閲覧可能。http://www.ezaisheng.com/news/show-23479.html)
『天津・濱海新区』2016.「天津市濱海新区人民政府関於印発天津市濱海新区国民経済和社会発展第十三个五年規劃綱要的通知」(http://www.bh.gov.cn/html/FGW/XWZX21818/2016-06-23/Detail_904052.htm) 6月23日
『天津市人民政府公報』2016.「安全天津建設綱要（2015-2020年）12个専項安全建設実施方案的通知」(http://www.tjzb.gov.cn/2016/system/2016/02/26/010001050.shtml) 2月26日
『天津日報』2015.「黄興国：深化安全理念加強安全管理 落実安全責任」
(http://cpc.people.com.cn/n/2015/1023/c64102-27732102.html) 10月23日
『天津網』2015.「安全天津建設綱要（2015-2020年）」(http://www.tianjinwe.com/tianjin/tjsz/201510/t20151026_908632.html) 10月26日
『中国物流与採購網』2015.「剖析6大“攔路虎”制約我国危化品物流」(http://www.chinawuliu.com.cn/zixun/201508/05/303925.shtml) 8月5日

第5章

都市・農村発展の一体化に向けた農村改革の到達点と課題

山田　七絵

はじめに

開発経済学の二重経済モデルで広く知られているとおり，都市の発展は農村のそれと表裏一体をなしている。とりわけ開発途上国においては，農村からの安価で豊富な労働力の供給は都市化と工業化の必要条件である。しかし，途上国が農業部門をなおざりにしたまま工業部門の開発を優先させれば，いずれ農村は疲弊し食料不足に陥り，その国の経済は停滞する（速水 1995, 80-83）。持続的な経済成長を維持するためには，均衡のとれた都市と農村の発展が肝要である。

2012年11月に第18回党大会で発表された中国の新型都市化（中国語で「新型城鎮化」）政策では，まさに「城郷発展一体化」，つまり都市・農村の一体的な発展が中心的な政策課題のひとつとして位置づけられている。2013年12月の中央都市化工作会議（「中央城鎮化工作会議」）上で習近平国家主席は，「新型都市化を推進することは農業，農村，農民問題を解決するために辿るべき重要な道である」と述べた（『新華網』2013年12月14日付）。新型都市化の従来の政策と異なる特徴のひとつは，これまで別々に論じられがちであった都市建設と三農問題（農業の低生産性，都市と農村の社会インフラの格差，都市住民と農村住民の所得格差といった問題の総称）を結び付け，統一的な国家発展戦略を描いている点である[1]。

ここで注意しなければならないのは，城郷発展一体化という表現にも端的に表される，中国の都市と農村の特殊な関係である。改革開放以降急速に進展した中国の都市化は，都市を取り囲む広大な農村からの安価な労働力の供給や農地の転用によって支えられてきた。しかし，こうした資源供給は計画経済時代に形成された差別的な都市と農村の二元構造のもとで進行したため，都市化による利益が農村に十分還元されず，結果的に都市・農村住民のあいだには極めて大きな経済格差が生じることとなった。新型都市化ではこのような歴史の反省に立ち，今後中国が市場メカニズムにのっとった都市化を進めていくための準備として，都市と農村の二元構造の撤廃と生産要素市場の統合をめざしている。同時に，従来の都市化の中で軽んじられてきた農村住民の権益の保護によって経済・社会的な格差の解消を図っていく。これが新型都市化における城郷発展一体化のねらいである。

城郷発展一体化政策は大きく分けて，都市・農村の生産要素市場の統一や農村の社会サービスの拡充（農村開発）と，すでに都市で就業している農民工の市民化に向けた制度改革および都市機能の拡充（都市建設）という二つの内容を含む。本章では前者，すなわち農村で進められている城郷発展一体化のための制度改革の実態（本書でいう「制度的都市化」）とその課題について論じる。中国には中央，地区，市，県，郷鎮と五つの行政レベルがあるが，本章では政策文書などで城郷発展一体化がおもに照準を合わせている「県域」，すなわち「県城」（県政府所在地）およびその周囲の農村を分析対象とする。行政レベルとしては県，郷鎮，その下の住民自治組織である行政村，村民小組が含まれる。

本章の構成は以下のとおりである。第1節では，新型都市化における農村改革の位置づけを明確にするため，新型都市化のロードマップである「国家新型城鎮化規劃（2014－2020年）」（以下，「規劃」）の内容と特徴を確認する。そのうえで，従来の都市化に対する農村の貢献（労働力と土地の供給）について統計を用いて示し，そのなかで農村が直面している問題を整理する。第

２節では，都市化に関連する諸制度（土地制度，開発計画，公共サービスの供給）の内容と城郷発展一体化にむけた改革の到達点を確認する。第３節の事例分析では，江蘇省と江西省農村での現地調査に基づき，城郷発展一体化に向けた農村改革の進展状況と課題を明らかにしたい。

第１節　中国の新型都市化における農村改革の位置づけ

１．「国家新型城鎮化規劃（2014－2020年）」の内容と特徴

⑴　概要

2014年３月，中央中共・国務院は新型都市化政策のロードマップである「規劃」を公布した。この中で城郷発展一体化はどのように位置づけられているかを確認したい。

「規劃」の城郷発展一体化の推進に関する部分（第６篇，第20～22章）は，①城郷発展一体化に向けた管理体制の整備，②農業現代化のさらなる推進，③社会主義新農村の建設，の三つの柱からなる（表5-1）。全体の目標は，都市・工業部門から農村・農業部門への資金や資源の移転による支援，農村における農民負担の軽減と規制緩和による農村経済の活性化という従来の農業政策を踏襲しつつ，さらに都市と農村の格差を縮小し，都市化と新農村建設を推し進めること，となっている。また，対象は県域であることが明記されている。

①は都市と農村の生産要素市場の統一と，開発計画や経済社会サービスの統一，の二つの部分から構成される。前者は労働市場における就業や給与面での差別の撤廃，建設用地市場の統一と土地収用時の農民への適切な補償，農業技術者の派遣による技術移転，三農関連の金融サービスの拡大，農業保険制度の拡充，を推進している。後者では，地域の開発計画，土地利用計画などを立てる際に，都市建設，農地の保護，産業の集積，村落の保存や環境

表5-1 「規劃」における城郷発展一体化の内容

第６篇　城郷発展一体化の推進

① 城郷発展一体化にむけた管理体制の整備
- 生産要素市場（労働力，土地，技術，金融サービス）の統一
- 開発計画，インフラ，公共サービスの統一

② 農業現代化のさらなる推進
- 食料安全保障，重点農産物の安定供給（農地保護，農業インフラ建設，産地育成，農業生産に関する省長責任制）
- 農業現代化の推進（農業技術普及，農業機械化，農業組織・大規模経営の育成，農業関連サービス供給システムの整備）
- 農産物流通システムの整備（IT の活用，物流網の整備）

③ 社会主義新農村の建設
- 農村基層の開発計画の策定および管理能力の向上，「美麗郷村」建設
- 農村インフラの整備（上水道，電力，交通，環境整備）
- 農村社会サービスの発展（教育，医療，文化活動，社会保障）

（出所）「国家新型城鎮化規劃（2014－2020年）」より筆者作成。

保護などの目的に応じて合理的なゾーニングを行うことが謳われている。そして農村のインフラや公共サービスへの財政投資を拡大し，政府主導で公共サービスのカバー率を上げていくことをめざすとしている。

②は近年の農業政策でも目標となっている，農業現代化の推進である。内容は食料安全保障，農業技術の普及と担い手の育成等による農業現代化の推進，農産物流通システムの整備，の３つの柱からなる。この部分は本来農業政策に属するもので都市化との関連が薄いため，詳しい説明は割愛する。

③は社会主義新農村の建設である。農村人口が都市に移動していく前提のもと，第１に農村基層の行政機構（郷鎮，村）の開発計画の策定・管理能力を向上させ，各地の特色を生かした「美麗郷村」建設（美しいふるさとづくり）を行うこととしている。集落が分散して立地している地域については交通条件などのよい地域の中核となる村（「中心村」）を重点的に発展させ，文化的な価値のある村は保存し，住民の意思を尊重しつつ集落の再整備を行う。第２に，農村の上下水道，電力，交通，環境設備などインフラの整備が挙げられている。第３に，農村の教育，医療，文化活動，社会保障などの社会

サービスの発展がある。教育では小中学校および寄宿舎の整備，教師の育成，農村における職業訓練システムの整備をめざしている。医療では県の病院の整備を優先的に行い，県主導で郷鎮，村の医療サービスを整備していく。社会保障については，「留守児童」（後述），婦女，高齢者などに対するサービスを充実させるとしている。

(2) 特徴

全体を通して，制度の統一による都市と農村間の合理的な資源配分，農村開発による食料安全保障と公共サービスの底上げによる格差の是正という政策的なねらいが読み取れる。興味深いのは，都市化政策でありながら正面から農業現代化や社会主義新農村建設といった農業・農村政策を取り上げている点である。広大な国土を有する中国では，将来都市が拡大したところで都市が国土に占める空間的な比重は相対的に小さい。同時に巨大な人口を抱えているため，食料安全保障は国家の安定を維持するための重要な政策的課題である。したがって中国で長期的な都市化のありかたを考える時，都市の発展のみに着目するのではなく，農村を含めた地域全体をいかにゾーニングし，いかに農業生産，環境資源の涵養，伝統文化の保全，都市住民のレクリエーションといった農村の機能を十分に発揮させていくかを見据えた地域開発戦略が必要となる。

①は都市に隣接する農村を想定していると考えられ，都市化の進行過程での農村資源の効率的な調達や関係者間の適切な利益配分に眼目がおかれる。それに対し②と③は，都市化しない遠隔地あるいはポスト都市化期の農村開発に関する政策である。②の農業現代化の部分では，都市化によって農村の余剰人口を都市部へ移動させるだけでなく，農業の高付加価値化や経営の大規模化などによる農業従事者の所得確保や農地の有効な利用といった点も視野に入れられている。③の農村部のインフラや公共サービスの供給体制の整備については，基本的に胡錦濤政権時代の2005年頃に始まった社会主義新農村建設の流れを引き継いでいる。ただし，当時主流であったトップダウン式

の開発手法，すなわち農村に高層の集合住宅を建設して住民を移住させ，集中的に社会サービスを提供することで都市化を進める，いわゆる「農民上楼」（農民を高層の集合住宅に移住させる）方式は各地でさまざまな軋轢を生んだ。従来の開発手法に対する反省もあり「都市はより都市らしく，農村はより農村らしく」というコンセプトのもと，各地でより地域の特徴を生かした農村開発モデル「美麗郷村」が目標とされるようになった（王・魏・張 2014, 57）。

「規劃」のなかで，城郷発展一体化のおもな対象は県域であることが明記されている。その理由として，都市化という空間的な広がりをもった開発現象をとらえるうえで無視できない，県域のもつ空間的な大きさや居住空間としての重要性があるだろう。県域は国土面積の93％を占め，全人口の74％が居住し，GDPの約50％を生み出している（閻 2014, 37）。また，県政府はしばしば地域開発を主導する主体となっており，開発主義的な性格が強いことも多くの先行研究で指摘されている（たとえば任 2012）。県が農村開発の単位とされることも多く，一部の地域では省が直接県の財政を管理し県域経済の振興をはかる「省直管県」制度が試行されている[(2)]。

さらに田原（2015）は以下のように分析する。市級以上の大都市では都市住民と他地域からの出稼ぎ農民の経済格差があまりにも大きく，都市戸籍の取得は厳格に管理されており，農民が都市住民となることは現実的ではない。県城は歴史的にも最末端の都市と位置づけられており，周辺農村との経済格差も比較的小さい。また，1980年代以降生まれの農村出身の若年層は，多くが都市での出稼ぎや進学などで都市型の生活スタイルを経験しており，たとえ出身地に戻る場合でも，居住地として村ではなく県城を選択する傾向がある。本章もこの考えを援用し，事例研究では県域の都市・農村発展一体化について考えることとしたい。

２．中国の都市化過程における農村の貢献と問題点

(1)　労働力

農村からの豊富で安価な労働力は，もはや都市建設になくてはならない存在となっている。図5-1は2001年から2015年までの農民工数と全就業者数に占める割合の推移をみたものである。データの連続性がないため単純な比較は困難であるが，農民工の数は一貫して増加傾向にあり，2015年には２億

図5-1　農民工数の全就業者数に占める割合の推移

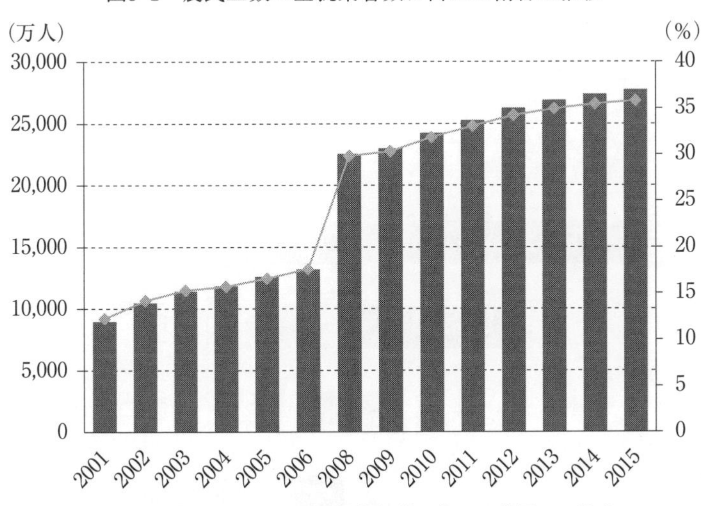

（出所）「農民工数」は，2001～2006年は国家統計局農村社会経済調査司（各年版），2008～2015年は中国国家統計局（各年版）。「全就業者数」は中国国家統計局編（各年版）。

（注）「農民工」の定義は，出身地の郷鎮外で就業している農村戸籍者。国家統計局農村社会経済調査司（各年版）は約7100行政村，６万8000戸のサンプリングデータに基づき推計した資料で，2011年以降はデータの区分などを大幅に改訂した。中国国家統計局（各年版）は，国家統計局が2008年に農民工の実態把握を目的として農民工の送り出し地域からサンプリングした8906村，23万7000人のデータから推計した資料。よって，両者のデータに連続性はない。2007年のデータは公表されていない。

図5-2　都市・農村住民の所得内訳の比較

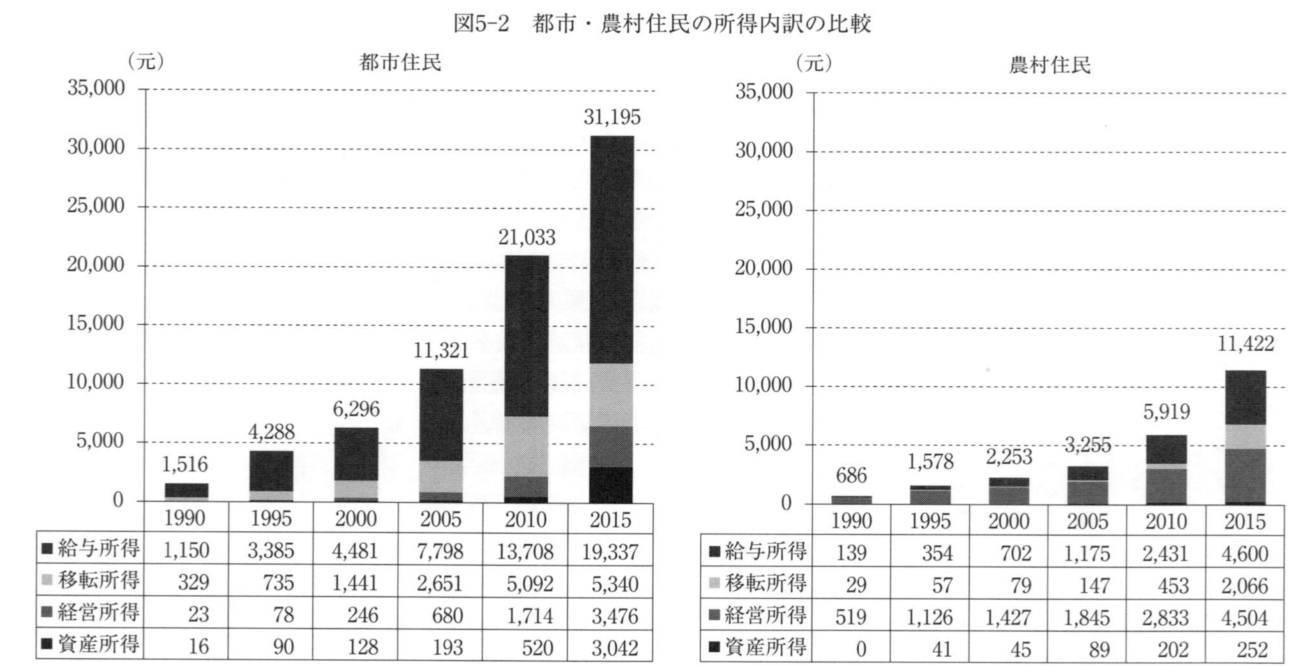

都市住民

	1990	1995	2000	2005	2010	2015
■給与所得	1,150	3,385	4,481	7,798	13,708	19,337
■移転所得	329	735	1,441	2,651	5,092	5,340
■経営所得	23	78	246	680	1,714	3,476
■資産所得	16	90	128	193	520	3,042

農村住民

	1990	1995	2000	2005	2010	2015
■給与所得	139	354	702	1,175	2,431	4,600
■移転所得	29	57	79	147	453	2,066
■経営所得	519	1,126	1,427	1,845	2,833	4,504
■資産所得	0	41	45	89	202	252

（出所）　国家統計局住戸調査弁公室編（2015）。

（注）　単位は元/人。

7747万人，全就業者数に占める比率は35.8％に達している。

このように農村住民の就業形態が多様化するなかで，都市・農村住民の所得格差や所得構成がどのように変化してきたかを確認したい。図5-2に，1990年以降の都市・農村住民それぞれの可処分所得の変化と内訳の変化を示した。都市・農村住民の所得格差の大きさは歴然としており，両者の倍率は1990年の2.2倍から2015年には3.0倍に拡大している。所得のみならず社会サービスの格差を加味すれば，実際の差はより大きいだろう。なお，1990年以降の所得格差の歴史的な変遷を振り返ると，1990年代後半に一時的に格差が縮小した時期以外，2000年代まで一貫して拡大し続けた。2003年の胡錦濤政権成立後は農村保護政策へ転換した結果，2009年の3.3倍をピークとしてようやく微減に転じた[(3)]。

続いて所得の構成をみていきたい。所得は「給与所得」「移転所得」「経営所得」「資産所得」の四つに分類されている。給与所得は企業や事業所での就労によって得られる給与，移転所得とは政府からの補助金，公的な社会保障，家族からの送金などを指す。経営所得とは自営業からの所得で，農村住民の場合は通常農業経営所得を指す。資産所得は資産（土地や建物など）の賃貸借による所得，土地収用時の補償金である。

所得の絶対額（名目）は1990年から2015年までの25年間で都市は20.6倍，農村は16.6倍に増加しているが，構成比の変化は異なる傾向を示している。都市住民の収入源は1990年時点では給与所得（全体の75.8％）と移転所得（21.7％）が大部分を占めていたが，2015年にはそれぞれ全体の62.0％と17.1％に低下している。一方，農村住民のおもな収入源であった農業の経営所得の割合はこの間75.6％から39.4％へと半減し，代わりに増加してきた給与所得（40.3％），移転所得（18.1％）がおもな収入源となった。とはいえ，2015年の農村住民の給与所得，移転所得は絶対額でみれば，それぞれ都市住民の４分の１以下，４割弱と極めて少額である。このような農村住民の給与と移転所得の少なさの背景には，都市と農村の労働市場および土地市場の分断がある。たとえば，都市部の労働市場において，都市・農村出身者の就業機会や同一の労働に対する報酬に格差が存在し，それは労働市場の分断によるものであるという研究成果もある（Meng and Zhang 2001）。主要な移転所得である農地転用補償金の農民の取り分の少なさについては，後述する。

今後農村住民の都市部での就労によって得られる所得を増加させるためには，労働市場の一体化と同時に教育や訓練による人的資本の形成が重要である。しかし，現状では戸籍制度の制約により出稼ぎ農民の子女が出稼ぎ先で受けられる教育サービスに制限があるため，一部の農民は本籍地の農村の父母や親戚などに子供を預けて長期間出稼ぎに出る。農村に残留した未成年者は「（農村）留守児童」と呼ばれ，2010年の第10次人口センサスに基づいて全国婦連が行った推計によれば全国で6000万人以上に及び，その健康管理や教育などが社会問題となっている（『新華網』2013年５月10日付）[(4)]。

⑵ 土地

中国の都市化に必要な土地資源は，周辺農村の農地の転用によって供給されてきた。都市化のスピードが加速した1996年頃から2011年のあいだに，都市区域の面積は２万214平方キロメートルから４万3602平方キロメートルへと２倍以上に拡大した。この間都市建設のために収用された土地面積は２万960平方キロメートルで，その大部分は農地である（張 2014, 192-193）。

図5-3は1952年から2011年までの全国の主要な大都市における都市区域の面積の変化を示したものである。いずれも改革開放以降拡大のスピードが速まっているが，とりわけ2003年以降の伸びが著しい。1952年から2011年の約60年間の拡大率は，最大の重慶で82.8倍，次いで広州の58.6倍，杭州の50.9倍となっており，もともと都市が比較的発達していた北京，上海でもそれぞれ18.8倍，12.7倍と著しい拡大を遂げている。こうした都市の外延的な拡張は，郊外農村の農地転用によって可能となった。

このように急速に進行してきた農地転用により，優良農地の減少による食料安全保障の危機と，利害関係者間での利益分配の不平等という２つの問題が生じた。

図5-3　主要大都市の面積の拡大状況

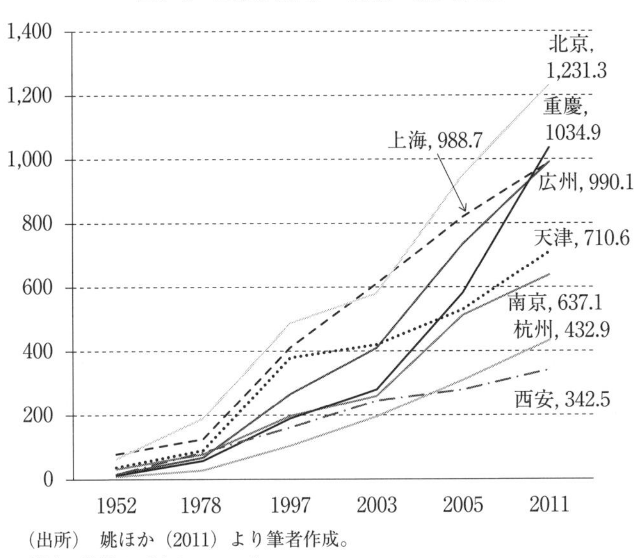

（出所）姚ほか（2011）より筆者作成。
（注）単位は平方キロメートル。

前者については，人口大国である中国の農業政策の根幹をなす問題である。中国の農地面積は1996年から2008年までの12年間で832万ヘクタール減少した（中国国家統計局編 各年版）。このような急速な農地の減少に対する危機感から，1990年代末以降，政府は土地転用の規制強化に乗り出した。詳しい制度改革の内容については後述する。

つぎに転用にともなう利益の分配については，農地から都市の建設用地への転用にともなって土地の価値が大幅に上昇するにもかかわらず，土地請負経営権の所有者である農民の取り分が過小であることが問題となっている。国務院発展研究センターの調査によれば，土地開発業者が利益の40〜50%，政府が20〜30%，村が25〜30%を受け取り，農民は全体の5〜10%程度の補償しか得られない（張 2014, 194）。また，転用後も多くの場合農民は基準に従って以前の住宅より小さい面積の集合住宅しか分配されず，居住面積を増やしたければ追加的に費用を負担しなければならないなど，不利な状況におかれている。

こうした問題の背景には，地方財政が土地開発によって得られる収入に過度に依存する，いわゆる「土地財政」の問題がある。2010年から2012年の政府の財政収入に土地の転用から得られた収入が占める割合は，各年それぞれ35%，32%，25%であった（張 2014）。多くの地方政府が，このような土地転用からの収入に依存して都市建設を行っている。

第2節　都市・農村発展の一体化に向けた農村改革の到達点

1．土地制度

中国の土地所有は公有制を採っており，都市地域の土地は国家所有，農村地域の土地は集団所有である(5)。農村地域の集団所有の主体は，具体的には郷鎮，行政村，村民小組とされる(6)。土地の用途によって適用される制度が異なるため，以下では張（2014）などを参考に，①農業用地（「農村承包地」），②住宅用地（「農村宅基地」），③建設用地（「農村集体建設用地」）について，新型都市化に関連した制度改革を個別に整理する。

(1)　農業用地

新型都市化と関連する農業用地をめぐる主要な論点としては，農地転用の規制による農地保護および手続きの規範化と，土地請負経営権（「土地承包経営権」）の強化による農地流動化の推進の2つがある。前者については，1990年代後半以降の急速な農地の減少に対処するため，政府は1999年の改正土地管理法で農地転用の許可権を中央，省レベルの管轄とするなど厳しい規制を設けた。2006年には土地監察制度を制定し，人工衛星により土地利用区分の変化を追跡するシステムを導入すると同時に違法転用に対する罰則を強化した。2008年に公布された「全国土地利用総体計画綱要（2006－2020年）」

では，2020年まで農地面積は18億ムー以上，建設用地は５億5860万ムー以下に維持するという目標が定められた[7]。2010年には，国務院が「都市・農村における建設用地の総面積の均衡試験区の厳格な規範化と農村の土地のコントロール徹底に関する通知」（「関於厳格規範城郷建設用地増減挂鈎試点切実做好農村土地整治工作的通知」）を公布し，地域ごとに保護すべき農地面積を割り当て，地域内で農地を建設用地に転用した場合，同一面積の農地を新たに開発し総量を一定に保持しなければならないとした。こうした規制の厳格化によって近年農地転用には一定の歯止めがかけられることとなった。

農民の土地請負経営権の強化については，以下のように制度改革が進められた。1980年代前半に導入された生産請負制のもとでは，農地の所有権は集団に帰属したまま最初の請負では15年間を期限として土地請負経営権を村ごとに人口に応じて平等的に分配した[8]。独立した家族経営への回帰により当初農業生産性は飛躍的に向上したが，農民の土地請負経営権が脆弱かつ不安定であったこと，社会保障制度が未整備な農村では土地請負経営権が唯一の資産であるという考えが根強いことから，担い手への農地集積は遅々として進展せず，農業経営の零細性が生産性の向上を阻害する要因のひとつと考えられるようになった。

2003年３月施行の農村土地請負法（「農村土地承包法」）以降は，土地請負経営権のさらなる強化と安定化，農地流動化の推進が目標とされてきた。2008年の第17回三中全会で採択された「農村改革の若干の重要な問題に関する決定」（「中共中央関於推進農村改革若干重大問題的決定」）では，集団所有制度を維持すること，農業用地を非農業用途に変更しないこと，流動化は農民の自由意志に基づいて有償で行うこと，農民の利益を侵害しないことなどを前提として，農地流動化と大規模経営の育成を推進することが明記された。この三中全会では，やや曖昧な表現ではあるが請負期限のさらなる安定化と長期化を表す「長久不変」という言葉が初めて登場した。

2013年の中央一号文件では，５年以内に全国の土地請負経営権の登記手続き（「農村土地承包経営権確権登記領証工作」）を完成させることを明言している。この登記により，土地請負経営権が一種の物権として法的に認められることとなる。翌2014年12月30日国務院弁公室による「農村の財産権取引市場の健全な発展に向けた指導に関する意見」(「関於引導農村産権流転交易市場健康発展的意見」）は，集団所有制のもと土地請負経営権の移転は合法的に行うこと，従来認められてこなかった担保・抵当権に関する試験区を全国各地に設立し，全国共通の制度作りを検討するよう求めている[9]。一連の制度改革により，沿海部や都市周辺を中心に農地の流動化は進展し，2015年の流動化率は33.3％に達した（中国農業部編 各年版)。

さらに都市化が進展した地域では，土地利用の合理化と農民の財産権を保護する観点から，土地請負経営権の有償での放棄を可能にするという方針が打ち出されている。国務院弁公庁は2015年８月に発表した「農業発展モデルの転換の加速に関する意見」(「関於加快転変農業発展方式的意見」）のなかで，大規模農業経営を推進するためすでに都市に定住し安定的な非農業収入を得ている農民については，あくまで本人の同意に基づき有償で土地請負経営権を返還する手続きを進めること，そのためのモデル地区を設立することを明記した（『網易新聞』2015年８月７日付)。

⑵ 住宅用地

1998年に改正された土地管理法には，農村の住宅用地は集団所有であるが，村民が個人的に使用することと定められている。ただし，１家族で占有できる住宅は１軒のみに制限されている。住宅用地は村民に対する一種の福利厚生であり，使用期限は2007年制定の物権法に「長期使用」とあるのみで具体的な上限はない。住宅に居住していた者が亡くなったり，長期間使用されず放置されたりした場合は，農村集団（村）が無償で回収できることとなっている。

制度は上記のように定められているが，実態はより複雑である。住宅の占有制限にもかかわらず，複数の住宅を所有する農民も少なくない。第２次農業センサスによれば，2006年末時点で２軒の住宅を所有する農家の戸数は

1421万戸（全体の6.4%），3軒以上は77万戸（同0.4%）であった（国務院第2次全国農業普査領導小組弁公室・国家統計局編 2008）。また，村民委員会組織法では村の住宅建設は村民代表会議での民主的な決定に基づいて行うことが定められているが，実際は半数以上の村で村幹部が会議を経ず一方的に住宅建設計画を決定しているという調査結果もある（宇・王 2008）。

農村の住宅用地の都市向け販売は，農民の権益保護の観点から禁じられてきた。改正土地管理法においても，郷鎮企業や農民の住宅建設，公共事業以外の目的で集団所有地を使用する場合は法律に従って国有地への転用を申請しなければならないと定められており，都市住民への農村の住宅用地の販売は禁止されている。その後の国務院や国土資源部による一連の政策文書も，一貫して明確に農民の住宅や農村の住宅用地の都市住民への販売を禁止している[(10)]。

しかし，実際には大都市郊外の農村では都市住民が農村の住宅を購入している事例も存在する（張 2014, 76）。また，物権法や担保法は農村の住宅用地の使用権を担保とすることを認めていないが，近年一部の試験地域ではこれを認める動きがある[(11)]。国務院の規定に拘わらず，すでに農村の住宅地の使用権の都市住民への移転を公式に認めている地域もある。たとえば，広東省政府は2013年3月に公布した「広東省都市化発展第12次五カ年計画規劃」の中で明確に，「農民の意思に基づき，請負農地，住宅，住宅地およびそれら資産からの収益を市場的な手段で販売してもよい」と定めている。このように，一部の先進地域では都市・農村間での住宅用地市場の一体化は進展しつつある。

(3)　建設用地

1988年の改正土地管理法では，法律に基づき都市と農村の建設用地の使用権は売買可能とされていたが，1990年代後半以降無秩序な開発を防ぐため厳しく制限された。2003年以降，農民の財産権の保護や市場を通じた透明性の高い取引を要件として，安徽省や広東省などの地方政府が先行して都市・農村間の建設用地の取引の規制を緩和する政策文書を発表し，中央もこの動きを追認した[12]。

2008年の第17回三中全会で採択された「農村改革の発展に関する若干の重大な決定について」(「関於推進農村改革発展若干重大問題的決定」) では，再び農村の建設用地の転用規制が緩和された。同決定では「土地利用計画で定められた都市建設用地以外であっても，審査を経れば農村の土地を公共事業以外の目的で占用することができる。農民が合法的に多様な方法で開発に参加することを許可し，農民の利益を法的に守る」「段階的に都市と農村の統一された建設用地市場を整備していく。合法的に転用された農村の建設用地を，明確な土地取引の場において，透明性の高い方法で取引し，開発計画を前提として国有地と同等の利益を享受する」と定めている。さらに2013年の第18回三中全会では，より具体的に農村の建設用地を「出譲」「租賃」「入股」などの方法で都市の国有地と同等に同じ価格で取引することとしている[13]。

2010年３月に国土資源部が公布した土地利用計画「全国土地整治規劃(2011－2015年)」によれば，分散，放棄または非効率的な利用が行われている農村の建設用地は450万ムー (30万ヘクタール) にも及ぶという。土地利用の効率性を向上させるためにも，基層レベルの合理的な土地利用計画の策定と管理能力の向上が課題となっている。

２．開発計画の策定

中国の国土開発計画の担当部局には，地域発展計画を所管する国家発展改革委員会地区経済司，国土利用計画を所管する国土資源部規劃局，都市・農村計画を所管する住宅・都市農村建設部城郷規劃司の３つの系統が存在する (国土交通省国土政策局ウェブサイト)。国家発展改革委員会は各地の経済条件や資源賦存状況などを考慮し，中央から県までの各レベルの地域開発に関する五カ年計画の策定を指導・批准する。国土資源部は中央から末端の郷鎮級の各級政府の土地利用総合計画を指導・批准している。とくに重点地域については，特別に国土計画を立てさせている。住宅・都市農村建設部は，都市建設および農村部の住宅建設に関する計画を担当している。

王・魏・張（2014）によれば，従来都市と農村の開発計画（「規劃布局」）は別々に策定および管理されていた。根拠となる法令は，都市については「中華人民共和国城市規劃法」（1989年全人大通過），農村については「村庄和集鎮規劃建設管理条例」（1993年国務院公布）であった。2003年第16回三中全会で初めて「都市と農村の統一的な開発計画」（「統筹城郷発展」）という概念が提示され，2007年に国務院は成都と重慶に「統筹城郷総合配套改革試験区」を設置し，戸籍，土地，財政・税制，社会保障制度などの一体化の試験区とした。この動きに追随して，その後全国各地に大小の試験区がつくられた。このような試験期間を経て，2008年1月1日に施行された「中華人民共和国城郷規劃法」により，ようやく両者の区別が廃止されるに至った。2010年12月に国務院が「全国主体功能規劃」方案を決定し，以降は中央と省レベルで各地域の開発の優先度ごとに優先開発地区，重点開発地区，開発制限地区，開発禁止地区の4ランクに分類したうえで計画を立てる方法が導入された。

このように，都市と農村の開発計画は制度上統一されつつあるが，2011年時点で47.3％の行政村，77.1％の自然村で開発計画が策定されていない（王・魏・張 2014, 58）[(14)]。今後は農村基層の郷鎮や村を開発計画に取り込むことが政策上の急務となっている。

3．公共サービスの供給

(1)　社会保障制度の改革

現在の中国の農村の社会保障制度には保険（年金保険，医療保険），福利厚生（高齢者，児童，障害者，人口抑制政策を遵守している家庭が対象），生活保護（貧困家庭支援，被災支援，最低生活保障制度など）などがある[(15)]。改革開放期には社会保障を構築する動きもみられたが，年金も医療保険もさまざまな

表5-2　都市・農村における最低生活保障の平均保障基準額と平均支給額（2013年）

	平均基準額	平均支給額
都市住民　（元/人，月）	373.3	264.2
農村住民　（元/人，月）	202.8	116.1

（出所）　国家統計局社会科技和文化産業統計司編（2014）。

試みの末頓挫し，本格的な改革は2000年代まで待たねばならなかった（張 2016）。それ以前の社会保障制度としては，「五保戸制度」と呼ばれる障害者，高齢者，未成年者など生活困難者を対象にした衣食住，医療，葬儀，義務教育（未成年者のみ）のサービスを提供する救済制度があったほか，高齢者向けに養護施設が存在したのみで，極めて不十分であった。

以下では近年整備の進んだ社会保障制度として，最低生活保障および社会保険について紹介する。まず，最低生活保障制度はおもに失業者を対象に，1990年代から都市部で先行して整備が進められた（『人民網』ウェブサイト）。農村ではようやく2000年代から整備が始まり，2007年の中央１号文件「現代農業を積極的に発展させ，社会主義新農村建設を着実に推進することに関する意見」（「積極発展現代農業扎実推進社会主義新農村建設的若干意見」）が全国の農村の最低生活保障制度を整備することを明確に打ち出して以降，急速に全国に広がった。2013年の最低生活保障の受給者数は，都市と農村でそれぞれ約2064万2000人，約5388万人である（国家統計局社会科技和文化産業統計司編 2014）。2013年の最低生活保障の保障額の基準，平均支出について都市と農村を比較したものが表5-2である。物価のちがいもあるが，基準額，支給額ともに２倍程度の格差が存在する。

つぎに社会保険制度のうち，医療保険について述べたい。都市部では，労働者を対象とした都市労働者基本医療保険，都市住民基本医療保険が1990年代から整備されていた。農村住民を対象とする制度は，2002年の中共中央と国務院による「農村の衛生サービスに関する業務のいっそうの強化に関する決定」を受け，2003年に「新型農村医療保険」が試行された。加入する農民には中央，地方財政から補助金が支給されたこともあり，自主参加の原則だ

表5-3　新型農村合作医療の普及状況

	2007	2008	2009	2010	2011	2012	2013
実施している県（区，市）の数	2,451	2,729	2,716	2,678	2,637	2,566	2,489
加入者数（億人）	7.3	8.2	8.3	8.4	8.3	8.1	8.0
加入率（%）	86.2	91.5	94.2	96.0	97.5	98.3	98.7
加入者1人当たり保険料（元）	58.9	96.3	113.4	156.6	246.2	308.5	370.6
当年基金支出（億元）	347	662	923	1,188	1,710	2,408	2,909
受益者数（億人，延べ）	4.5	5.9	7.6	10.9	13.2	17.5	19.4

（出所）　国家統計局社会科技和文化産業統計司編（2014）。

が加入率は急速に上昇した。

表5-3は2007年から2013年までの新型農村医療保険の実施地域数，加入者数，加入率，1人当たり保険料，基金支出，延べ受益者数を示したものである。全国の加入者数は8億人以上に達し，加入率は同年に90%を超え，2013年にはほぼ100%となっている。加入者が負担する保険料，加入者への補助金額は地域によって異なるが，年々上昇している。新型農村合作医療保険制度が始まったことにより，既存の都市の二大医療保険と合わせて3つの医療保険制度が整備されたこととなり，全国民をカバーする医療保険システムがようやく確立された。

つぎに，農村向け年金保険の「新型農村社会養老保険」は医療保険よりやや遅れて2009年に試行，2012年に全国へ適用された。2013年以降は都市住民基本年金制度と統合され，都市・農村住民年金制度という統一された年金制度へ移行した。2014年末時点で，全国で年金保険に加入した人口は8億4200万人，このうち2億2900万人が保険料を受け取っており，都市と農村を合わせた全国の加入率は80%を超えた（『人民網』2015年7月1日付）。

(2)　集落再整備と末端行政組織の再編

農村末端レベルの城郷発展一体化に向けた動きとして，公共インフラ整備や土地利用の合理化を目的とした農村集落の再整備と，公共サービスの供給体制の改革を目的とした，「農村社区建設」と呼ばれる末端行政組織の再編がある。農村集落の再整備は，2000年代半ば以降の新農村建設期から各地方政府の計画で定めた基準に基づいてさかんに行われるようになった。王・野村・森（2012）によれば，おもな手法は「移民新築型」（新しい場所への移転），「現地再整備型」（旧村の利用可能な住宅を保留し利用），「複合型」（既存の中心村の空き地を整理し周辺の分散している住宅を集中移転させる）の３種類であった。この時期の開発モデルでは住民を（半）強制的に集合住宅へ移住させ，集中的にインフラを整備すると同時に節約した住宅用地を農地に戻すというものであった。周・王（2015）は，2008年以降地方政府主導でこのような「農民上楼」方式の都市化が進んだが，土地利用区分の都市化が進む一方，人口の集中や産業の集積といった実態を伴う都市化は立ち遅れたと指摘している。

近年こうした画一的なトップダウン式の集落再整備の問題点が認識されるようになり，より地域の経済条件などに即した開発モデルが選択されるようになった。国土資源部「農村宅基地制度改革試点方案」は，従来通り一家族につき一戸の住宅を分配する原則は維持するものの，都市から離れた伝統的農業地域では従来通り建設用地，農地面積が小さく第２次・第３次産業が発展した地域では集合住宅，と区別することを定めている（『金華房産網』2014年11月７日付）[16]。

他方で，地域によっては大きな人口移動を伴わない城郷発展一体化を模索する動きも出てきた。たとえば，職業訓練を通じた地元での起業促進やIT技術の活用などによって農村に居ながらにして都市並みの社会サービスを享受するという意味の「村鎮化」「就地城鎮化」といった開発モデルである（『新華網』2015年３月９日付）。たとえば，山東省臨沂市国家高新技術産業開発区では，IT企業の協力のもと，区政府が68の行政村の商店にひとつずつ電子端末を設置し，公共料金の支払い，金融サービスの利用，インターネット通販などのサービスの提供を試験的に行っている[17]。江西省宜春市では集鎮を中心に１キロメートルの範囲で鎮と村の連携関係を形成し，周辺の村へ都市並みの公共サービスを提供する試みを実施している（『半月談網』2015年

７月13日付)。

つぎに，農村社区建設について述べる。人民公社の解体後，農村の公共サービスの供給主体が不在となり，1989年の村民委員会組織法の施行後は住民自治組織である村民委員会が供給することとされたが，実際には予算不足などから停滞する傾向にあった。李（2014, 131-133）によれば，2000年代初頭から末端の行政組織の開発・管理能力，公共サービスの提供機能の強化を目的として各地で自発的に村民委員会に代わる行政サービス組織として「社区」（コミュニティの意）とよばれる組織を設立する動きが起こった。民政部はこの動きを追認する形で2006年に全国304県，２万村に試験区を設置し，2009年には「『農村社区建設試験区の全国的な拡大』の推進活動に関する通知」(「関於開展『農村社区建設実験全覆蓋』創建活動的通知」）により全国的な農村社区建設を推進した。村民の意思決定機関としての色彩が強かった村民委員会に比べ，農村社区の自治性は薄く，行政の出先機関としての色彩が強まってきているとの見方もある（滝田 2013)。

全国の農村社区の形態には，地域の条件に応じていくつかの類型がみられる。王ほか（2012）は2012年に江蘇省，山東省，黒竜江省，陝西省で行った農村社区に関する調査に基づき，人口規模，文化，公共サービスの提供可能な範囲，産業発展などの条件から農村社区建設の三つの類型を導き出している[18]。第１の「一村一社区」モデルは，最も多くの地域で採用されているモデルである。ひとつの行政村（村党支部と村民委員会）による管理・自治の体制を維持したままその行政村のなかにコミュニティ・サービスセンター(「社区服務中心」）を設立し，行政村幹部が社区幹部を兼任という形で新たな公共サービス供給体制を確立する。第２のモデルは「多村一社区」である。集落（自然村）の規模が比較的小さい地域で普及しているモデルで，比較的規模が大きく条件の整った集落を選び中心村と定めて「社区服務中心」を設立し，半径２～３キロメートル，3000～5000人程度の範囲で複数の集落に公共サービスを供給する。第３のモデルは「村転居型」で，都市近郊や郷鎮政府所在地など経済の比較的発展した地域に多い。このような地域では都市化により農地が相対的に少なく，農民の生活様式も都会化が進み，都市住民と農村住民が混住している。このモデルでは行政村（村党支部と村民委員会からなる）を廃止し，代わりに社区（社区党支部と居民委員会）を設立する。そして，土地などの集団資産は株式合作制によって管理する。

補足すると，前二者（「一村一社区」，「多村一社区」）では行政村を残したまま，その機能を強化するために追加的に社区服務中心を設立する。これに対し，三番目の「村転居型」では行政村を撤廃し代わりに「社区居民委員会」を新たに設立しており，この変更は農村から都市への地域区分の変更を意味している。このような都市地域への区分変更や合併により，村民委員会の数は最も多かった1991年の101万9000から2014年には58万5000へと減少した。

第3節　事例研究

1．調査地の概要

調査地は，江蘇省無錫市宜興市（調査地①），江西省豊城市（調査地②）である（図5-4）。調査は2016年9月に政府関係者等に対しヒアリング形式で実施した[19]。以下の内容は，とくに断りがないかぎりこのヒアリング調査と提供された資料に基づいている。

表5-4に調査地の経済社会概況を整理した。調査地①は長江デルタに位置する無錫市の県級市のひとつで，上海，南京などの大都市から車や高速鉄道で1～2時間の距離にある都市近郊農村である。太湖の西岸に位置し，環境保全の先進地域としても知られる。1980年代から農村工業が発展しており，都市化率，GDP，1人当たり収入などの経済水準が高い。管轄内に経済開発区を複数抱えており，2015年の全国県ランキングで第6位となっている。都市化，工業化が進展しており，農業は内水面漁業，自給用稲作が主であり，GDPに占める第1次産業比率はわずか3.9%となっている。宜興では1990年

図5-4　調査地の位置

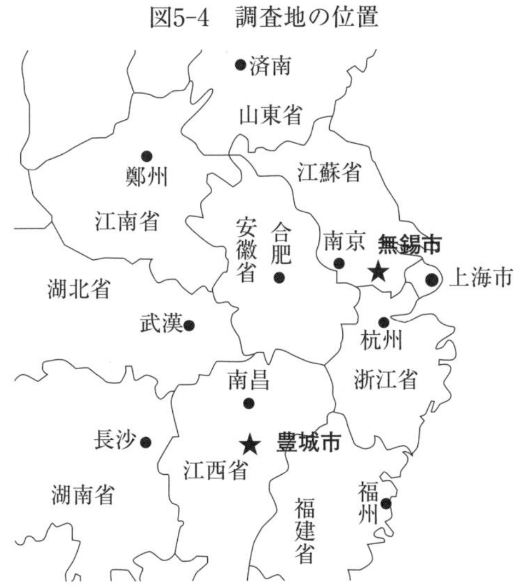

（出所）『中国まるごと百科事典』（http://www.allchinainfo.com/）からダウンロードした白地図をもとに筆者作成。

代前半に経済開発区が設立されて以来，転用目的の農地収用がたびたび行われており，都市化政策にともない数回にわたり行政区画の変更が行われてきた。一部の郷鎮と行政村（区分上は農村）はそれぞれ街道弁公処と社区（都市）へと再編・統合された。土地利用区画も変更され，住民は「安置房」と呼ばれる集合住宅へ移転した。無錫市統計局編（各年版）によれば，宜興市では2000年から2015年の間に郷鎮レベルでは29郷鎮が14郷鎮と５街道へ，基層自治組織レベルでは124社区居民委員会と597村民委員会がそれぞれ87組織，246組織へと減少した。

調査地②は華南地域の内陸に位置しており，もともと地区級の宣春市のなかの県であったが，2014年に江西省の省直轄県のテスト地区に指定され，宣春市から分離した県級市である。都市化が立ち遅れた純農業地域であり，都市化率は30％台にとどまっている。豊城市は食料作物の生産がさかんで，農地面積は124万4400ムー（うち水田104万1000ムー）で，県が有する農地面積としては省内第１位，全国第５位を誇る。一方で工業化はあまり進んでおら

表5-4　調査地の概要

	調査地①　江蘇省無錫市宜興市（県級市）	調査地②　江西省豊城市（県級市）
人口（万人）	常住人口125.3，戸籍人口108.3（2015年末）	148.8（2014年末）
都市化率（％）	64.8（2015年末）	33.4（2012年末）
管轄する行政範囲	2国家級経済技術開発区，1省級経済開発区，5街道，14鎮，246村民委員会，87社区居民委員会	5街道，20鎮，7郷，504村民委員会，45社区居民委員会
自然条件	温暖湿潤	亜熱帯性気候
GDP（億元）	1,286（2015年）	392（2015年）
GDPに占める第1，第2，第3次産業比率（％）	3.9，51.3，44.8（2015年）	16.6，53.0，30.4（2012年）
都市・農村住民1人当たり収入	39,492元，20,178元（2014年）	24,596元，12,137元（2014年）
その他	2015年全国県ランキング第6位	2014年より試点省直轄県。2015年全国県ランキング第78位

（出所）地方政府のウェブサイト，各種資料から筆者作成。

ず，広東，福建，浙江など近隣地域への農民工の送り出し元となっている。そのため，農村では留守児童や高齢化などにより社会的機能の空洞化問題を抱えている。

事例研究では，この2地域において新型都市化政策によって起こった変化とその効果について検討したい。とくに「城郷発展一体化」で重視されている以下の二つの点に着目する。第1に，生産要素市場の統一に関する制度改革の進展状況と，改革の効果や利益分配の変化を分析する。第2にインフラ整備や公共サービスの供給体制の変化について，供給主体，費用負担の方法，効果をみていきたい。なお，調査地では土地請負経営権の登記手続きは完了している。

２．事例研究

⑴　都市化地域の事例（江蘇省無錫市宜興県級市）

宜興市は，マクロ的な開発計画としては2014年末以降「三集中」，すなわち市街地に近いところでは農民の住宅を社区へ，郊外では農地を専業大規模農家へ，小規模な工場を経済開発区へ集中させる政策を進めている。「宜興市優化鎮村布局規劃（2015）」によれば，村の合併や住宅の集中化を通して2030年までに現在4000ほど存在する自然村を1500まで減らす計画となっている。一方で全市面積の４分の３を占める農村は市民のレクリエーションの場として重視されており，農村景観や伝統文化などの特色のある農村集落（群）は保存され，2015年時点で40の「美麗郷村」を建設している（『河北新聞網』2015年10月21日付）。戸籍についてもすでに都市・農村の区別は廃止し，「家庭戸」という統一された名称に変更した。

経済開発区に隣接する地域では，土地の収用による農村の行政組織の再編や住民の移転が行われている。たとえばＱ街道Ｄ社区では，地域内では比較的早く2008年頃から土地収用と住民移転が始まった。2016年９月の調査によればＤ社区が管轄している範囲にはもともと五つの村民委員会が存在していたが，行政組織の再編により二つの村は別の社区へ編入され，Ｄ社区は二つの株式合作社（「集体経済股份合作社」）とひとつの村民委員会を管轄し，従来の村民委員会に代わって統一的に公共サービスを供給することとなった（図5-5）。この２株式合作社は，本来存在した村民委員会のうちＤ村とＨ村という２村の土地がすべて収用されたため，土地収用の補償金などの集団所有資産の管理と利益分配を適切に行うための組織として2013年に設立された[20]。村民委員会が改組された組織であるため，メンバーはその村に戸籍をもつ農民に限られ，合作社の幹部は元村幹部が引き継いでいる。それぞれの村の資産は各自が管理するため，社区は関与していない。

Ｄ社区では2009年に管轄内の土地の収用手続きがほぼ完了し，2010年から

図5-5　都市化地域の農村社区建設の例（江蘇省D社区）

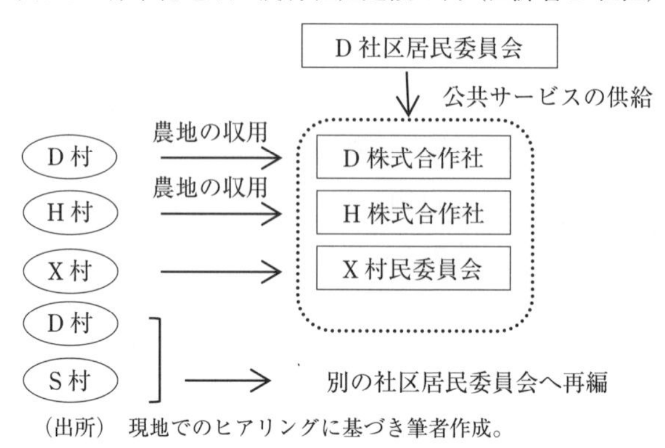

（出所）現地でのヒアリングに基づき筆者作成。

集合住宅の建設が始まった。調査時点で合計7601室の住宅が完成しており，各棟の平均入居率は44.7～82.0％であった[21]。高齢者は，階段の昇降の負担を避けるため優先的に一階に入居させている。農民は，購入後一定期間を過ぎれば住宅を転売することが認められている。

社区が提供する公共サービスには，環境保全，衛生，人口抑制政策（「計画生育」），就業斡旋，高齢者の福利厚生サービス，公共サービスにかかわる手続き（保険，年金，公共料金の支払いなど）がある。D社区の総人口は約1万4000人で，このうち他地域からの出稼ぎ流入人口が4000～5000人と3分の1程度を占め，60歳以上の高齢者（独居老人を含む）は約1000人と10％近くを占めている。近年社区が重点をおいているのは，社区に居住する高齢者へのサービスである。D社区は，2016年に40万元の社区による財政投資と企業からの義捐金で高齢者向けの食堂を設立し，地域のボランティアが運営している。調査時点では90歳以上の高齢者22人に月20元の料金で週6日食事を提供しており，今後は70歳代，80歳代の高齢者にもサービスを拡大していく予定である。このほか，高齢者が養護施設へ入所するごとに村が1人当たり1500元負担する仕組みがある。養護施設は人気があり，常時ほぼ満室である。

このように，宜興では高齢者の問題が重視されているが，大部分の住民が地元で就業しており，高齢者や子どもと同居している。また，社区の財源も比較的豊富なため，基本的に留守児童や高齢者のケアに関する問題はそれほど深刻とはいえない。また，流入者と地元住民のあいだにとくに問題は発生していないとのことであった。

⑵　純農村地域の事例（江西省豊城市）

経済発展の後進地区である豊城市が直面している第１の問題は，インフラや公共サービスの未整備である。2016年の「豊城市の新農村建設の高度化に関する実施意見」（「関於進一歩推動豊城市新農村建設発展昇級的実施意見」）によれば，豊城市は毎年インフラが比較的整い，村幹部が意欲的な集落を選んで中心村とし，重点的に公共サービスの整備を進めていくとしている[22]。自然村をプロジェクト実施の基本単位とし，中心村に重点的に投資を行い，行政村を管理の受け皿と位置づける[23]。豊城市にはこのような中心村が19村指定されている。

集落再整備については，具体的な村の事例をみてみよう。Q 鎮の D 中心村では老朽化した住宅を取り壊し，高層の集合住宅を建設している。村の住宅地が人口の増加に応じて外延的に拡大してきたという歴史的な経緯から，古い住宅ほど村の中心部に立地しており，整備は容易ではない。中心村に指定されると政府のプロジェクトの対象となり補助金を受けることができるようになるが，村も相応の負担を求められるため，比較的経済条件のよい村が選ばれることとなる[24]。

中心村に指定されていない村でのインフラ整備は，資金面でいっそうの困難に直面している。中心村ではない X 郷 G 村の財政は非常に厳しく，公共サービスの提供が困難である。村内には収入源となる産業がないため，村幹部は自ら農民専業合作社を設立するなどして村の収入を確保している。行政村内には養魚池や土地などの共有資源があるが，歴史的な経緯から村内の４つの自然村が占有しており，資源から得られる利益は各自然村が末端水利施設や道路の修理などの公共事業のために独占的に使うため，行政村は使用できない[25]。

第2の問題は，出稼ぎによる人口流出と高齢化による行政機能の弱体化である。たとえば，Q鎮は19村民委員会と1居民委員会を管轄しているが，地元では就業機会が乏しいためほぼすべての若年層が地区外へ出稼ぎに出ている。出稼ぎによって夫婦で年間4～10万元程度の収入が得られ，収入はほぼ出稼ぎに依存している。このため，とくに山地や遠隔地の村では留守児童や高齢化，家屋の老朽化といった村の空洞化が深刻である。たとえば上述のX郷G村では，人口1400人のうち900人以上が地区外へ出稼ぎに出ている。村には50人以上の留守児童がおり，村幹部はソーシャル・ネットワーキング・サービスのグループを作成し，インターネットや携帯電話を使って地区外にいる親に子供の状態を随時発信している。村内には血族集団の儀式を行うための祠が多く残り，伝統的な文化活動も色濃く残るなど，社会的な紐帯（ちゅうたい）が強く残っている[26]。こうした地域社会の人的ネットワークが，行政機能の弱さを補完していると考えられる。

生産要素市場については，土地請負経営権の登記手続きがすでに完了しているにもかかわらず，農地流動化はほとんど進んでいない。村民間で賃貸借を行う場合の地代も1ムー当たり250～300元程度と，全国平均と比較してかなり低い[27]。もともと農地がかなり分散しているうえに，中央の政策は禁止しているにもかかわらず，依然として一定割合の村で人口の変動に応じて5～10年おきに再分配（「調整」）を行っており，さらなる農地の零細化が進行している。

3．小括

以上の事例分析に基づき，各地の城郷発展一体化の進展状況について表5-5に整理した。まず，農村の公共サービス供給体制の変化については，いずれの地域もサービスの供給主体は従来の分散した村民委員会による管理から農村社区あるいは中心村への集中が進められている。ただし，地域によってその段階は異なり，都市化の進展した江蘇省の調査地①ではすでに県全体

表5-5　調査地における城郷発展一体化の進展状況

	調査地①	調査地②
経済社会条件		
都市化の程度	高い	低い
地元の就業機会	多い	少ない
所得水準	高い	低い
一体化に向けた改革の内容と効果		
公共サービスの供給		
供給主体	農村社区，ボランティア	行政村，社会的紐帯に依存
費用負担の主体	社区，企業の義捐金	行政村
供給状況	基本的に十分	不十分
インフラ建設		
供給主体	政府	中心村
費用負担の主体	政府	政府，中心村，村民
整備状況	既に整備済み	不十分
生産要素市場の一体化の程度		
土地	高い（株式合作制による管理）	低い（流動化率低い）
労働力	高い（地元での就労が主）	低い（出稼ぎが主体）

（出所）現地でのヒアリングに基づき筆者作成。

の都市と農村のゾーニングがほぼ完成し，都市に隣接した地区では社区が都市並みの公共サービスを提供することが可能となっている。農村部は都市市民のレクリエーションの場と位置づけられ，環境保全や農村景観を生かした「美麗郷村」建設が進められている。一方，都市化が遅れている江西省の調査地②では，村落が分散しているという経済社会的条件もあり，インフラ整備，公共サービス提供のためのコストが高くなっている。開発戦略としては中心村に重点をおいた政府によるインフラ投資が進められているが，中心村に選定されるためにはある程度の財政負担能力が求められるなど，村間の格差も存在している。

高齢者や留守児童のケアといった社会問題については，地元に就業機会が少なく，出稼ぎによる人口流出が多い調査地②で深刻である。同調査地ではこれらの問題に対して行政村リーダーや血族集団を基盤とする社会的紐帯，

IT 機器の活用によって対応が図られているが，十分とはいえない。地元の就業機会が比較的豊富な調査地①ではこのような問題は少なく，高齢者へのサービスも社区や企業の費用負担やボランティアにより十分供給されている。

都市化による農村・都市の生産要素市場の統一という点については，いずれの調査地でも制度上は土地請負経営権の物権化や戸籍制度の改革などは進められているが，効果は地域により大きな差がある。調査地①では，土地市場については株式合作制による管理や移転後の住宅売買が認められ，労働市場も就業斡旋サービスにより統一を進めている。一方で調査地②では農地の流動化がほとんど進んでおらず，住宅用地についても老朽化した住宅の再整備を優先せざるを得ない段階である。就業は外地への出稼ぎが主であるが，出稼ぎ先では都市住民に比べて低い待遇で就労している可能性がある。

おわりに

本章では，農村における新型都市化の進展状況とその成果について論じた。第 1 節ではまず，新型都市化政策において農村開発に重点がおかれていることを確認した。そのうえで都市化にともない農村が大量の労働力と土地を供給してきたこと，その過程で生産要素市場の分断により農村住民に対し都市化の利益が十分に分配されてこなかったことを示した。第 2 節では都市・農村の一体化に向けた制度改革の到達点を確認した。土地制度（農業用地，住宅用地，建築用地），開発計画の策定は，いずれも一体化が進みつつある。公共サービスの供給制度は，公的な社会保障制度については都市・農村の統一が進み，農村末端では行政組織の再編と集落再整備によるサービスの底上げが目標とされている。

第 3 節では対照的な都市近郊農村と遠隔地農村の 2 事例を分析した結果，以下の点が明らかとなった。都市に近い地域では土地市場，労働市場の一体化がかなり進んでおり，そのなかで農村社区が就労の斡旋など取引費用を下げる役割を果たしている。また，農民に都市化の果実を分配する近代的な仕組み（事例では株式合作制）も発達しており，農民の都市住民化が進んでいる。一方都市化の進んでいない純農村地域では，農村の社会問題（高齢化，社会の空洞化，留守児童の増加など）やインフラの未整備などの問題が深刻である。このような地域では，都市化よりも最低限の公共サービス供給体制の整備や地元での就業機会の創出のほうが優先されるべき課題である。

事例分析に基づき，城郷発展一体化が進展するための農村側の条件について考えてみたい。第1に，生産要素市場の一体化について述べたい。まず，土地市場の一体化において農村住民の土地に対する権利が確立されることは重要である。ただし，遠隔地の調査地②の事例からもわかるとおり，制度的に権利が強化されたとしても農民が十分に安定した非農業収入や社会保障を得ていないかぎり，土地の取引には慎重にならざるを得ない[28]。ここでいう非農業収入には集団所有地から得られる資産性収入なども含まれるが，一般的には都市へのアクセスがよい地域のほうが集団所有地の転用や開発のチャンスが多く，より多くの利益が期待できる。労働市場も同様で，戸籍制度の撤廃により労働市場での差別が解消されることは一体化に向けた極めて大きな前進といえる。しかし，教育や職業訓練などの人的資本形成において都市と農村の間には依然大きな格差が存在するため，労働市場における評価という形で実質的な格差は残り続けるだろう。引き続き教育制度の改革や職業訓練サービスの提供などを行っていく必要がある。第2に，公共サービスの供給体制の一体化については，地元の就業機会が豊富で若年層が流出しておらず，地域社会が維持されていることが重要である。出稼ぎに依存している地域では人口構成が偏り，高齢化や留守児童のケアといった社会問題が発生しやすい。住民の地域社会に対する関心も薄くなりがちである。

農村の都市化に向けた土地制度，戸籍制度などの改革は着実に進んでいるが，それだけで市場化が完成するわけではない。市場が機能する条件を潜在的に満たしている地域では，すでに都市計画に沿って自然に市場メカニズムによる都市・農村発展の一体化が進んでいくと予想される。他方条件に恵まれない遠隔地の農村では，都市計画ではなく当面政府の支援による農村開発が必要とされている。結局のところ農村の発展は空間的な要因が規定する部分が大きく，各地のおかれた条件によって異なる開発モデルを想定する必要がある。

〔注〕

(1) 胡錦濤政権以降，三農問題は政策の最重要課題と位置づけられている。毎年年初に発表される，その年の最も重要な政策課題を取り上げる政策文書である中央一号文件は，2004年以降2017年現在まで14年連続で三農問題を取り上げている。

(2) 改革開放以来，県の財政を市が管理する「市直管県」制度のもと城郷発展一体化を進めるという発想が存在したが，結局多くの地域で都市の発展が優先される，あるいは市が十分な経済力をもたなかった等の理由により，都市・農村間の格差が拡大した（張・Löhr 2012）。1994年の分税制導入後も末端まで改革が徹底されず，末端政府は慢性的な財政難に陥った。2009年財政部等関連部局は「関於推進省直接管理県財政改革的意見」（省による県財政の直接管理にむけた改革を推進することに関する意見）を提出し，「省直管県」制度を推進することとなった（『新華網』2010年２月28日付）。2011年末までに全国27省・自治区の1080県で「省直管県」制度が導入され，その下の２万9300郷鎮の財政を県が管理している（『財新網』2012年８月22日付）。

(3) 胡政権以降に行われた主要な農村保護政策は農業税および各種税・分担金の廃止，農業直接補助金の開始，新農村建設と農村向け財政投資の増加，農村の義務教育無償化，各種社会保障制度の整備等である。なお，内訳が不明なため図5-2には掲載していないが，2016年の都市住民１人当たり可処分所得は３万3616元，農村住民１人当たり純収入は１万2363元となっており，格差は2.7倍にまで縮小した（『中国政府網』2017年１月20日付）。都市・農村住民の所得格差の歴史的な変化とその背景については厳（2015）などに詳しい。

(4) 2016年２月に国務院が公布した「関於加強農村留守児童関愛保護工作的意見」（農村留守児童のケアと保護の強化に関する意見）によれば，農村留守児童の定義は「父母両方が外地へ出稼ぎに出ている，あるいは出稼ぎに出ている親が一方であってももう一方が養育可能な状態になく，両親と正常な同居生活を営むことのできない満16歳以下の未成年」。中国国家統計局社会科技和文化産業統計司編（2014）のデータを使って筆者が計算したところによれば，2013年の義務教育課程の卒業者，入学者，在校者数の総数に占める農村から出稼ぎの親に随行した児童および留守児童の比率はそれぞれ５～９パーセント，11〜15パーセントとなっている。

(5) 農村の土地および森林，山林，草原，荒地，海岸や川沿いの土地など，国有地以外は全て集団所有地である（張 2014, 6）。

(6) 2015年時点で土地の所有主体が行政村，村民小組となっている村はそれぞれ全体の39.8パーセント，52.3パーセントを占めている（農業部農村経済体制与経営管理司・農業部農村合作経済経営管理総站編 2016）。

(7) ムーは中国の面積単位で，1ムーは1/15ヘクタールに相当。保護面積の目標をめぐっては混乱がみられる。2014年1月，国土資源部と国家統計局は第2回全国土地調査の結果，2009年末の農地面積は20億3100万ムーであったことが明らかとなったと発表した。この数値は，従来公表されていた農地面積を約2億ムー上回る（『農民日報』2014年1月6日付）。この発表を受け同綱要は修正され，保護すべき農地の総面積は18億6500万ムー（このうち基本農田は15億4600万ムー），建設用地の総面積は6億1079万ムー以下とすることとなった（『網易新聞』2016年6月23日付）。

(8) 多くの地域で第1回の請負が期限に達した1998年の第15回三中全会では，「農業と農村工作に関する若干の重要な決定」により請負期間が30年間に延長された。

(9) 「中国農業銀行農村土地承包経営権抵押貸款管理弁法（試行）」など，関連法規の整備も進められている。

(10) たとえば，1999年「国務院弁公庁関於加強土地転譲管理厳禁炒売土地的通知」，2004年「国務院関於深化改革厳格土地管理的決定」，同年国土資源部「関於加強農村宅基地管理的意見」，2007年「国務院弁公庁関於厳格執行有関農村集体建設用地法律和政策的通知」など。

(11) たとえば貴州省では中国人民銀行貴陽中心支店が「関於開展貴州省農村土地承包経営権和宅基地使用権抵押貸款試点工作的通知」を発表した。

(12) 各地の地方政府によって，農村建設用地の流動化と利益分配に関してさまざまな制度が試行されている。たとえば重慶市の「地票制」，浙江省嘉興市の「両分両換」などがよく知られている。

(13) 「出譲」は使用権の販売，「租賃」はレンタル，「入股」は村民の土地使用権を面積，居住年数等に応じて株式換算し，土地からの利益を分配する株式合作制のこと。株式合作制は，近年大都市近郊の農村の集団所有資産の管理手法として急速に広がっている。

(14) 中国の「行政村」は農村末端の行政単位，「自然村」は自然発生的な集落を指す。歴史的な経緯になどにより両者の関係は地域ごとに異なっており，大まかに北方では自然村の規模が大きく，ひとつの自然村が1行政村を形成することが多い。これに対し，南方では自然村の規模が小さく分散しており，ひとつの行政村に複数の自然村が含まれることが一般的である。後者では自然村の独立性が高い傾向があるため，本文のように行政村と自然村の統計を区別するケースが存在すると考えられる。地域による集落の形態と村レベルの行政組織（行政村，村民小組）の関係の違いについて，詳しくは山田(2013)，Yamada（2014)。

⒂ このほか，軍人とその家族を対象とした「優待慰撫」と呼ばれる優遇政策がある。

⒃ 同記事の国土資源局局長の発言によれば，農業を続けている農家は農地から離れた集合住宅では不便を感じ，古い住宅に戻ってしまうことも多い。伝統的な農業主体の地域では，あえて集合住宅としないほうが合理的である。

⒄ 2016年９月に筆者が現地政府で行った聞き取り調査による。商業や物流の発展を軸とした山東省臨沂市の都市化モデルについては，潘・楊・劉（2014）に詳しい。

⒅ １番目の「一村一社区」における「村」は行政村を指しているが，２番目の「多村一社区」は人口規模からみて自然村のことと考えられる。注14ですでに述べたとおり，中国北方と南方では行政村と自然村の関係が異なる。ひとつの行政村に複数の自然村が含まれる地域では，中心村を指定して近隣の自然村にサービスを提供したほうが効率的である。

⒆ 江蘇省での調査は宜興市岐亭街道東郊社区湯国民党書記，江西省での調査は中国農業部農村経済研究中心高強助理研究員，寧夏助理研究員（肩書は当時）および地元政府関係者の協力を得て実施した。記して感謝したい。

⒇ 合作社理事長へのヒアリングによれば，管理している資産の総額は300万元，９割が土地収用の補償金等，残りが村営企業の資産である。

(21) 入居率が低い住宅がある理由については，住宅を過剰に供給したためではなくまだ内装が完了していないためとの回答があった。

(22) ここでいう公共サービスとは，「七改三網」（道路，上下水道，トイレ，住宅，貯水池，排水路，環境の７項目を改善し，電力，テレビ，電信の３ネットワークを整備すること）と「8+4」（基層の党支部建設，社会管理，ネットビジネスのネットワーク，『便民点』と呼ばれる行政の出張所など公共サービスのプラットフォーム，保健所，スーパー，図書館，文化体育活動の施設，ゴミ処理施設，汚水処理施設，公衆トイレ，小学校，幼稚園，金融サービスネットワーク，バス停の整備）を指す。

(23) この地域では集落の規模が小さく分散しており，一般的にひとつの行政村は６～10集落によって構成され，人口は1000～6000人程度である。

(24) 筆者がインタビューを行ったある村の幹部は，中心村になるためには何らかの人的なコネが必要だと発言していた。

(25) Ｇ村書記へのヒアリングによれば，当然共有資源の量によって自然村間に格差が存在するが，貧しい村では資金が必要なときには外部のネットワークを使って寄付などを募ることもある。このように南方の村は一般に自然村の独立性が高く，行政村による統治に限界がある（Yamada 2014）。

(26) たとえば伝統的な「花龍船隊」という血族対抗のボートレースがあり，毎年5月5日のレース時には出稼ぎで村を離れている村民も大部分が戻ってくる。

(27) 2015年の全国の平均的な農地の地代は1ムー当たり1000元程度である（『土流網』2015年12月14日付）。

(28) あるいは，第2章でもみたように，権利を確定してもその意味自体を農民が理解していなければ，土地を流動化させる意識も生まれないであろう。

〔参考文献〕

＜日本語文献＞

王穎楠・野村理恵・森傑 2012.「中国における『新農村建設』による集落再整備の手法と特徴――中国河南省における『尚庄新村』を事例として――」『都市計画論文集』47(3)　1015-1020.

厳善平 2015.「改革開放以降の農業問題と政策展開」『農業と経済』81(11)　10-18.

滝田豪 2013.「『村民自治』から『農村社区建設』へ――中国農村における『行政化』問題――」『京都産業大学世界問題研究所紀要』(28)　315-325.

田原史起 2015.「中国の都市化政策と県域社会――『多極集中』への道程――」『ODYSSEUS』［東京大学大学院総合文化研究科地域文化研究専攻紀要］(19)　29-48.

張継元 2016.「ポスト改革期における農村社会保障の激変――政策立案・執行過程を中心に――」瀋潔・澤田ゆかり編『ポスト改革期の中国社会保障はどうなるのか―選別主義から普遍主義の転換の中で』ミネルヴァ書房　235-266.

任哲 2012.『中国の土地政治――中央の政策と地方政府――』勁草書房.

速水佑次郎 1995.『開発経済学――諸国民の貧困と富――』創文社.

山田七絵 2013.「中国の『村』を理解する――共有資源管理を手掛かりに――」『アジ研ワールド・トレンド』(217)　10月　20-24.

＜中国語文献＞

国務院第二次全国農業普査領導小組弁公室・国家統計局編 2008.『第二次全国農業普査主要数据公報』(中国国家統計局ウェブサイトより閲覧).

国家統計局農村社会経済調査司 各年版.『中国農村住戸調査年鑑』北京：中国統

計出版社.
国家統計局住戸調査弁公室編 2015.『中国住戸調査年鑑2015』北京：中国統計出版社.
李増元 2014.『村民自治到社区自治——農村基層民主治理的現代転型——』済南：山東人民出版社.
農業部農村経済体制与経営管理司・農業部農村合作経済経営管理総站編 2016.『中国農村経営管統計年報 2015年』北京：中国農村出版社.
潘維康・楊暁東・劉伝玉 2014.『商貿物流駆動新型城鎮化：山東臨沂発展模式研究』（厲以寧・蓬豊・石軍主編『中国新型城镇化理論与実践叢書』）北京：中国工人出版社.
王石奇・王金華・賀更進・沙亮・高暁慧・孫宝印 2012.「農村社区建設是中国農村社会転型中的重大制度創新―蘇，鲁，黒，陕四省農村社区建設情况調研報告」民政部基層政権和社区建設司編『全国農村社区建設重要資料選編』北京：中国社会出版社　175-186.
王偉光・魏后凱・張軍 2014.『新型城鎮化与城郷発展一体化』（厲以寧・蓬豊・石軍主編『中国新型城镇化理論与実践叢書』）北京：中国工人出版社.
無錫市統計局編 各年版 .『無錫統計年鑑』北京：中国統計出版社.
閻恩虎 2014.「中国県制改革的思考」『中国県域経済前沿　2012～2013』北京：経済管理出版社　37-51.
姚士謀・陸大道・王聡・段進軍・武清華 2011.「中国城鎮化需要総合性的科学思維：探索適応中国国情的城鎮化方式」『地理研究』30(11)　1947-1955.
宇華江・王瑾 2008.「我国農村宅基地管理調査分析」『中国農業大学学報』25(2)　155-162.
張紅宇 2014.『新型城鎮化与農地制度改革』（厲以寧・蓬豊・石軍主編『中国新型城镇化理論与実践叢書』）北京：中国工人出版社.
張占斌・Löhr, Susanne 2012.「中国新型城镇化背景下的省直管県体制改革―訪国家行政学院経済学教研部主任張占斌教授」『経済社会体制比較』（6）　1-12.
中国国家統計局 各年版 .『農民工監測調査報告』（中国国家統計局ウェブサイトより閲覧）
——— 編 各年版 .『中国統計年鑑』北京：中国統計出版社.
中国国家統計局社会科技和文化産業統計司編 2014.『2014中国社会統計年鑑』北京：中国統計出版社 .
中国農業部編　各年版『中国農業統計資料』中国：中国農業出版社.
周飛舟・王紹琛 2015.「農民上楼与資本下郷：城鎮化的社会学研究」『中国社会科学』（1）　66-83.

<英語文献>
Meng, Xin and Junsen Zhang. 2001. "The Two-tier Labor Market in Urban China: Occupational Segregation and Wage Differentials between Urban Residents and Rural Migrants in Shanghai," *Journal of Comparative Economics* 29(3): 485-504.

Yamada, Nanae. 2014. "Communal resource-driven rural development: the salient feature of organizational activities in Chinese villages" in *Local Societies and Rural Development: Self-organization and Participatory Development in Asia*, edited by Shin'ichi Shigetomi and Ikuko Okamoto. Cheltenham; Northampton, MA: Edward Elgar: 186-215.

<新聞記事>
『半月談網』2015.「新村鎮：農民家門口的城鎮化」（新しい村鎮：農家の軒先で実現する都市化）7月13日.（http://www.banyuetan.org/chcontent/jrt/2015710/141827.shtml）.

『財新網』2012.「財政部：全国『省直管県』増至1080個」（財政部：全国の「省直管県」は1080県に）8月22日.（http://china.caixin.com/2012-08-22/100427061.html）.

『河北新聞網』2015.「江蘇宜興：城市郷村『同歩走』規劃建設『一盘棋』」（江蘇省宜興：都市・農村の足並みをそろえよ，開発計画は一局の碁盤のように統一的に）10月21日.（http://hebei.hebnews.cn/2015-10/21/content_5111379.htm）.

『金華房産網』2014.「集中建房探路中国農村的宅地改革」11月7日（http://www.jhfc.net/news/10000878.html）.

『農民日報』2014.「解読：多了2億畝，還要厳守18億畝耕地紅線嗎？」（解説：2億ムー過小報告されていたにも拘らず，まだ18億ムーの農地保護目標を厳守しなければならないのか？）1月6日.（http://politics.people.com.cn/n/2014/0106/c70731-24035116.html）.

『人民網』2015.「基本養老保険覆蓋率達80％」（年金保険の加入率が80％に）7月1日.（http://politics.people.com.cn/n/2015/0701/c1001-27233744.html）.

『土流網』2015.「2015年全国流転土地平均費用為毎畝多少銭？」（2015年全国の農地流動化の1ムー当たり平均地代は？）12月14日.（http://www.tuliu.com/read-19803.html）.

『網易新聞』2015.「国務院：穏妥開展農戸承包地有償退出試点」（国務院：農民の請負地の有償返却のモデル事業を穏当に進めよ）8月7日.（http://news.163.com/15/0807/20/B0ELQJUU0001124J.html）.

——— 2016.「土地利用総体規劃綱要公布：守十八億畝耕地紅線」（土地利用規劃綱要を公布：耕地18億ムーのレッドラインを守れ）6月23日.（http://mon-

ey.163.com/16/0623/16/BQ8RUP4C00252G50.html).
『新華網』2010.「中国将全面推行『省直管県』財政改革」(中国では今後『省直管県』の財政改革を全面的に推進) 2月28日. (http://news.xinhuanet.com/fortune/2010-02/28/content_13068706.htm).
——— 2013.「全国婦連：中国農村留守児童数量超6000万」(全国婦連が中国農村留守児童数は6000万人以上と発表) 5月10日. (http://news.xinhuanet.com/2013-05/10/c_115720450.htm).
——— 2013.「習近平在中央城鎮化工作会議上発表重要講話」(習近平が中央都市化会議で重要講話を発表) 12月14日. (http://news.xinhuanet.com/politics/2013-12/14/c_125859827.htm).
——— 2015.「村鎮就地城鎮化是個新思路」(農村に居ながらにして都市化するという新しい考え方) 3月9日. (http://news.xinhuanet.com/politics/2015lh/2015-03/09/c_127561477.htm).
『中国産業信息』2015.「中国土地流転面積快速増長」(中国の土地流動化面積が急速に増加) 9月14日. (http://www.chyxx.com/industry/201509/344051.html).
『中国政府網』2017.「2016年全国城郷収入差距進一歩縮小」(2016年の都市・農村の収入格差はさらに縮小) 1月20日. (http://www.gov.cn/xinwen/2017-01/20/content_5161612.htm).

＜ウェブサイト＞
国土交通省国土政策局「各国の国土政策の概要：中国」
(http://www.mlit.go.jp/kokudokeikaku/international/spw/general/china/).
中国まるごと百科事典 (http://www.allchinainfo.com/).
人民網「党史百科」(http://dangshi.people.com.cn).
中国国家統計局 (http://www.stats.gov.cn).

第6章

地方政府の都市化戦略

――富士康（フォックスコン）の内陸進出を事例に――

山口　真美

はじめに

都市化の過程では企業は人口（労働力）が多く工場立地に有利な都市に立地し，労働力は農村から移動してくる人口で賄われる。第2章でもみたように中国はかつて，豊富な廉価労働力を背景に世界の工場として多くの外資企業を広東省などの沿海部に惹き付けてきた。「農民工」と呼ばれる農村出身の若い就業者が内陸部の農村から沿海の工業先進地域へ移動し，低い賃金で長時間労働に従事していたのである。

他の途上国に比べて廉価な中国の労賃の背景には，戸籍制度の制限がある。つまり農村に戸籍のある労働者は就業先のある都市に家族を伴って定住することができず，単身で都市に滞在し，そのため家族の生活コストは農村部の低い水準で維持されるのである。このような状況は，戸籍の移動が厳格に制限され，農民工は農民という行政的ステイタスのまま都市に滞在するという中国特有の戸籍制度によって形成，維持されてきた。

ところが，2004年に入り，無尽蔵といわれた労働力供給に変調の兆しが現れる。それは広東省などの産業集積地で最初に発生し，メディアで出稼ぎ労働者不足（「民工荒」）として大きく報道された。中でも，求人難がとくに深刻なのは輸出向けの労働集約型の加工企業で，とりわけ低価格競争にさらされる製靴，玩具メーカー，電子部品の組み立て，アパレル，プラスチック製品等の企業で深刻であったとされる（山口 2009, 86-87）。これらの企業の多くでは，毎日の就業時間が少なくとも10～12時間で，月額給与が600～700元という低賃金・長時間労働が一般的であったが，それまでの労働条件ではもはや労働者が集まらなくなったのが2004年のことである。「民工荒」現象は経済学的にはルイスの転換点として説明され，中国の無制限労働供給は現在，終焉を迎えつつあるとみられている[1]。

それまで廉価な労働力を享受してきた労働集約型産業の企業は，2004年以降の労働力不足にどのように対処したのだろうか。考えられる選択肢は，①賃金や労働条件を改善して従来の工場所在地で操業し続ける，②より低賃金の労働力を求めて第三国や中国内陸部に移転する，の二つである。実際には，2004年以降，香港，台湾，韓国資本などの労働集約型企業の倒産や「夜逃げ」の報道も多く，①，②の選択肢はどちらも存在していたと考えられる。

ここで，本章が注目する台湾資本の富士康科技集団（Foxconn Technology Group, 以下，富士康）は中国におもな生産拠点をもつ，世界最大の電子機器受託生産（EMS）企業である。上述したとおり，2004年に出現した労働力不足の影響を受けて求人難が真っ先に深刻になった産業の代表的な企業のひとつである。本章の結論を先取りして述べれば，富士康は上記①，②の双方の経営戦略，つまり，従来工場での賃上げと他地域への工場移転を併用したといえるが，それは単により安価な労働力を求めてのことではなかった。そこに中国の都市化の制度的制約をみてとることができる。

中国の都市化の制度的制約とは，戸籍制度を中心とする人の移動制限のことである。2004年以降の「民工荒」（ワーカー不足）の背景として，ルイスの転換点による説明に加え，農民工の世代交代がよく指摘される。つまり，現在農民工の中心となる1980年代以降生まれの若い世代の農民工（「新世代農民工」）は旧世代に比べ，労働条件への要求が高い，忍耐力がないなどといわれ，そのため労働力不足が出現したとするものである。この議論には一定の説得力があるが，より重要なことは，働き盛りの新世代農民工は学齢の子どもや高齢の両親を抱える家計の担い手でもあることにあると考える。戸籍制度により，移動先での就学や医療を享受することに大きな制約がある中国では，「出稼ぎ」の長期化は必然的に，家族に大きな犠牲を強いるものになる。そこで，一部の農民工が都会生活を長期化させるほか，帰郷を志向する若い世代が多く出てきていることを筆者は別稿で論じている（山口 2014; 同 2017)。本章はそうした労働者の動きを追って，企業が移動する側面にスポットをあてるものである。

富士康のケースでは，企業が労働力を求めて本来産業立地に不利な内陸部に近年積極的に進出している。その背景に，中国の戸籍制度による制度的制約があることを本章はまず指摘する。制度的制約によって，中国では近年沿海部で労働力の調達が困難になっており，さらに内陸進出に際して，企業は地方政府の熱烈な歓迎と具体的な支援を受けている。企業誘致（「招商引資」）とはいえ，その積極的な支援は一般的な政府行動の枠を大きく超えたものである。現行の制度的制約のもとに，中国の地方政府と市場経済のプレーヤーである企業がとるそれぞれユニークな行動を本章ではみることができる[(2)]。

さらには，より安価かつ十分な労働力を求めての企業の内陸進出と，地方政府の都市化戦略が交わったところで，労働者にはどのような就労環境，生活環境が実現しているのか。そしてこのような企業と地方政府による，中国的都市化のあり方はどの程度持続可能性があるのか。本章では，労働者の移動にかかわる中国政府の都市化政策を整理したうえで，労働集約型産業の典型である富士康の内陸進出の軌跡を跡づけながらこれらの点を考察してみたい。

以下，第1節では中国の戸籍制度の変遷を整理したうえで，第2節では本章がケーススタディとして注目する富士康の事業展開と内陸進出の経緯を紹介する。第3節では同社の成都，鄭州等への生産拠点の大規模移転を振り返る。第4節では，もっとも最近の貴州省貴安新区への新しい生産拠点開設，および都市化戦略に基づいた地元行政による公共サービス面での積極的な協力のあり方を，現地調査の結果をふまえつつ具体的に紹介する。最後に，まとめと今後の課題を提示したい。

第1節　人の移動にかかわる戸籍制度の変遷

都市化にともなう戸籍問題には，二つの側面がある。すなわち，都市の発展にともなって農村から都市へ移動した人の戸籍をどう扱うかという問題（人の都市化にともなう問題）と，都市の拡大にともなって都市化した地域の問題（農村の都市化にともなう問題）である。このうち，本章は前者を扱い，後者は前章（第5章）のなかで議論している。なお，本章の「農民工」の定義は農業以外の分野に就業する農村出身労働者である。この定義は農村から他地域へ移動して就業するいわゆる出稼ぎ労働者のみならず，地元で非農業分野に就業する農村戸籍者をも含む広義の概念であり，中国政府の統計でも近年はこの定義が採用されている[(3)]。

表6-1は中国の戸籍制度の変遷を概観したものである。山口（2009）で詳述したように，1950年代にはじまる戸籍制度は当初，計画経済に伴う厳格な移動規制を行った。1980年代以降，沿海部の労働力需要に合わせて一部規制を緩和し，1990年代以降は都市の規模別に小都市ほど規制を緩和し，大都市とくに特大都市では厳しいコントロールを続けている。2014年に発表された最新の新型都市化計画に伴う国務院の「戸籍制度改革をさらに進めるための意見」の内容もこの方針にのっとったもので，そこでは小都市の戸籍転入規制の全面撤廃，中都市以上については各都市の経済の現状に合わせて規制緩和することとされている。中規模の都市については秩序をもって開放，大都市は合理的に開放するが，特大都市についてはなお，厳格にコントロールすると謳われている。ただし，すでに都市に就業，居住している者，つまりいわゆる農民工の問題を優先的に解決すること，戸籍の転入を伴わずに都市に住む者には居住証を発行し，都市住民と同様の公共サービスが受けられるようにすることなど，新たな配慮にも言及されている点は新しいとみられる。

表6-1　戸籍制度に関するおもな政策の変遷

Ⅰ　人口移動・戸籍移転抑制期（1958-1977年）		
1958	「戸籍登記条例」	・公民の農村から都市への移動制限の開始。
1962	公安部「戸籍管理の強化についての意見」	・5大都市（北京・上海・天津・武漢・広州）への移動をとくに規制。
1977	公安部「戸籍移転に関する規定」	・農村から都市，農業戸籍から非農業戸籍，北京・上海・天津の3市への流入を厳しく規制した。
Ⅱ　特例措置による人口移動・戸籍移転緩和期（1978～1980年代）		
1980	公安部，糧食部，国家人事局「専門技術者の農村家族呼び寄せに関する規定」	・高級幹部などの家族の農村からの呼び寄せ転入を可能にする特例規定。
1984	国務院「農民の集鎮への転入に関する通知」	・県下の町（集鎮）で就業または自営する農民とその家族に食糧を自弁することを条件に常住戸籍を発行し，非農業人口とする。
1985	「身分証条例」	・身分証による人口の動態管理の開始。
1989	国務院「農業戸籍から非農業戸籍への転換規制通知」	・「農転非」を国家計画委員会による計画指標管理でコントロールすることを規定。
Ⅲ　都市規模別戸籍緩和期（1990年代～現在）		
1992	公安部「地元限定の都市住民戸籍制度の通知」	・経済特区，経済技術開発区，ハイテク産業開発区で認められる地元限定の戸籍を認める。
1997	公安部「小城鎮戸籍管理制度改革試点法案と農村戸籍管理制度の改善についての意見」	・小城鎮で就業・自営する者および住宅保有者本人と同居家族に都市戸籍の取得を認める。
1998	公安部「現行の戸籍管理政策の突出した問題を解決するための意見」	・都市居住者の家族および投資家・起業者・住宅購入者と同居家族の戸籍取得を許可。 ・北京・上海の特大都市のみ厳格コントロール。
2001	公安部「小城鎮戸籍制度改革を進めるための意見」	・小城鎮では，合法的な固定住所，安定した職業または生活の糧をもつ者とその同居家族は希望すれば都市常住戸籍を取得できる。
2014	国務院「戸籍制度改革をさらに進めるための意見」	・すでに都市に在住している農民工の問題を優先的に解決する。 ・戸籍転入の受け入れは，地元経済の現状に合わせて個別に実現に移す。 ・都市規模別に戸籍制限の開放規制を変える。小都市は全面的に開放，大都市ほど規制を残す。

（出所）　伍（2002），殷・郁（1996），法令法規を基に筆者作成。

表 6-2　外来人口の規制緩和と保護に関するおもな法令

公布年	法令名称	内容
2001	国家計委，財政部「出稼ぎに関する行政による費用徴収撤廃通知」(計価格［2001］2220号)	［行政費用の減免］
2003	国務院「農民の都市就業に関する管理とサービス工作の徹底通知」(国弁発［2003］1 号)	［方針］
	「労災保険条例」(2004年 1 月 1 日施行)	［労災保険］
	国務院「都市に身寄りのない流浪者・乞食の救助管理法」	［収容制度］
	国務院「都市で就業する農民子女の義務教育対策改善通知」(国弁発［2003］78号)	［子女教育］
	労働社会保障部，建設部「建設企業の農民工への賃金遅配欠配問題の解決通知」(労社部発［2003］27号)	［賃金未払い問題］
	財政部，労働社会保障部ほか「農民工管理に係る経費を財政予算の支出範囲に組み入れる通知」(財預［2003］561号)	［行政費用の減免］
2004	「中華人民共和国行政許可法」	［就業制限の撤廃］
	労働社会保障部「混合所有制企業と非公有単位の従業員の医療保険参加に関する意見」(労社庁［2004］5 号)	［医療保険］
	労働社会保障部「農民工の労災保険参加に関する問題の通知」(労社部発［2004］18号)	［労災保険］
	国務院弁公庁「農民の都市就労環境改善をさらに進めるための通知」(国弁発［2004］92号)	［方針］
2005	労働社会保障部，建設部，全国総工会「建設業など業種の農民工契約管理に関する通知」(労社部発［2005］9 号)	［労働契約］
	労働社会保障部，建設部，全国総工会など9部委「農民工の賃金遅配欠配問題のさらなる解決のための通知」(労社部発［2005］23号)	［賃金未払い問題］
2006	国務院「農民工問題の解決に関する若干の意見」(国発［2006］5 号文件)	［方針］
	労働社会保障部「農民工の医療保険参加範囲拡大のための通知」［労社庁発［2006］11号)	［医療保険］
	労働社会保障部「農民工“平安計画”実施により労災保険参加を加速するための通知」(労社庁発［2006］19号)	［労災保険］
	「中華人民共和国義務教育法」改訂	［子女教育］
2014	国務院「農民工服務工作をさらに進めるための意見」(国発［2014］40号)	［方針］

(出所)　李 (2007, 53)，鄭・黄 (2007, 106-112)，関連法令より筆者作成。
(注)　網掛けは国務院公布の方針を定める政策で，重要度が高いもの。

しかし，農民工の就業先が沿海部の特大都市や大都市中心であることを考えれば，2014年の国務院「意見」も農民工の移動先都市への戸籍転入を積極的に実現するものではない。2014年「意見」のなかでは，戸籍の転入を伴わない農民工への居住証の発行と公共サービスの提供に言及されているが，これがどの程度実施されるかが重要になろう。現実的には「意見」中にもあるように，各受け入れ都市の経済状況次第，つまり財政能力と労働需要に合わせて任意に実施すればよいことになると思われる。

以上の戸籍制度改革に関する国務院「意見」とともに，一連の新型都市化政策のなかでは，戸籍の移動を伴わない農民工の問題について，別途国務院「意見」が公布されている（表6-2）。ここでは，農民工への職業訓練の実施による職業転換と安定的な就業の支援，とくに中西部における農民の地元での非農業就業支援が数値目標を伴って指示されている[(4)]。さらに，戸籍転入を伴わない農民工への公共サービスの提供が謳われている。しかし，これが今後どれだけ実行に移されるかは，これに続く各部門の方針や各地域での実施状況をみていく必要があると思われる。

以上，いわゆる農民工問題，つまり人の移動（空間的都市化）に伴う戸籍制度の改革（制度的都市化）は，新型都市化政策の実行によっても現実的にはほとんど進んでいないとみられる。戸籍の転入が進まず，また戸籍の転入を伴わない農民工への行政サービスが十分に提供されないなか，農民工の都市滞在は長期化しているにもかかわらず仮の姿でしかなく，帰郷志向が強く観察されている（山口 2014，『財新網』2017年1月27日付）。このような制度的制約は，市場経済における都市化過程とは異なる都市化現象を引き起こしている。それは，企業の内陸進出と内陸地方政府の企業への積極的な誘致活動として観察される。第3節以降の事例検討に入る前に，次節では本章の事例となる富士康の事業展開の歴史を紹介したい。

第2節　富士康の内陸進出

中国における戸籍制度を中心とする人の移動に関する制度的制約は，市場経済における都市化過程とは異なる都市化現象を引き起こしている。前述したようにそれは，企業の内陸進出と内陸地方政府の企業への積極的な誘致活動として観察される。本節では富士康の内陸移転の背景を整理し，次節以降（第3，4節）でそれにともなう地方政府の行動をみてみたい。

1．富士康の事業展開

表6-3に，富士康の中国内外における事業展開の歩みをまとめた。富士康は鴻海（ホンハイ）精密工業が中国大陸で展開する企業名で，中国大陸には1988年，深圳市宝安区に最初に生産基地を設けた。改革開放後の深圳にいち早く進出した海外企業のひとつだといわれ，以来1990年代には，深圳の生産基地を拡大するとともに江蘇省の昆山にも生産拠点を設けた。さらに，2000年代に入ってからは北京市，上海市のほか，太原市（山西省），天津市，淮安市（江蘇省），南京市（江蘇省），武漢市（湖北省），廊坊市（河北省），秦皇島市（河北省），営口市（遼寧省），南寧市（広西省）など，沿海部の工業先進地域より一歩内陸に入った地域にも生産拠点を展開しつつ，当初からの生産拠点であった深圳工場が中国国内最大規模の重要な基地であり続けた。なお，同時に海外では，アイルランド（1999年），ハンガリー，フィンランド，メキシコ（以上，2003年），ベトナム（2007年）にも生産基地を開設している。

富士康にとって大きな転機は，しかし，2010年に訪れた。国内最大規模の深圳工場で従業員の連続自殺事件が起き，富士康はまもなく，賃金の大幅なアップと従業員の労働環境の改善に着手した。それと同時に，重慶市，成都市（四川省），鄭州市（河南省）など内陸地域への生産設備の大規模な移転を開始したのである。その過程では，内陸各地の地方政府による熾烈な富士康

表6-3　富士康による生産拠点拡大の動き

	中国国内および台湾での動き	海外の動き
1970年代		
1974年	台湾にて創業（鴻海プラスチック企業有限公司）。	
1980年代		
1988年	大陸初進出，深圳工場（深圳市宝安区）開設。	
1990年代		
1993年	江蘇省昆山工場の開設。	
1996年	深圳龍華科技園を増設。	
1998年		スコットランド・グラスゴーにヨーロッパ分社を設置。
1999年		アイルランド・リメリックに工場を設置。
2000年代		
2001年	北京工場投資プロジェクトに契約。2002年生産開始。	
2003年	上海松江工場，山西省太原工場，浙江省杭州工場開設。	ハンガリー，フィンランド，メキシコ・チワワ工場操業。
2004年	山東省煙台工場，深圳観瀾工場，昆山工場増設，上海富士迈工場を設置。	メキシコ・シウダーフアレス工場を設置。
2005年	深圳観瀾工場内に鴻観工場を増設，深圳松崗工場，天津工場開幕。	
2007年	江蘇省淮安及び南京，河北省廊坊及び秦皇島，湖北省武漢，遼寧省営口，広西省南寧に工場を設置。	ベトナム・バクザン省及びバクニン省に工場設置。
2008年	浙江省嘉善工場を設置。	ロシア・セントペテルブルグ工場を設置。
2009年	重慶，四川省成都工場を設置。2010年に創業。	
2010年代		
2010年	河南省鄭州工場を設置。	

（表6-3　続き）

	中国国内および台湾での動き	海外の動き
2011年	広西省南寧工場に砂井工場区を増設。湖南省長沙 R&D 基地，同省衡陽工場，天津工場を設置。	
2012年	河南省南陽，済源，鶴壁，内モンゴルオルドスに工場を開設。	
2013年	貴州第 4 世代緑色産業パーク 1 期工事に着工。 貴州富士康師範工場を操業。	
2014年	安徽省安慶工場投資プロジェクト，山東省荷沢，臨沂への投資プロジェクトを契約。 貴州省六盤水にて契約した工場兼店舗が操業。 貴州の第 4 世代緑色産業パークが操業開始。	

（出所）　富士康科技集団ウェブサイト（http://www.foxconn.cn/），会社概要より筆者作成。

誘致競争があったといわれている。それは「招商引資」と呼ばれる企業誘致行動である。

さらに2013年には，富士康は西南中国最大の貧困地域である貴州省に第四世代グリーン産業パーク（緑色産業園区）と称する，環境に配慮した生産拠点を開設した。ここでも地元，貴安新区の政府による積極的な招致活動が展開されたものとみられ，現地には工業生産エリアの他，貴安新区の政府による「富貴安康」小区と呼ばれる，おもに富士康の従業員のための住宅，医療，公共サービスなどを集積した居住エリアが整備されている。

２．2010年――従業員の連続自殺――

富士康の深圳工場で，従業員の自殺が相次いでいることが最初に報道されたのは，2010年４月のことであった。４カ月で６件の自殺（未遂を含む）が起き，深圳市総工会[5]が調査に乗り出した，と報道された。

「南方週末」によれば，富士康では，2007年にも２件，2008年に１件，2009年に２件の従業員の自殺が発生している。2010年に入り，飛び降り自殺が連続し，その後５月末までに13件の自殺事件（一部未遂を含む）が発生した。自殺報道が新たな自殺を呼ぶ恐れから，５月28日，中国国内のメディアは（政府から）富士康の自殺報道を自由に報道してはいけないとの通知を受けた（『FT 中文網』2010年６月１日付）とのことで，それ以降の動向については一切の情報が絶たれている。

富士康はこのとき，深圳工場だけで従業員数31万人以上を抱える大工場であった。富士康の経営陣は，当初は全国の自殺率に比べ，富士康の自殺は多いとはいえないと発言し，また自殺は個人の家庭環境や社会問題だとして，会社としての管理上の責任を否定していたものの，相次ぐ自殺事件を受けて企業としての責任に言及せざるを得なくなった。それにともない，心理コンサルタントを工場に招聘し，悩み相談ホットラインをもうけたり，従業員同士の助け合いチームを作ったり，ストレス発散のためのサンドバッグを設置したり，宿舎に落下（自殺）防止のためのネットを張るなどの措置をとっている。

なお，自殺者は18～24歳で，富士康によれば勤続半年以内の新参者が多い。自殺の方法は2009年７月に起きた宿舎からの飛び降り自殺以来，2010年の事件では明らかになっているほとんどが宿舎からの飛び降り自殺である。

大量自殺発生の原因について，低賃金が問題だとか，新世代の出稼ぎ労働者たちのおかれた境遇の問題だとか，「80後（バーリンホウ）」，「90後（ジウリンホウ）」と呼ばれる中国の若者世代[6]の精神的な弱さが原因だとか，富士康の極度に効率を追求した企業管理の問題だ等のさまざまな指摘がなされている。数々の報道と専門家や研究者の見解にみられる自殺の背景は，大きく分けて以下の三つの問題として説明されている。

第１に，自殺者個人と彼らの世代的特徴からの説明がある。富士康の経営層が当初主張していた，自殺は純粋に個人的な行動であり，その背景は恵まれない家族関係や恋愛関係のトラブルなどの精神的な問題，また年若い「80後」「90後」世代の精神的脆さにあるとの説明がある。

第２に，富士康の企業としての問題があげられる。若い出稼ぎ者の自殺は富士康だけで起きているのか，富士康は氷山の一角であって他企業でも自殺が起きているのかは，明らかでない。しかし，少なくとも他の企業ではこれほど多発していないと考えられるとすれば，なぜ富士康で複数の自殺が起きるのかは当然追求されるべき問題だろう。

富士康が労働環境の劣悪な極端な搾取工場で，従業員を自殺に追いやっているとの考え方は，おおむね否定されている。労働環境の劣悪な工場や搾取工場は数多くあり，富士康の就業環境，無料の宿舎と食堂，プールや洗濯設備などの完備された娯楽・生活サポート施設は，それら自体として条件は決して悪くないようである。

ただし，単調な作業が長時間続く極度に効率化された就業体制や従業員管理，さらには工場内の人間関係の希薄さが従業員を精神的に追い込み，自殺に駆り立てている（『南方週末』2010年５月13日付）との指摘は否定できない。

若い『南方週末』記者の潜入レポートによれば，ひどく単調で，しかも一時しゃがむ余裕さえもないベルトコンベア上の作業に疲れた従業員たちは，宿舎の同室者の名前も知らず，ほとんど会話することもないという。それにもかかわらず，基本給が低く，それだけでは生活を維持できないため，皆進んで残業をしたがる。誰もが自主的に単調な長時間労働に駆り立てられる「残業王国」だという。

第3は，農民工を取り巻く社会体制の矛盾と労働環境・条件の悪化という大きな問題への指摘である。大量の廉価な労働力を背景に経済発展を進めてきた中国は，GDPの急成長の一方でそれに大きく貢献した農民工を保護制度から排斥し，低賃金のまま雇用してきた。深圳当代社会観察研究所の劉開明所長によれば，1992年以来，都市の在職者と外来農民工の賃金格差は拡大し続け，2008年にはおもな出稼ぎ就業地である珠江デルタと長江デルタにおいて，農民工の賃金は都市戸籍の在職者の37.8%にすぎない。今，出稼ぎ新世代または第2世代と呼ばれる1980年代以降生まれの出稼ぎ者たちは，じつはそれ以前の出稼ぎ第1世代より所得が減っているという（『南方週末』2010年5月13日付）。そして，新世代の出稼ぎ者は旧世代に比べ，より大きな焦りと生き残りのプレッシャーに直面している。なぜなら，新世代は親の出稼ぎのために小さい頃に故郷を離れて都市で育ったか，農村で育っても農業就業経験がなく，出稼ぎに出た世代であり，農村・農業に基盤をもたないからである。都市での生活が厳しくても，第1世代と違って農村に戻る選択はないことが彼らの焦りと迷走につながっている（『南方週末』同上）。

3．賃上げ

連続自殺事件発生後の2010年6月に，富士康の経営陣は全従業員に3割の賃上げを発表した。これにより，一般的なラインワーカーの基本給は900元から1200元となった。さらに，5日後の6月6日には，再度の賃金アップを発表，ラインワーカーとライン長は3カ月以上勤続し，業務考課に合格すれば10月１日以降，基本給を2000元とすることとされた。この二度の賃金調整による賃金上昇率は66％に上る（『南方週末』2010年６月７日付）。

富士康メディア弁公室の劉主任によれば，10月１日以降の残業手当など各種補助を含めた賃金総額は，2700～3600元に上る（『南方週末』2011年３月３日付）。同じ報道によれば，この2010年の二度にわたる大幅な賃上げの後，2011年の春節明けには，深圳工場では従業員の帰還率（春節前に帰省した後，春節明けに工場に戻ってきた従業員の割合）は史上初の98％という高率だった。新しく富士康に入職を希望する従業員の行列も絶えなかったという。前年の連続自殺事件の記憶が新しいにもかかわらず，富士康が提示した賃金が深圳の同業他社に比べて極めて競争力があったことを示している。

しかし，廉価な労働力を大量に雇用することによって競争力を維持してきた富士康にとって，66％の労働力コストのアップは大きな負担になったと考えられる。この年，富士康は深圳工場の規模を縮小し，内陸に生産拠点を移す動きを加速させる。この背景には，2010年の賃上げのみならず，深圳の地元政府から従来受けてきた各種の税制面での優遇措置が受けられなくなってきたためだともいわれる（『中国経営網』2010年６月28日付）。広東省政府は産業の高度化を図り，従来の花形であった労働集約産業へ政策的優遇をやめていた。

内陸各地の地方政府は新たな受け皿を探す富士康を高貴な想像上の鳥，「鳳凰」に見立て，それぞれの地元に招致しようと可能なかぎりの優遇条件を示して誘致競争をしたといわれる。結局，生産拠点の内陸移転先にはおもに，四川省成都市と河南省鄭州市の二つが選ばれた。この２都市には共通点が多い。まずこの二つの都市がある省はいずれも，中国第１と第２の人口大省であり，出稼ぎ労働者の最大の送り出し元である。つまり多くの農村人口を抱え，省内に非農業就業機会が乏しい省である。出稼ぎ労働者数では，河南省が全国１位，四川省は２位である。また，成都市と鄭州市はいずれも省の中心都市である。

両者とも，富士康の誘致にあたっては，省政府と市政府による積極的な働きかけがあった。その模様を以下の第3節でみてみたい。

第3節　工場の内陸移転

深圳工場の規模縮小と生産拠点の内陸進出の背景は，一義的にはより廉価で豊富な労働力を求めてのことだと考えられる。実際に，富士康のスポークスマンの胡国輝氏は，河南と四川はどちらも最大の農民工送り出し地域であり，農民工の故郷になるべく近いところへ進出しようという考えが同社にあったと述べている（『新浪科技』2013年3月4日付）。しかし，66％もの労働コストの上昇をカバーできるほどのメリットが，内陸進出にあったのだろうか。以下の二つのケースをみてみよう。

1．成都——四川省政府の「一号工程（プロジェクト）」——

富士康の四川省誘致にあたって，四川省政府は2009年に「一号工程」という政府プロジェクトを始動した。富士康を四川省に誘致するために総額10億米ドルを投資するとしている（『華夏経緯網』2013年10月18日付）。四川省が富士康誘致の任務を成都市に下達し，成都市はさらに市下の各区と県に指示して，最終的に地理的条件が相対的によい郫県がプロジェクトを受け入れることになった。

(1)　政府によるワーカー斡旋

四川省の一号工程は中国の西部地域では史上最大規模の企業誘致プロジェクトだといわれ，富士康の誘致によって成都市の情報産業の発展を牽引し，IT 産業の産業チェーンをつくることを期待されていた。そのため，四川省政府は2010年に富士康を誘致する際，税収面や工場用地の優遇措置のほか，ワーカーの確保を富士康に約束していたといわれる。成都工場の生産開始は

2010年7月であり，折あしく5月に深圳工場でワーカーの連続自殺が注目を集めた直後のことであり，従業員の募集は困難を極めた。

富士康の事務部門のスタッフによれば，成都工場の普通ワーカーの募集は地元政府に一任されており，四川省の労働部門に富士康の求人数を知らせれば，政府があらゆる資源を総動員してワーカーを募集し，工場に送り込んできたという（『華夏経緯網』2012年5月2日付）。成都工場の従業員数はピーク時で12万人規模である。それでも，ワーカーの離職率も高く，成都工場はつねにワーカーを募集しており，1日に3000～5000人のワーカーを募集することも珍しくなかった。

これを充足させるため，四川省では公務員の年末考課のなかに富士康へのワーカー斡旋任務を完遂できたかという項目が加えられたという。報道では，瀘州市叙永県のある郷鎮の例では，公務員に対する年末考課の一貫として，富士康へワーカーをひとり斡旋するごと，公務員個人に600元の奨励金が与えられ，目標以上に斡旋した者にはひとりにつき1000元が報酬として支給された。反対に，目標人数に達しなかった者には500元掛ける不足人数の罰金が課されたという。斡旋目標人数は富士康の求人によって随時変化するため，公務員への負担とプレッシャーは大きかった。目標の求人数を満たせない場合，基層の郷鎮政府公務員がワーカーとして富士康の工場で一定期間働くといった現象もみられたという。

このような行政ネットワークを利用したワーカー斡旋だけでは不十分で，個人ブローカーも利用された。こうしたブローカーはワーカーをひとり斡旋するたび，500元を政府から受け取るとされ，ブローカーによればワーカーは富士康の求人に応募する場合，通常応募者個人が負担しなければならない健康診断費用の60元さえも，政府財政から支払われたという。

政府によるワーカー募集には，一定の行政コストが必要となる。

(2) 生活施設の整備

郫県では，富士康の誘致により将来的に30万人近い新移民が県内に転入することを予期し，富士康のために住宅や生活空間などの関連施設を建設する計画を立てた。このため，2010年8月，富士康のために生活施設を建設するための会社として新益州公司という官営会社を設立した。登記資本額24億元，株主は郫県国有資産監督管理弁公室である。この会社の職責は，富士康のために確保された居住地エリア，8平方キロメートルの土地を住民から収用し，インフラを整備して旧住民への新居建設と融資などを行うことである。同社によれば，15本の道路敷設と二つの橋の建設費用として7億9000万元，旧住民への新居建設（総面積116万平方メートル）に36億元，富士康に協力して開設する総合サービスセンター，住人の公共ジム施設などの建設に8億元が必要だとされている。あわせて51億9000万元に上る投資額が調達できず，施設整備は遅れていると報道されている（『華夏経緯網』2013年10月18日付）。

2．鄭州――高コストな企業誘致とリスク――

富士康鄭州生産基地は，鄭州市郊外の新鄭空港近くに立地する。2010年7月に登記され，9月には生産を開始したスピードの速さが「鄭州速度」と，富士康幹部と省政府に称賛されたという。鄭州への富士康の誘致には，鄭州市政府が「五五弁公室」と呼ばれる富士康専門の職務チームをつくり，誘致活動とその後の企業サービスにあたった。「五五」とは，鄭州市政府が2011年に発表した「鄭州富士康プロジェクトのためのサービス促進メカニズムをつくるための通知」に起因した名称である。このなかで鄭州市は，富士康のために5つの「1」を約束した。それはすなわち，ひとつのプロジェクト，ひとつの団体，ひとつのプログラム（方案），一貫したサービス（一条龙服务），一貫して責任をもつ（一盯到底）である。これに呼応して，富士康CEOの郭台銘が「五五」計画，つまり5年間で河南に5000億元のGDPをもたらすと宣言したことからキーワードになった（『中国経営網』2012年11月20日付）。

四川省同様，各地の地方政府が富士康誘致のためにこれほどの努力をする背景には，富士康が地元経済にもたらす巨大な貢献と，地元政府にもたらす巨額の投資，GDP の増大，さらには就業規模への貢献があるとみられる。実際に，富士康誘致後の河南省の2011年の輸出入総額は326億4000万米ドル，中部６省中，湖北に続く第２位で，これは2010年に比べて83.1％の増加であった。なお，2011年の河南省における富士康グループの輸出入合計額は94億7000万米ドルで，河南省全体の輸出入総額の29.0％を占める（『中国経営網』2012年11月20日付）。富士康が進出したことにより，香港，台湾をはじめ，深圳，東莞，昆山，蘇州などの100社近い関連企業が新鄭総合保税区や輸出加工区等に進出した。さらに将来的には，100余りの産業，400を超える関連企業が河南に進出することが見込まれているとされる。

(1)　ワーカー募集

成都同様に，鄭州工場誘致にあたって河南省政府が富士康のためのワーカー募集に協力することを約束した。2012年８月に開かれた河南省の会議のなかで，河南省が富士康のために20万人のワーカーを集めること，この任務を河南省各地の18の地区・市政府に配分し，任務を遂行できない県市は批判の対象となることを決めた。

鄭州市内の鉄道や長距離バスの駅付近，富士康の工場ゾーンと宿舎ゾーンの付近にはいくつものワーカー募集申込所や募集センターがあり，無料で富士康への就業を斡旋している。これらの募集センターは個人のブローカーによって運営されているもので，その収入はすべて政府による補助である。ワーカーを斡旋し，３カ月以上勤続することができれば，政府から補助が出る。その金額は当初300元だったものが，500元まで増額している。さらに河南省政府は2012年に限って，労働者の富士康への就職を促進するため，ワーカー個人にも毎月200元の補助を出している。この予算は河南省財政から支出され，河南省人事労働部門から支給される。

就職斡旋のほか，職業高校や専門学校（大専）の学生を組織して富士康に集団で職業訓練に行かせる措置もとっている。

これらの積極的な取り組みにより，2011年の河南省の農村労働力移動は省内移動者1268万人，省外への移動者が1190万人で史上初めて，省内移動者が省外移動者を上回った。2010年以前は，河南省の農村労働力は70％近くが珠江デルタ，長江デルタ，渤海エリアなどの省外に出稼ぎに出ていたのである。賃金も当初の1350元から二度の賃上げを経て1800元になり，深圳工場の基本給と同等となった。富士康の賃金上昇にともなって，付近の不動産賃貸価格も上昇しているという。

(2)　宿舎の建設と管理

宿舎からの飛び降り自殺が多発した深圳富士康では，宿舎も含めて富士康が建設，管理していた。鄭州富士康では，宿舎を工場から独立させ，政府管理としたことが最大の特色だと，富士康スポークスマンの劉坤氏が述べている。

富士康誘致にあたり，鄭州市政府は別途建設企業を誘致して三つのワーカー用宿舎と住宅エリアを建設した。そこに近隣の土地収用農家を入居させるとともに，富士康の従業員宿舎とした。各住居エリアには管理人とガードマンを常駐させている。

鄭州富士康の従業員は目下，約90％が河南省出身者で，その他は陝西省，山東省などの近隣省出者である。

こうすることにより，富士康が宿舎建設や管理に要するコストを大幅に削減できるとともに，深圳では大半が宿舎で発生した自殺のような問題の責任からも逃れることができると思われる。従業員にとっても，プライベートな生活時間まで厳格なことで知られる富士康の企業管理のもとにおかれることに比べ，生活空間が切り離されることはより望ましい措置だといえるだろう。また，こうすることによる生活環境の改善，プライバシーの尊重は深圳の連続自殺事件でも問題とされた新世代農民工のニーズに合わせた変化でもある。

(3)　富士康頼みのコスト

2015年，全国の輸出入が振るわないなか，河南省は輸出入総額4600億2000

万元で史上最高額に達した。これは前年に比べても15.3％の増（全国3位）であり，総額では全国11位，中部6省では1位であった（『大河網』2016年2月18日付）。

ところが問題は，富士康鄭州工場は請け負うiPhoneの販売不振や生産周期に容易に影響を受けることである。さらには，富士康が鄭州市内の他の工業企業の生産を牽引することによる作用も発生し，その牽引作用は年々大きくなっているとみられ，たとえば，アップル社のiPhone6Sの世界的な販売不振が河南省経済に大きく影響するということである。

iPhone6Sの受注は振るわず，2016年1月，アップル社はついにiPhoneの発注を縮小した。これに関して，鄭州市労働部門から鄭州富士康に対し，2015年12月末に失業保険から8190万元の雇用維持補助が支給された（『華夏経緯網』2016年1月8日付）。鄭州市はこのとき，市内の135社に対して同補助を支給したが，富士康に対する補助額が最大で全体の半額以上を占めた。

河南経済にとって，富士康の貢献の大きさもさることながら，それを維持するために政府財政が多大なコストを負担していることも注目に値する。

第4節　貴州省貴安新区――都市化政策と企業誘致――

富士康の内陸進出は労働力の豊富な四川省，河南省への大規模生産拠点設置にとどまらず，2013年にはさらに内陸に位置する貴州省にまで及んだ。貴州省は歴史的に，遠隔地への労働移動は四川省や河南省ほど盛んではなかった。ところが折しも，第3章でみたように貴州省は貴安新区を中心に都市化政策を推進中であり，その都市化[7]は地元農民の就業面での非農業化も同時に実現しなければならない課題の多いものである。貴安新区は，企業のニーズに合わせた行政サービスの提供に徹することで企業を誘致，さらに定着してもらい，経済発展と都市化を同時に達成する試みを始動している。なお，企業とはとりわけ，最大規模の富士康のことであり，それは「富貴安康」という政府のプロジェクト名からも明らかである。新区政府と富士康は協定を結び，社区（コミュニティ）をつくり，企業のニーズに徹底的に答えるサポートを展開している。その内容は成都，鄭州などの前例に比べてもさらに積極的で柔軟なものであり，戸籍制度の制度的制約を可能なかぎり解消しようとするものである。以下，本節ではその具体的な政府行動を紹介したい。

1．貴州省政府との戦略的協力協定締結

2013年7月，富士康と貴州省人民政府は戦略的協力協定を締結し，貴州省の省都，貴陽市の周縁部に新しくつくられた貴安新区に第4世代産業パークを開設することを決めた。この協定は「北斗七星，富貴安康専安」と命名された。北斗七星とは，富士康の貴安での産業パークが電子情報産業パーク，省エネ環境保護産業パーク，国際データセンター，健康生活産業パーク，戸外体育パーク，「数位内容創意園」，富貴安康生態小鎮の7つのプロジェクトからなることから名付けられた。これにより，貴州富士康は2016年の総生産額500億元，2018年には1000億元を実現することが予想されている（『中央政府門戸網』2013年10月22日付）。

第4世代産業パークとは，国内の他の地区における大規模産業パークとは異なり，貴州の富士康では海外の最先端の産業パーク建設理念を導入し，飲食，生活，運動，生産が一体となった包括的な産業パークだという（『華夏経緯網』2013年10月22日付）。

これにより，貴州省政府は10月に省政府内に富士康項目推進工作領導小組を，同時に貴安新区にも富士康項目推進領導小組を組織した。貴州省人民政府の発表によれば，「企業に本当に根付いてもらうために，貴安新区は富士康のニーズにあった総合的なサービスモデルを提供する。このモデルには企業のために設置する快適なオープンコミュニティ，ホテル，映画館，学校，病院など，すべての効能が揃っており，企業とその従業員のためにともに発展する融合的なモデルだ」という（『中央政府門戸網站』2013年10月21日付）。

富士康の誘致と貴安新区における発展を保障するため，貴州省は市・州と省の関係部門のあいだで富士康項目協力調整推進連絡組を設置し，専門の職員がひとつの窓口で確実に対応する体制をとった。

なお，富士康の第1世代工場は深圳で生まれ，同地のGDPと就業促進に大きく貢献したものの，当時は環境に対する配慮には乏しかったといわれる。第2世代工場は山東省煙台におかれ，この時には環境にも配慮して海を汚染しないよう工夫がなされた。第3世代は天津工場以降で，クラウドネットワークなどの高次産業を積極的に発展させ，ソフトウェア技術が主流になりつつあるとのことである（『華夏経緯網』2013年10月22日付）。

企業名が富士康，所在地の名称が貴安であるため，両者を融合させて「富貴安康」という縁起のよい新語を作った。富士康CEOの郭台銘会長が，これは富士康と貴安新区さらには貴州省の共同の望みであり，豊かで安らか，かつ健康的な生活をつくっていこうとするものだと，メディアに応えて話している。

富士康の貴安産業パークには，貴州省政府の強力なサポートが提供されており，プロジェクト設計，建設工事，水道電気の供給保障，交通物流，生産設備，従業員生活などの面で協力とサポートを受けている。さらに，省政府のサポートは従業員募集にも提供されている。ワーカー5000人余りの募集に政府が協力したこと，および職業学校生徒の実習派遣を1万人余り政府が組織したとされる（『多彩貴州網』2015年12月9日）。

2．富貴安康社区

貴安新区には現在，40社余りの企業が入居しており，なかでも富士康の企業規模と雇用者数が最大である。貴安新区内の企業で働く労働者のために，「富貴安康」社区[8]と呼ばれる生活ゾーンがつくられており，そこには従業員向けの住宅，住民向けの公共サービスセンター，病院，さらには富士康の新規従業員採用手続きをする常設テントが集まっている。現在建設中のB座，

C座地区はさらに大規模で，幼稚園と小学校も建設中であった。

(1)　服務中心（「社区大庁」）

富士康を貴安に迎えるにあたり，省内初の「企業にサービスすることを中心的業務とする都市社区サービスセンター」が設置された（『黔讯網』2015年3月23日付）。企業とその従業員の生活の便宜を考慮し，住宅地に行政の出張所を設けたのである。

「社区大庁」と呼ばれる服務中心（公共サービスセンター）には，この社区を所管する郷鎮政府（馬場鎮）から派遣された職員が23名常駐し，住民のための公共サービスや手続きにあたっている。おもな業務は，行政証明書の発行，計画生育と婦女検査，近隣の利害関係の仲裁，治安，環境衛生の維持，また祝祭日のレクリエーション（「聯歓会」）などの文化活動も行っているとのことであった。

(2)　住宅

新区内の企業で働く労働者の住居として，新しい16階建ての住宅が完成している。現在，A座エリアの12棟が入居済みで3000人ほどの住人が住んでいる。住宅の建設は政府が行い，管理は民間の不動産管理会社（物業管理公司）に委託されている。不動産管理会社経理の話しによれば，現在，入居者はほとんどが富士康の従業員で，大半が貴州省内の出身者である。住居形態は家族用（40～60平方メートル）が4棟，夫婦用4棟，残り4棟は一部屋6人の単身者のための集団宿舎とのことであった。部屋割りは富士康が統一的に分配しているということからも，現在の入居者は富士康の従業員のみだと考えられる。

一般ワーカーと管理職（高管）宿舎は区域が分かれており，管理職の住居は100平方メートル余りあるという。一般的に台湾企業は職務階層を重んじるといわれ，その要求に沿って建設された住宅であることがうかがえた。

住居面積は平均80平方メートルほどであり，2015年9月に入居開始，筆者らが訪問した11月の時点では入居者の流動性は非常に低く，５％以下とのことであった。ちなみに一般ワーカーの勤務体系は３班交替の８時間勤務とのことである。

１カ月の平均的な家賃は，家賃と不動産管理費を合わせて400数十元程度であり，富士康から不動産管理会社にまとめて支払われる。企業による福利厚生の一貫であるとの説明であった。

不動産管理会社は生活ゴミの回収，清掃，公共施設（エリア内の街灯，樹木，バスケットボールコート）の維持と管理が中心であり，ガードマン25名を雇用して管理を行っている。

⑶ 病院

住宅，公共サービスセンターと並び，病院が開業している。貴州省人民医院の貴安新区分院であり，医師12名，看護師７，８名，専門技師数名を含む総勢30名余りのスタッフが勤務している。内科，外科，婦人科，小児科，放射線科，ICU を備えている。

新区企業の従業員は医療保険カードを所持しており，そのなかの医療費を使って無料で医療を受けることができる。医療費は賃金の数％で，人により異なる。

開業後まもなく１年になるが，これまでのおもな患者は風邪や腹痛，軽微な怪我など，日常的な傷病である。救急車３台を保有しており，大きな怪我や病気の場合は本院に搬送する体制になっている。

⑷ 富士康従業員採用センター

富士康社員からのヒアリングは行えなかったが，同行の郷鎮職員からのヒアリングによれば，貴安富士康の現在の最低賃金は1700元程度，残業代を含めて2400から3000元余りの賃金である。

貴安の富士康は現在第１期工事が終わったところで，目下7000人程度が雇用されている。第２期工事の完了が間近で，完了後は１万2000人を雇用，

2016年中に3万人，最終的には10万人まで規模を拡大する予定であるとのことであった。

目下，社区内に居住する従業員は若く，家族構成も単身者から夫婦，乳児のいる夫婦といった様子で学校や託児所の需要はまだないが，今後の需要を見据えて，現在より大規模な住宅エリアであるB座，C座の建設を急いでおり，そこには幼稚園と小学校を建設中である。

居住エリアである富貴安康社区から新区内の富士康工場までは送迎バスが発着しているが，自転車やバイク通勤も可能な距離であるとのことだった。

3．人材育成

2015年12月，貴州省富士康項目誘致工作領導小組弁公室の主催により，「富士康集団の貴州幹部養成クラス募集を支持する3年計画」がスタートし，貴州省商務庁副庁長，貴州省富士康項目誘致工作領導小組弁公室副主任を始め，省人事社会保障庁，富士康集団，貴安新区管委会（政府に相当）などの政府部門，貴州師範大学，貴州財経大学，六盤水師範学院などの教育機関，その他メディアの代表者200人もが参加する大きな式典が行われた。

この計画は富士康が貴州省内の大学，専門学校の5つの専攻（機械，電子，管理，情報技術，インダストリアル・エンジニアリング）の最終学年の学生を対象に，学校が富士康の需要に合わせて（订単式）学生を養成し，富士康への就職を推薦する就職斡旋モデルである。計画では2017年12月までに8000人の技術者（管理部門幹部を含む）を募集する。貴州省の略称「黔」を冠して，「黔幹班三年募集計画」と呼ばれる。貴州省の幹部クラス三年募集計画である。

このように，富士康に向けて省内の関連専攻の専門学校生などを富士康の幹部に育成しようとする動きはあるものの，貴州の富士康については，今のところ成都や鄭州のように普通ワーカーの募集に政府が苦戦しているといった動きはみられていないようである。歴史的に遠隔地への出稼ぎをあまり好まないといわれる内陸貧困省の貴州では，一般ワーカーの求職者数がまだ豊富にあり，富士康の求人を満たせているということだと思われる。

以上のような貴安新区における政府の積極的な行政サービスは中国においても一般的な政府行動の範疇を超えるものである。ワーカー募集への協力が中心であった成都と鄭州での富士康誘致に対し，貴安新区ではさらに，政府自ら新たに社区をつくって富士康従業員の住居や医療，就学などの環境を精力的に整備している。それは都市化の手段として企業誘致を積極的に進めざるを得ない内陸小都市の姿であり，都市化が地方政府の積極的な企業誘致活動を生み出す典型的なケースである。

おわりに

冒頭でみたように，新型都市化政策の戸籍制度改革を受けてもなお，工場ワーカーの中心である一般的な農民工にとって，戸籍の転入を実現し，沿海都市の正式な市民になることは現実的ではない。そうした制度的環境のもとで，多くの農民工が数十年を経てもなお，一時的な都市滞在を余儀なくされ，子女の教育や家族，両親の健康問題などで帰郷志向を強めている。そうした制度環境は，廉価な労働力を必要とする企業にはデメリットとなってきている。

本章が着目してきた富士康は，廉価な労働力を求めて中国に進出した労働集約型産業の典型である。2004年以降，中国の人件費が上がり，土地や水道電気といったインフラのコストも沿海部では上昇している。同時に，産業の高度化を図る沿海地域では地方政府の産業政策もより高度な産業を歓迎し，労働集約型産業は冷遇される傾向にある。深圳におもな生産拠点をおいてきた富士康も，2006年頃から第三国または中国国内の他地域への移転を模索していたといわれる。とくに2010年に深圳工場で起きたワーカーの連続自殺事件とそれへの対応としての急激な賃上げが大きな契機となり，移転を急ぐこととなった。

富士康の生産拠点探しに対して，その受け皿候補地の各地方政府による誘致競争があったことは想像に難くないが，その模様は明らかでない。そこで本章では，2010年以降，富士康の生産拠点移転と拡大のおもな受け皿となった成都（2010年），さらに鄭州（同），そしてその後2013年の貴州省貴安新区への進出と，各地方政府の対応を追ってみた。

それによれば，2010年深圳の連続自殺直後となった成都富士康のワーカー募集にあたっては，四川省政府が企業に代わってワーカーを斡旋するという特別な支援を提供しており，しかもその業務は相当難航したことがみてとれた。鄭州富士康についても基本的にワーカー募集を政府が代行する支援関係は踏襲され，河南省政府も大きな行政コストを負担している。中国の地方政府が有力な外資企業を地元に誘致する際の常として，工場用地やインフラ整備への協力，税制優遇などは成都と鄭州においてももちろん行われている。富士康に対してはさらに，従業員募集への全面的な協力，さらには宿舎の建設と管理までを政府が企業へのサービスとして提供している点が興味深い。これにより，富士康が享受するメリットは，沿海部との労賃のわずかな差以上のものがあることが推測できる。

貴州省貴安新区の新しい生産拠点設置に関しても，貴州省政府をあげての全面的な協力提供があったことを，本章は報道や貴州省の政府発表，そして研究会の現地調査から示した。「富貴安康」社区の整備は，印象的であった。マンションのような現代的な概観の従業員住宅，正規の公立病院，行政サービス出張所が完備され，将来の需要を見越して，目下，幼稚園と小学校を建設中とのことであった。深圳では労働者の中心は若い単身者であり，自殺事件もそうした世代の若い労働者によるものだった。それが，内陸貴州では，既婚者や家族帯同型の従業員も少なくないことが注目される。貴安では，富士康の従業員が長く勤め続けられるような体制が，地元政府の積極的な取り組みによって実現しつつあるように見受けられた。

以上は，労働集約型産業の内陸移転にかかわる，企業と受け入れ地方政府の動きである。以下では，なぜこのような企業と政府の蜜月関係が起きるのかを考察しておきたい。

豊富な労働力と総合的なコストの低減を求めて内陸へと進出する企業に対して，地元政府による企業誘致という形の都市化戦略が呼応する現象はそれ自体が，極めて中国的な現象である。企業誘致は地方政府にとって，域内GDPの数値を引き上げ，中央政府からの好評価につながるのみならず，都市化政策との絡みでは地元住民の非農業就業への転換が直接，数値として評価される。これは，地方政府による行政目標としての都市化戦略という中国特有の都市化の側面である。そのことが自然な都市化の流れをゆがめている面もあるかもしれない。しかし他方でそれは，労働者にとっては貴安新区では，医療，就学，行政手続きなど，地元住民と同様の公共サービスを受けられることにつながっている。これらの市民待遇は，中国の他の地域では外地出身の就業者（農民工）とその家族には一般的には享受できないものであるだけに，注目される。

もちろん，限界もある。たとえば，貴安新区で生まれ育った富士康従業員の子女が新区内の小学校を卒業後，中学に進学する際には，どうするのか。従業員の社会保険は仕事をやめて故郷に帰省する際，引き継げるのか。こうした地域を越えた制度の運用には，貴安新区や貴州省といった地方政府の努力では限界があり，中央政府の制度改革を待つよりほかない。

また，目下富士康が進出先の地方政府から享受している破格な協力や優遇は，どの程度他の中小の企業従業員にも提供されるのだろうか。さらには，富士康のような大企業1社に依存する形の地方経済発展だとすれば，地方政府にとってそのリスクは大きいのではないだろうか。

こうした問題点はあるものの，企業の経済活動と地方政府の招致努力のせめぎ合いに，中国の地方の都市化戦略の現実と限界をみてとることができる点は興味深い。つまり中国においては，都市化の制度的な制約が労働移動という自然発生的な「空間的都市化」をゆがめており，同時にそれは移動する人々にも都市での公共サービスの欠如という形で犠牲を強いるものとなっている。このようなゆがみがここ数年では沿海部における労働力不足という形で現れ，本章の事例では企業の内陸移転につながった。すなわち，「制度的都市化」の遅れが企業という資本の移動をもたらしているのである。

都市化政策を推進しようとする内陸地域では目下，企業と地方政府，さらに労働者という三者の蜜月関係が観察され，内陸部の都市化に一定程度貢献している。制度的制約ゆえに企業の内陸移転が起こり，移転先の内陸では政府が制度的制約を克服すべく企業従業員の生活環境を整えるサポートをしている[9]。しかし，目下それは域内（貴安新区）に限ってのことであり，最終的には全国規模の「制度的都市化」が求められる。

〔注〕

(1) 「民工荒」とルイスの「転換点」論争については，山口（2009）を参照。

(2) 本章の枠組みは，筆者が本研究会による貴州省貴安新区への現地調査時に着想したものである。同調査では，沿海部での操業継続が困難になった企業の内陸進出にあたり，受け入れ地である貴安新区がとった具体的な企業誘致作戦をみることができた。その経緯は本章第4節に記述している。ところで，このような地方政府による積極的な企業誘致は同地に特殊なものなのか，あるいは中国各地で普遍的なものなのだろうか。それを明らかにすべく，第3節で富士康のそれ以前の進出先であった河南省鄭州市と四川省成都市への移転の経緯と過程を跡付けた。その結果，貴安新区への富士康の進出とそれを受けた同区の誘致活動は中国の都市化過程に特徴的な普遍的現象であり，さらに貴安新区はインフラや企業従業員への福利厚生の面で河南，四川の受け入れ地政府以上に積極的な支援を実現していることが指摘できる。

(3) たとえば，国家統計局「全国農民工監測調査報告（各年）」国家統計局ウェブサイトなど。

(4) このことは，本章の後半で述べる内陸地方政府の都市化政策への積極的な取り組みとも関わる。

(5) 総工会は中国共産党の指導のもとにあり，中国で唯一存在を許されている官製の労働組合。

(6) それぞれ，1980年代以降生まれ，1990年代以降生まれの意味。中国の改革開放後に生まれた比較的豊かな時代の生まれで，かつひとりっ子政策世代であり，一般的に忍耐力がない，精神的に弱いなどといわれている。

(7) このように人の移動を伴わず，地域内で生業と生活の非農業化を実現する都市化は「就地城鎮化」といわれ，遠隔地への移動や就業が困難な内陸小都市ではこのタイプの都市化が現実的だといわれている。

(8) 本節の記述は，「中国都市化」研究会メンバーによる貴安新区への現地調査（2015年11月17日）による。岡本信広，大塚健司，山口真美，山田七絵（2015）「貴州現調メモ（2015年11月16日～20日）」内部用資料。

(9) 地元の労働力が農業分野に多くとどまっていた貴安新区の都市化には，地元農民の職業の非農業転換を同時に進める必要があり，制度的また地理的な制約からそれは遠隔地への出稼ぎという形では容易に実現しないものであった。そこで，地元政府は都市化政策の一環として外部から雇用吸収力のある企業を誘致するという選択をせざるを得ない。そして新型都市化政策の実施を迫られる地方政府としては，誘致活動は資本主義の諸外国ではみられない積極的なものになる。これは中国の都市化政策特有のユニークな政府行動だといえるであろう。

〔参考文献〕

＜日本語文献＞

岡本信広・大塚健司・山口真美・山田七絵 2015.「貴州現調メモ（2015年11月16日～20日）」内部用資料.

田原史起 2014.「中国の都市化政策と県域社会――『多極集中』への道程――」『ODYSSEUS』（東京大学大学院総合文化研究科地域文化研究専攻紀要）Vol.19. http://researchmap.jp/?action=cv_download_main&upload_id=106857

山口真美 2009.「農村労働力の非農業就業と農民工政策の変遷」池上彰英・寶劔久俊編『中国農村改革と農業産業化』アジア経済研究所.

――― 2014.「長期化する『出稼ぎ』と定着，帰郷志向――深圳日系メーカー工場の事例研究より――」『中国研究月報』68(8) 8月 2-14.

――― 2017.「農家の就業行動――出稼ぎと地元兼業――」田島俊雄・池上彰英編『WTO体制下の中国農業・農村問題』東京大学出版会。

＜中国語文献＞

『財新網』2017.「農民進城脚歩或己停滞　学者称人口争奪開戦」1月21日（http://china.caixin.com/　2017年2月12日アクセス）

『大河網』2016.「河南外貿増速突然下降　原来因為這4家公司」2月18日（http://www.dahe.cn/　2016年3月1日アクセス）

『多彩貴州網』2015.「貴安新区："百千万工程"帯動発展促就業」12月9日（http://

www.gog.cn/　2016年3月1日アクセス）
『FT中文網』2010.「富士康：中国製造的奇跡与血涙」6月1日（http://www.ftchinese.com　2016年3月11日アクセス）
『華夏経緯網』2012.「四川公務員去富士康“頂工”超国民待遇何時休？」5月2日（http://www.huaxia.com/　2016年2月20日アクセス）
『華夏経緯網』2013.「成都郫県“豪賭”富士康　狂発信託債務風険隠現」10月18日（http://www.huaxia.com/　2016年2月20日アクセス）
『華夏経緯網』2013.「富士康貴安新区産業園開建　打造成全方位産業園区」10月22日（http://www.huaxia.com/　2016年2月20日アクセス）
『華夏経緯網』2016.「鄭州富士康獲政府8000万補貼防失業」1月8日（http://www.huaxia.com/　2016年2月20日アクセス）
『南方週末』2010.「破解富士康員工的自殺“魔咒”」5月13日（http://www.infzm.com/　2016年3月11日アクセス）
『南方週末』2010.「富士康為一線工人額外加薪66％」6月7日（http://www.infzm.com/　2016年3月11日アクセス）
『南方週末』2011.「富士康：不是内遷，是拡張」3月3日（http://www.infzm.com/　2016年3月11日アクセス）
『黔讯網』2015.「貴安新区成立首個服務企業型城市社区服務中心」3月23日（http://www.qx162.com/　2016年2月20日アクセス）
『新浪科技』2013.「報告称労働力短欠為富士康内遷主因」3月4日（http://tech.sina.com.cn/　2016年2月20日アクセス）
『中国経営網』2010.「富士康撤離深圳緊急内遷　員工鋭減至10万」6月28日（http://www.cb.com.cn/　2016年2月20日アクセス）
『中国経営網 2012.「富士康巨無覇式内遷死結：郭台銘的無解難題」11月20日（http://www.cb.com.cn/　2016年2月20日アクセス）
『中央政府門戸網』2013.「貴安新区頭号重点項目加速組建領導小組和専業団体」10月21日（http://www.gov.cn/　2016年2月20日アクセス）
『中央政府門戸網』2013.「貴安新区富士康（貴州）第四代緑色産業園開工」10月22日（http://www.gov.cn/　2016年2月20日アクセス）（元データ：貴州省人民政府網站）

【あ行】

【か行】

【さ行】

【た行】

【な行】

【は行】

【ま行】

【や行】

【ら行】

複製許可およびPDF版の提供について

点訳データ，音読データ，拡大写本データなど，視覚障害者のための利用に限り，非営利目的を条件として，本書の内容を複製することを認めます(http://www.ide.go.jp/Japanese/Publish/reproduction.html)。転載許可担当宛に書面でお申し込みください。

また，視覚障害，肢体不自由などを理由として必要とされる方に，本書のPDFファイルを提供します。下記のPDF版申込書（コピー不可）を切りとり，必要事項をご記入のうえ，販売担当宛ご郵送ください。折り返しPDFファイルを電子メールに添付してお送りします。

〒261-8545　千葉県千葉市美浜区若葉3丁目2番2
日本貿易振興機構 アジア経済研究所
研究支援部出版企画編集課　各担当宛

ご連絡頂いた個人情報は，アジア経済研究所出版企画編集課（個人情報保護管理者－出版企画編集課長 043-299-9534）が厳重に管理し，本用途以外には使用いたしません。また，ご本人の承諾なく第三者に開示することはありません。

アジア経済研究所研究支援部 出版企画編集課長

PDF版の提供を申し込みます。他の用途には利用しません。

岡本信広編「中国の都市化と制度改革」
【研究双書 635】2018年

住所 〒

氏名：　　　　　　　　　　　　　　年齢：
職業：
電話番号：
電子メールアドレス：

岡本（おかもと） 信広（のぶひろ）（大東文化大学国際関係学部教授）

穆（MU） 尭芊（Yaoqian）（環日本海経済研究所調査研究部研究主任）

賈（JIA） 海涛（Haitao）（暨南大学中印比較研究所教授）

大塚（おおつか） 健司（けんじ）（アジア経済研究所新領域研究センター環境・資源研究グループ長）

山田（やまだ） 七絵（ななえ）（アジア経済研究所新領域研究センター環境・資源グループ）

山口（やまぐち） 真美（まみ）（アジア経済研究所地域研究センター東アジア研究グループ）

—執筆順—

中国の都市化と制度改革　研究双書No.635

2018年３月12日発行　定価［本体3700円＋税］

編　者　岡本信広

発行所　アジア経済研究所
独立行政法人日本貿易振興機構
〒261-8545　千葉県千葉市美浜区若葉３丁目２番２
研究支援部　電話　043-299-9735
FAX　043-299-9736
E-mail syuppan@ide.go.jp
http://www.ide.go.jp

印刷所　日本ハイコム株式会社

ISBN978-4-258-04635-5

「研究双書」シリーズ

（表示価格は本体価格です）

635　中国の都市化と制度改革
岡本信広編　2018年　241p.　3,700円
2000年代から急速に進む中国の都市化。中国政府は自由化によって人の流れを都市に向かわせる一方で，都市の混乱を防ぐために都市を制御しようとしている。本書は中国の都市化と政府の役割を考察する。

634　ポスト・マハティール時代のマレーシア
政治と経済はどう変わったか
中村正志・熊谷聡共編　2018年　399p.　6,400円
マハティール時代に開発独裁といわれたマレーシアはどう変わったか。政治面では野党が台頭し経済面では安定成長が続く。では民主化は進んだのか。中所得国の罠を脱したのか。新時代の政治と経済を総合的に考察する。

633　多層化するベトナム社会
荒神衣美編　2018年　231p.　3,600円
2000年代に高成長を遂げたベトナム。その社会は各人の能力・努力に応じて上昇移動を果たせるような開放的なものとなっているのか。社会階層の上層／下層に位置づけられる職業層の形成過程と特徴から考察する。

632　アジア国際産業連関表の作成
基礎と延長
桑森啓・玉村千治編　2017年　204p.　3,200円
アジア国際産業連関表の作成に関する諸課題について検討した研究書。部門分類，延長推計，特別調査の方法などについて検討し，表の特徴を明らかにするとともに，作成方法のひとつの応用として，2010年アジア国際産業連関表の簡易延長推計を試みる。

631　現代アフリカの土地と権力
武内進一編　2017年　315p.　4,900円
ミクロ，マクロな政治権力が交錯するアフリカの土地は，今日劇的に変化している。その要因は何か。近年の土地制度改革を軸に，急速な農村変容のメカニズムを明らかにする。

630　アラブ君主制国家の存立基盤
石黒大岳編　2017年　172p.　2,700円
「アラブの春」後も体制の安定性を維持しているアラブ君主制諸国。君主が主張する統治の正統性と，それに対する国民の受容態度に焦点を当て，体制維持のメカニズムを探る。

629　アジア諸国の女性障害者と複合差別
人権確立の観点から
小林昌之編　2017年　246p.　3,100円
国連障害者権利条約は，独立した条文で，女性障害者の複合差別の問題を特記した。アジア諸国が，この問題をどのように認識し，対応する法制度や仕組みを構築したのか，その現状と課題を考察する。

628　ベトナムの「専業村」
坂田正三著　2017年　179p.　2,200円
ベトナムでは1986年に始まる経済自由化により，「専業村」と呼ばれる農村の製造業家内企業の集積が形成された。ベトナム農村の工業化を担う専業村の発展の軌跡をミクロ・マクロ両面から追う。

627　ラテンアメリカの農業・食料部門の発展
バリューチェーンの統合
清水達也著　2017年　200p.　2,500円
途上国農業の発展にはバリューチェーンの統合がカギを握る。ペルーを中心としたラテンアメリカの輸出向け青果物やブロイラーを事例として，生産性向上と付加価値増大のメカニズムを示す。

626　ラテンアメリカの市民社会組織
継続と変容
宇佐見耕一・菊池啓一・馬場香織 共編　2016年　265p.　3,300円
労働組合・協同組合・コミュニティ組織・キリスト教集団をはじめ，ラテンアメリカでは様々な市民社会組織がみられる。コーポラティズム論や代表制民主主義論を手掛かりに，近年のラテンアメリカ5カ国における国家とこれらの組織の関係性を分析する。

625　太平洋島嶼地域における国際秩序の変容と再構築
黒崎岳大・今泉慎也編　2016年　260p.　3,300円
21世紀以降，太平洋をめぐり地政学上の大変動が起きている。島嶼諸国・ANZUS(豪，NZ，米)・中国などの新興勢力による三者間のパワーシフトと合縦連衡の関係について，各分野の専門家により実証的に分析。現代オセアニアの国際関係を考えるための必読書。

624　「人身取引」問題の学際的研究
法学・経済学・国際関係の観点から
山田美和編　2016年　164p.　2,100円
人身取引問題は開発問題の底辺にある問題である。国際的アジェンダとなった人身取引問題という事象を，法学，経済学，国際関係論という複数のアプローチから包括的かつ多角的に分析する。

623　経済地理シミュレーションモデル
理論と応用
熊谷聡・磯野生茂編　2015年　182p.　2,300円
空間経済学に基づくアジア経済研究所経済地理シミュレーションモデル（IDE-GSM）についての解説書。モデルの構造，データの作成，パラメータの推定，分析例などを詳説。